新儒林外史

萬大使的官夢四十年

萬家興 著

自序

「官場四十年，體嚐酸苦甜；近觀賢愚劣，歷歷如昨天」。我的打油詩一首，作爲我的著作「新儒林外史：萬大使的官夢四十年」的卷首詩。這是我的回憶錄，也是我的第三本著作。完成它，我「此生無憾」。

很多人寫回憶錄，會請名人寫「序言」。我不這麼做。我的前兩本書，都是「自序不求人」。因爲，書的內容當然是作者最熟悉。內容的價值，留待讀者評鑑。何需名人鍍金？寫回憶錄，這個念頭在十幾年前興起，陸陸續續，零零星星地寫了。寫寫，停停，經常猶豫要不要寫下去。由於新冠肺炎宅居在家，無處可去，終於讓我定下心持續寫了六個月，一共113篇，發表在「臉書」和UDN的部落格。篩選出107篇，修刪，彙整，終於付印。

我服務公職四十年，1977年進入台北市政府新聞處，1980年進入外交部，2017年退休。在外交部服務過的單位：人事處，北協，檔資處，非洲司，亞太司，北美司，秘書處，外講所，中部辦事處，自嘲「一樓到五樓全都待過」。在國外服務過的國家：梵諦岡，義大利，美國，馬拉威，印尼，加拿大，諾魯，吐瓦魯，汶萊，號稱「去過歐美亞非大洋洲，五大洲」。四十年公務生涯從基層科員，逐步升遷到常任文官的天花板。期間我接觸的主要是：國內和國外的長官同事，其他公務機構，一般民衆，海外台商僑胞，以及外國政府和人民。四十年中有我的「官夢」，有我的官場見聞和感悟，我把期間許多酸甜交織的小故事，記錄下來，作爲我一生的回顧。匆匆四十年，彷彿一場夢！

早年的我，夢想成爲作家。我從小愛文史，我心中的三位偉大文人：司馬遷，李白，蘇東坡。大學念英國文學，二十出頭崇拜文學家。那個時期，我最欣賞的作家：李敖，余光中，顏元叔。後來感覺，當作家可能不如當外交官，於是，換了跑道。

四十年公職生涯，沒有磨盡我內心寫作的基因。這個基因，退休後，疫情軟禁期間，快速甦醒了。既然要寫，我要寫得與衆不同。我想把我認爲有趣，有意義的事情，人物，因果，記錄下來，出書。讓後來的人從書中的故事，瞭解我們這個時代的背景和文化。書名，第一個念想是「官夢四十年」！四十年，恍如一夢。後來和太太商量，決定用「新儒林外史：萬大使的官夢四十年」。

我在1990年出版了我的第一本書。從此晉升「作家」之列。它的書名是「生活，來點笑料」。我在1988年結束了在義大利的五年半服務，回到台北。那是我第一次回國，感覺台灣充滿活力，但是處處顯得焦躁，缺乏美感。於是我開始用輕鬆調侃的筆調，描寫關於義大利生活的文章，介紹義大利的文化，希望能幫助國人活得更「幽默悠閒」一點。文章刊登在當時的最大兩報：聯合報，中國時報。有一家出版社，躍昇，發現了我，向我約稿，希望把我的文章合輯成書。於是我的第一本著作問世了。「生活，來點笑料」。我在美國進修期間（1991-93）曾在華府的中文書展中親眼看到它。據躍昇出版社說，這本書當年在全國書展中，是散文類十大暢銷書之一。很高興它在海外也有讀者。

我在2000年出版了第二本書「葷素笑話嘻人生」。還是躍昇出版社。寫這本書我是有偉大宏願的。多年來，我看了很多中文笑話書，多半抄來抄去，沒有一本是夠水準的。英文的笑話書，一般稱爲Dirty Jokes，相比中文的，好很多，因爲有創意。我有心寫一本最好的，用中文寫的笑話書。於是蒐集了我多年來和各類朋友，老外，酒酣耳熱時的葷素笑話，用我自己的語言，描繪劇情，一字一字，寫出「有我個人風格」的笑話書。這本書推出後，廣受好評，被譽爲「迄今最好的中文笑話書」。躍昇至少有七刷，七次加印發行。它賣的很好，有一陣子，甚至在便利商店熱賣。後來我在網路上看到很多笑話，一字不差的轉載自這本書。近年來紙本書，越來越沒落，很少人看書了。上面提到的這兩本書，在國立中央圖書館，以及大多圖書館都能找得到。

我的第三本書，是我的封筆之作，當然要符合我的標準。我的自我期許：一家之言，可以「藏諸名山」。我的寫作標竿是清代作家吳敬梓的「儒林外使」，希望把我四十年公職生涯中經歷的「文化現象」，用幽默反諷的「小品故事」呈現給讀者。有人問我，爲何以「說故事方式」寫回憶錄？大哉問。

我看過許多名人的回憶錄。絕大多數是「編年體」形式，按年紀載的流水帳。一冊帳本，缺少亮點，難有動人情節，這不是我的風格。我在寫回憶錄時，許多片段的記憶潮湧而來，不是按時間順序進入腦海。所以在最終出書之前，我是以「跳躍式」片段的紀錄，記下我走過的足跡和心情。

一旦打開記憶膠囊，走進時光隧道，歷歷往事如潮水。我的回憶就是這樣，不排流水號，而是把最鮮明記憶的那一刻，特寫，定格。對人生來說，記憶的時間座標，是模糊的，沒必要牢記每件事的年月日。對上天來說，每一個人的一生只是一個點，祂眼裡看的是億萬光年的浩瀚宇宙。把我一生中幾百幾千個「瞬間」定格，放大，特寫。每一個「瞬間」就是一個故事，107個故事後，分類，編輯，就是這本書。這就是我的回憶錄：「新儒林外史：萬大使的官夢四十年」。你能理解嗎？

目錄

目錄

一、

父母身教與性格成長
（1960-1980）

01.
交給上帝

大約是1982年，四十年前，我的母親因爲持續幾天胃出血，緊急送往位於台北汀州路的三軍總醫院。我有兄弟服役於海軍，母親是以軍眷的身分住院。當時二哥在海上服勤務，我在台北上班，於是我陪著母親辦理住院手續。

作者和母親及弟弟攝於1980年。

當天我在急診室，忽然見到幾輛吉普軍車呼嘯而至。見到幾名穿著制服的軍人緊急的把車上的傷兵交給正在擔架旁等待的醫師和護士。傷兵全身嚴重灼傷，制服破損焦黑，有明顯燃燒痕跡。傷兵約有三四人，哀嚎不止，聲音淒厲。場面非常震撼。每個目擊者都面露驚恐同情。我曾經服過兵役，以我的經驗判斷，猜想可能是演習出意外，或者是彈藥庫爆炸。

在醫院親眼目睹了可怕的意外，我很擔心母親的手術會否出意外。在母親被推進手術室之前，我低頭問母親：「媽，妳怕不怕？」

她微笑說：「怕什麼！劃個十字，一切交給天主。」說著，她就以右手掌，點著額頭、胸口、左胸、右胸，然後雙手合十。做了一個向上帝祈禱的儀式。幾個小時後護士推著母親從手術室出來。手術成功，感謝上帝。

母親是個虔誠的天主教徒。感謝她的那句話：「一切交給天主。」這句話，對我受用一生。每當我遇到可能的危險時，每當我在登機前，會劃個十字，默唸「一切交給天主。」這句話的深遠影響是：我極少恐懼，因為心中有信仰，相信上蒼自有安排，恐懼憂慮，無助於事。感謝母親給了我無憂無懼的心理素質。這是個恩賜。

02.
你怎麼不來找我？

我在大約二十歲出頭的時候，我的父親講了一個他的故事。那時他大約六十多歲，已經從軍中退休十年。

故事大要是這樣的：在桃園地區一個退役榮民聯誼會的場合，我父親遇到了許多軍中袍澤。大家都退役了，非常熱情的寒暄敍舊。這些人中有一位名叫「張其黑」，陸軍中將退役，曾任政戰部主任。他是父親軍校同學，交情不錯。張伯伯得知我父親幹了十六年中校，無緣晉升而退役，兩人有一段充滿遺憾的對話。

張：「華喬（我父親的名字）啊，你怎麼不來找我啊？我在總部可以幫你啊」！

父親：「我以為你會想到我」。

張：「我每天忙得要命，真的沒有想到你」。

兩位老人，退休後，忽然發覺似乎不經意的流失了什麼。我父親和我說這故事的時候，是有些遺憾的。因爲我父親認爲，以他和張伯伯的交情，張應該記得這位中校同學，而且身在總部的中將政戰主任一定有能力幫忙。我問父親：「你爲何不去拜託他？一定有用啊」。父親沉默無語，沒有回答。

這個故事對我的震撼很大。父親就是一生不求人，以至於退役時是「十六年老中校」。我年少時抱怨父親爲何不能最少幹到上校，年紀漸長，我一方面對父親的敬意越來越深，另一方面，我也記取父親的經驗，那就是：如果遇到「人和」，要抓住「天時」，該表達時，要表達。

感謝父親的身教言教，我在時機來的時刻，開口了。2008年馬英九政府的外交部政務次長夏立言是我多年前的組長，他瞭解我，器重我。我在任職駐加拿大代表處組長五年後，向他表達了希望更上層樓的意願。半年後，我發表擔任駐諾魯共和國大使。這是我公職生涯的一大步，也是我一生最關鍵的轉變。

夏立言，有爲有守的資深外交官，曾任駐紐約，印度，印尼館長，國防部副部長，陸委會主委。我在北協時期的組長及伯樂。

03.
從牛背上摔下來

小時候我就讀「僑愛」國小，它位於僑愛新村旁邊。僑愛，顧名思義，是「僑胞愛護」。它是大約在1958年，六十多年前菲律賓僑胞響應蔣夫人號召，捐款興建的村子，位於桃園縣大溪鎮的邊陲，鄰近八德鄉，居住者都是國軍中階和低階的官士兵和眷屬。戶數六百多，號稱全國最大眷村之一。當時的週邊地區盡是田野和零星農家。僑愛國小也是在當時建立，學生以眷村子弟居多。

我讀小學低年級時，上完半天的課，不愛回家，喜歡在田野裡鬼混，和同年紀小孩嬉戲打鬧，其中也有放牛的農家小朋友。大家混熟了，偶爾會騎到牛背上，讓低頭吃草的牛，帶著我閒逛。騎牛，當時很神氣啊。用今天的話，是很酷炫。缺點是，回到家，褲子很髒，因爲牛的身上常常有一層泥巴。

離我們村子大約四公里的地方，有個「八塊靶場」。是空軍飛機訓練低空轟炸的靶場。經常有當時空軍主力的F-86軍刀機，低空飛向靶場，掃射，投彈，聲音非常吵。靶場周邊全是空曠區，也是禁區，不准進入。

我小學三年級有一天，有一架F-86軍刀機，飛得太低了，幾乎是貼地飛行。它聲音太嚇人，把牛嚇到了。牛一路狂奔，坐在牛背上的我，從牛背上摔下來。我摔斷了左手肘。左手腫脹、淤紫、疼痛，完全無法舉起。

我的父親得知消息，急忙從部隊趕回家，趕緊送我去醫院。六十年前桃園地區只有軍醫院。首先去「80？醫院」，記憶中好像是在今天的平鎮區，那是個野戰醫院。醫官說，沒辦法，骨頭完全碎了，沒辦法醫治。於是，父親又帶著我去「812？醫院」，印象中好像是在桃園虎頭山附近的軍醫院。這家醫院照了X光，醫官說，左手肘關節附近的骨頭，已經粉碎性骨折，無法接合，這樣的瘀血可能會造成敗血症，全身感染，會有生命危險。只有動手術切除左手肘，才能保命。動手術，要簽署家屬同意書。父親一再問醫官，「能不能不截肢治好我兒子？」。醫官搖搖頭。「有沒有其他方法？」，還是搖搖頭。

我父親面對同意書，考慮許久，下了決心：不同意截肢。於是，很悲傷無助地帶著我回家。回到家，一家人在愁雲慘霧中。看到父母的傷心樣子，我不敢喊痛。天無絕人之路吧，熱心的鄰居中，有人推薦去看接骨師。無奈之下，只能「姑且試試」，去了附近一個廣東老人那裡診斷。老師傅經驗豐富，把我的左手，上上下下，來來回回摸了許久說，「有希望，但是要很長時間」。一家人總算稍微放下心。

醫治的過程大致是：連續幾天老師傅一直輕輕捏手肘，把破碎的小塊骨頭捏合到一起，復合。然後在手肘塗抹他配製的藥酒。再過幾天，用四片長竹板和繩子，把我的左手緊緊的夾住，讓整隻左手打直，就好像西醫的上石膏。大約一個月後左手肘碎骨復合成功，但是有氣無力，左手使不出力氣。老師傅交代，要我每天在家裡，用左手拉門把，「打開，關上」不停地重複做。感謝老師傅，感謝上蒼，差不多三個月之後，竟然完全復原了。運動、打球、吊單槓，都沒有問題。多年後我猜想，能康復如初，大概是十歲的孩子，骨頭再生能力比較強。

這個年少調皮發生的斷肘事件，對我的影響是終生的。我感謝爸爸「堅持不截肢」。那是個豪賭。有這個經歷，長大後我對醫師、專家、權威人士，都抱著「尊重，但不全信」的態度。

04.
爲何不回頭？

我大約八九歲的時候，爸爸曾經講過一個故事，大致如下：古時候，有一個年輕人挑著扁擔走在路上。扁擔兩頭是兩罈釀造好的酒。一個不小心，他摔了一跤。他站起來，頭也不回，繼續挑著空擔子向前走。

路旁的行人覺得奇怪，就問他：「你怎麼不回頭看看你的酒罈子？」

年輕人回答：「我聽到酒罈破的聲音，我知道這兩罈酒已經沒了。知道它沒了，何必再回頭。」

我長大以後，看了一些名人傳記。隱約也有類似的故事，其中有個人叫胡林翼，是晚清的「中興名臣」，進士出身，湘軍首領，曾任湖北巡撫。後人給他評價很高，說他勇於任事，處事果斷。

這個故事給我很多啟發，最重要的一點就是，不要把時間浪費在：怨嘆，後悔，而要思考如何面對接下來的處境。

成年後，結婚後，這個故事經常從腦海中泛起。因爲人生的旅途中，一定有類似的場景和劇情等著你。和太太「相敬如賓」數十年後，認知到和諧相處之道是：「不翻舊帳，向前看」。

四十年公僕生涯中，兩次在駐外單位遭遇非常霸道的長官，在我忍耐臨界點時刻，我兩次當面向長官表明：「無法追隨，決心請調」。

外國諺語說：Don’t cry over spilled milk。打翻在地的牛奶已救不回；懊悔無益現況。你該問自己：接下來怎麼辦？你自己要下決心。難怪聽過前輩說：「三十歲以前，不要怕。四十歲以後，不要悔」。回顧我的一生爲人處事，我大致是勇往直前，言行一致。我太太說我「魯莽」。我自己認爲是「果敢」。

感謝我父親說這個故事，它給我的啟發，一生受用。

二、

外派駐教廷大使館及歐洲見聞

（1980-1988）

05.
遞補的幹才：派任駐教廷大使館

外交部在1983年初發表人事命令，派我去駐教廷大使館擔任三等秘書。這是我第一個外派的人令。當時我在外交部宿舍致遠新村認識了一位我很敬佩的前輩，桂宗堯大使。他知道我要去教廷，很高興地講述我國駐教廷大使館的開館歷史。下面我要說的這段歷史，我相信現在已經鮮少有人知道，包括近代外交歷史學者，外交部的同事，以及駐教廷大使館的同事。

話說1942年，還在二戰期間，教廷決定和我國建立外交關係。這對當時在重慶，亟需提高國際地位的蔣介石國民政府是個大好消息。於是立即指派當時我國駐瑞士公使銜代辦謝壽康爲駐教廷公使。謝公使隨卽和隨員桂宗堯趕赴羅馬開館。當時瑞士是中立國，謝公使一行是搭乘美軍的軍機抵達羅馬。爲了避免義大利法西斯政府的干擾，謝壽康公使和隨員桂宗堯都棲身在教廷這個小小的不到半平方公里的城牆內，一直到戰爭結束。多年後桂宗堯逐步升任外交部中南美司司長，駐宏都拉斯大使等職。

教廷，早年稱爲「教皇國」，有千餘年歷史。在義大利王國時期1861-1945，義大利政府在1929年和教廷簽訂了著名的「拉特朗條約」。這個條約，收回了教廷廣大面積的領地，財產，莊園等等，但承認教廷在它的梵諦岡城內有完全的主權，所有派駐教廷的外交人員，享有各國駐義大利外交人員相同待遇。義大利是天主教國家，教廷被視爲世界天主教的信仰中心，所以即使在戰爭期間，義大利的墨索里尼政府還是對教廷給予高度尊重。這就是桂宗堯大使說的故事背景。軸心國的義大利竟然同意交戰國美國的軍機搭載外交官降落羅馬。

二戰末期原來的軸心國義大利，掉轉槍口，投靠美國。戰後，搖身一變，成爲戰勝國，沒有像德日兩國遭受被佔領瓜分的命運，反而還沾了戰後「馬歇爾計畫」復興歐洲的光，實在是聰明幸運。根據「拉特朗條約」，我國在羅馬同時存在兩個大使館：駐義大利大使館，以及駐教廷大使館。1945年義大利政體改爲共和國，我國的駐義大利館長先後是：薛光前公使代辦，于焌吉大使，劉達人參事代辦，吳文輝公使銜代辦，許紹昌大使。許大使任內1971年我國和義大利斷交，我國在羅馬只剩下駐教廷大使館。我國歷任駐教廷大使從1945年之後，先後是謝壽康，吳經熊，沈昌煥，陳之邁，周書楷，黃秀日，吳祖禹（吳經熊之子），戴瑞明，杜筑生，王豫元，以及現任的李世明。（補充說明：義大利羅馬有三個外交團：駐義大利；駐教廷；和駐FAO聯合國糧農組織。三個外交團的外交人員在義大利享有相同外交待遇）。

我的公職生涯中，有好多次「意外遞補」。我去教廷是第一個意外。話說1982年9月左右，我的同年，同一年考入外交部的王京，發表去駐教廷大使館。它是我國在歐洲唯一的大使館，被視爲好地方。但是很奇怪，王京同學，台大經濟系畢業，有碩士學位，人令發表後遲遲沒有啟程的動作。一直到了12月，當年中山獎學金公費留學生錄取名單公佈，王京錄取了。這才知道王京在等這個消息。隨後，王京辭去外交部工作，留學去了，後來聽說獲得博士學位，當教授，換了人生跑道。在羅馬等待了幾個月的周大使非常不高興。於是很快地，我遞補上去，發表去教廷。

駐教廷大使館是個很特別的大使館。交往的對象是天主教神職人員。他們是有階級的：神父，蒙席，主教，總主教，樞機主教，金字塔尖端是教宗。大使和同仁經常出席由教宗主持的彌撒，要穿特別訂製的大禮服，就是「燕尾服」，所謂的tailcoat：黑色上衣，胸前是發亮的黑緞色，背後長到小腿肚，像是燕子尾巴，配白色襯衫，襯衫胸前是硬的，無扣，頸部打白色領結（一般奧斯卡頒獎之類活動，大多打黑領結），下身的褲子全黑色，褲管兩側有一長條黑色鑲邊。赴任前，我在台北博愛路一家專門的西服店，訂做了一套。記得是一萬多台幣，在當時是滿貴的。離開義大利至今34年，再也沒有穿過它。

我到了教廷大使館，擔任總務，也管理文書檔卷。我看了檔案，才知道我的赴任，竟然也有故事。周書楷是超級大使，擔任過駐美大使，外交部長。在他眼中，部內的同仁，照他的原話：「都是我徒子徒孫」。部長以下的各級官員對他的要求一定立即辦理。周大使要求外交部派一位「幹才」。條件如下：年輕、能力強、未婚、無家累、精通英語、法語。結果，當時人事處長杜元方親筆，恭恭敬敬地手寫了一封非常剴切的信，大意是：本部目前無此人才，是否可以請周大使降低標準？周大使於是取消了「精通法語」這一要求。於是有了王京出線：年輕，單身未婚，台大畢業，英文佳。但是天下事情常有意外。誰料到王京在等留學獎學金放榜，而且一旦錄取，就辭去外交部工作。周大使脾氣急躁是出名的，人事處很快就發表了我的派令，並希望我儘早赴任。原來我是遞補的救援投手。這樣的「遞補」情形，在我公職生涯中，發生過幾次。

我在羅馬工作五年多，偶有兼代業務，本職一直是「總務」。五年磨練自然有不少進步和精彩故事。有人說駐教廷大使館是風水寶地。同一時期的同事，日後的發展都很不錯：謝新平（駐捷克代表，法國代表，海地大使），李明亮（駐愛爾蘭，土耳其代表），易榮宗（駐義大利代表），陳士良（駐吉里巴斯大使，甘比亞大使）都是一時之選。

作「總務」算是內勤。對外的活動不多，最主要的就是跟隨大使參加教宗主持的彌撒，接送來往國內賓客，提領外交郵袋，免稅申請之類雜務。作總務，是資淺同仁的歷練，我從基層學習，受益不少。我的公職生涯第一個外館，是個意外。我相信福禍相依，上蒼這樣的安排，我默默接受。

06.
向教宗拜年

每年的第二個星期六教廷舉辦外交團新年團拜。這是個非常重要的傳統節日，其中過程彷若回到中古世紀。儀式的主題是教宗向全世界人民祝賀新年。教廷和全世界大約190個國家有外交關係，所有各國大使都受邀出席。常設在羅馬的駐教廷大使館約八十多個。其它近百國家的大使館在其它國家，通常是在歐洲國家首都，而派駐教廷爲「兼使」。每年此日，很多國家的兼使都會從巴黎倫敦日內瓦等地趕來參加盛會。

大約在每年12月教廷禮賓司發出請帖。請帖上面寫明了舉行日期時間，男士和女士的服裝穿著，停車位置，抵達時間，入座時間，以及請回覆參加人員。這是非常正式的請帖。我以1987年爲例，介紹儀式的過程。

早晨九點我穿上大禮服。它包括：燕尾服上衣，在羅馬特別服飾店買的禮服專用白襯衫，鑲黑邊黑長褲，白領結，光亮的漆皮皮鞋。我太太全身黑長禮服，頭戴黑紗，耳環胸針是基本配備。穿戴整齊出門碰到社區管理員Marcelo。他眼睛一亮，肅然起敬，向我們夫婦敬禮。

我開車到了當天的活動入口，比爾大門時，前方有一輛賓士轎車插著國旗，應該是某國大使，瑞士衛兵立正敬禮。我們的車是銀灰色富豪，不怎麼起眼，但車牌是CD外交車牌，衛兵也向我們敬禮。進了大門後，全是石塊鋪的道路，這些石塊有五百年歷史。兩旁深宮大殿，壯觀美麗。到了使徒宮的鐘樓廣場，我把車停好，攙扶著穿著半高跟鞋的太太，走進使徒宮。使徒宮走道兩旁衛兵列隊站立，他們保持著中古世紀的打扮，戴著鐵盔手持長戟，腰間配著寶劍，制服是米開朗基羅的設計。衛兵隊長一聲口令，他們向我們夫婦立正敬禮。

瑞士衛兵有歷史傳統。在中世紀教皇國雇用瑞士人當衛兵。1527年5月6日教宗克里蒙七世遭到神聖羅馬帝國的軍隊入侵，瑞士衛兵奮勇抵抗，使得教宗在最緊急時刻，躲開災難。此役189人的衛隊陣亡了147人。此後教廷的衛隊一律向瑞士招募，而瑞士也非常配合，提供教廷適合的兵役年齡男子，每年5月6日就成了新兵入伍宣示效忠教宗的紀念日。

走過使徒宮，進入電梯。電梯中的侍者身穿燕尾服，引領我們到宗座廳，Sala Regia，然後一位資深的領位員問了我們來自那個國家，再把我和太太交給兩位領位員，一位帶著我到外交團我國的席位，另一位引導萬太太到女眷席。外交團的席位排列明確。按照各國大使呈遞國書的先後順序排列。在教宗的右手邊座位依序是第1、3、5、7、9。左手邊是2、4、6、8、10，以此類推。一眼望去，大約有八九十位大使在座。教宗的遠方正對面，是女士席。全部都是黑禮服，黑壓壓一片，大約五十位。教宗右手邊第一位，也就是外交團團長，是象牙海岸大使。已經任職18年。我國周大使1978年抵任，已經9年，坐在教宗左手方第三位，因此他是外交團第6資深者。在各國大使的後面，依該國使館職銜排座位。我國周大使之後依序是項士揆公使，謝新平參事，萬家興二等秘書。

萬秘書夫人向教宗拜年。

萬夫婦瑞士衛兵合影。

各國大使的服裝多彩多姿。現場絕大多數穿著燕尾服，大使，公使大多配掛綵帶勳章。我國周大使，配戴彩帶勳章，項公使戴著越南總統阮文紹贈與的一枚勳章，謝新平參事和我沒有勳章可配掛。有些歐洲有王室的老牌國家大使，例如葡萄牙、丹麥、比利時、愛爾蘭等國大使穿著戎裝，像是十九世紀的將軍，鑲著紅邊的制服，制服上掛著一排勳章，手持像法國騎兵的高帽，腰間配把長劍，雄姿英發。摩洛哥大使為在教宗左手邊第一位，第二資深，一身白衣白袍白帽白披風白鞋。印尼大使一身灰色服裝，頭戴無邊黑色方帽，腰間繫著紅布巾。伊朗大使一身回教打扮，頭上纏白頭巾。巴基斯坦大使穿著像制服的灰色圓領上裝和長褲。置身大廳彷彿回到電影中描述的十八世紀宮廷。菲律賓大使，年輕有為，是李姓華裔後裔，能簡單閩南語交談。新加坡大使，四十歲出頭，非常年輕。我們的亞洲鄰國大使更換很快，朝氣蓬勃。

十點59分大廳突然大放光明，全體外交團起立，靜待教宗蒞臨。十一時整，教宗若望保祿二世（John Paul II）進入大廳，優雅地坐在聖座。接著教宗右手邊第一位的象牙海岸大使起立，代表全體外交團以法語向教宗祝賀新年。他讚揚教宗對世界和平的貢獻，希望各國共同努力，促進世界和平。隨後教宗也以法語致詞，全體一片肅靜。教宗提到「世界和平」。這是每年都提到的主題，今年更有「恐怖主義」以及在戰爭，飢荒，苛政之下的苦難人民。世界上仍有許多野心家不聽教宗的呼籲，把人民當作逞遂私欲的工具，進行毫無意義的戰爭。最後教宗用義大利英法德西班牙中日韓等國語言，祝福世界各國人民「新年快樂」。

致詞結束後，教宗走下台階，先和各國使節一一握手，祝賀新年，然後走到女士席，特別停下，允許每位女士和教宗握手合影。這是女士們期待的時刻，女士們很高興，很有秩序地和教宗合影留念。整個活動大約在十二點結束。

向教宗拜年儀式，是各國外交官非常難得的機會。我生涯中參加過五次，這是我的殊榮。

07.
換來換去都是這幫人！

1984年2月台北政壇發生了一件大事。當年2月24日凌晨已經擔任了六年行政院長的孫運璿突然腦溢血中風，住進台北榮民總醫院急救。經過三個月的努力，孫運璿院長，還是無法行走。蔣經國總統很傷心地接受孫院長的辭職，六月一日任命俞國華接任行政院長。

孫運璿中風這件事，從歷史宏觀的角度看，可以說是「攸關國運」的不幸事件。從許多歷史評論和傳記資料顯示，孫運璿是一位操守，能力，眼光都是一流的政治家。蔣經國有心要安排孫運璿主導大政。不料事與願違，蔣在1984年競選連任時（六年一任）選了「板凳只坐三分之一」的李登輝擔任搭搭檔（前任副總統爲謝東閔）。蔣在第二任總統任內去世，由李登輝繼任總統。李主政之後，三十年間台灣從亞洲四小龍之首，一步一步落到後段班。

撇開歷史，我談一下一個小插曲。當時我是我國駐教廷大使館的三等秘書，最資淺的外交人員。當時的大使是周書楷。他是赫赫有名的「超級大使」。他早年擔任國府在大陸時期的外交部長王世杰（二戰後簽訂中蘇友好條約的外長）的秘書，外交部情報司長，僑務委員會委員長，駐西班牙大使，駐美國大使，外交部長等職務。曾在外長任內在聯合國大會上發表沈痛的退出聯合國聲明，以及發表「不排除和魔鬼握手」（意味和蘇聯交好）的話。他經常說，他深受蔣經國器重，前途看好，極有可能是下任行政院長人選，因遭嫉被人向經國先生讒言，而被「流放」到國外，擠出政治權力中心。他說經國先生原來許諾他先外放當大使一陣子，不久會回台北政壇。因此周大使一直期盼「重返政治中心」。

孫運璿中風這件事，對周大使而言，是一個「新希望」，因爲他一直相信他是繼任人選之一。行政院長繼任人選遲遲沒有發表，周大使很關心，每天上班進他的辦公室之前，經過電務室，他會向左探頭，問于國棟秘書：「有沒有台北消息？」大使館裡新聞局的秘書陳建勝是印尼華僑出身，非常風趣，他深知周大使心意，故意半開玩笑，帶著印尼腔調地說：「大使，你也是可能人選喲，可能不久你就回台北囉。」周大使若有所思地說：「現在還沒有消息，大概希望不大了。」

五月下旬傳出接任人選是俞國華。人選發表之後，周大使長嘆一聲：「換來換去，都是這幫人！」

08.
「晚景淒涼」的于焌吉大使？

我剛進外交部，還是荐任科員的時候，曾住過外交部位於北投復興崗旁邊的「致遠新村」。村中大多是資深外交官和已退休的前輩和眷屬。住了兩年，村中男女老幼我幾乎都認識。和他們閒暇聊天之餘，我喜歡向他們請益。我常問一個問題：「可曾遇到值得你敬佩的長官或同仁」？

有點意外。大部分的前輩的答案都是「沒遇到」，或是「顧左右而言他」。總的來說，就是「從缺」。因此，有一天我聽到一個答案，就「如獲至寶」。曾任中南美司司長的桂宗堯大使認爲，曾任駐義大利大使「于焌吉」是位值得他敬重的前輩。後來我獲選到美國進修，遇到早年在華府提前退休的周谷先生，他推崇「葉公超」部長。三十七年外交生涯中，我只有聽過于焌吉，葉公超，兩位是公認的「可敬的外交前輩」。記得一位次長說過「外交部人才濟濟，誰都不服誰，誰都自認懷才不遇」。是這樣嗎？我常常琢磨這句話。

我第一次聽到有人評論「于焌吉」這個名字，是在駐教廷大使館服務期間。當時周書楷大使提到于焌吉大使是：「有燕趙之氣，可惜晚景淒涼」。

我在羅馬服務五年多，聽到僑胞提起于大使，都是讚譽。後來也聽過許多關於于焌吉大使的傳說。傳說一：于大使急公好義，愛護屬下，關心僑民。只要國人路過羅馬，不論識與不識，遇到于大使，他一定請客吃飯。當年的薪水很少，大使招待客人都是在華僑開的中國餐館簽帳。隔月薪水來了才結帳。餐廳老闆都敬重于大使的爲人，對大使簽的帳，大多不計較。

傳說二：于大使宅心仁厚，體恤下人。他的廚子後來自開餐廳，賺了錢，還不時「接濟」于大使。人稱于大使非常幸運，有一位「義僕」。

傳說三：于大使退休之後，租了間小公寓住在台北。某日遇到國賓飯店董事長。這位董事長曾受到于大使招待，感佩于大使的爲人，特別撥出國賓飯店一間套房，免費讓于大使住。于大使不忍辜負董事長的美意，也不願受他長期接濟，於是住了一陣子便遷出。他曾對人說「我最希望的是能有個棲身之所」。

從這些傳說中我可以體會于大使的爲人。後來問過許多外交界前輩，他們對于大使也都是「豎大拇指」，讚揚有加。傳說中有「燕趙之氣」的于大使，就像是司馬遷史記中的游俠「郭解」，我無緣見到，但心中景仰。

周大使對于大使「有燕趙之氣，惜晚境淒涼」的評語，使我印象深刻。因爲兩人的風格可說「對比鮮明」。說到財富，周大使是積沙成塔，涓滴不漏，比于大使富有許多。比起晚景，周大使有許多銀子捨不得用，來不及花，身後還有多位家族成員爭財產。兩人身後的風評也相去甚遠。這句「晚景淒涼」，我的感覺是，「好一個人生的反諷」。

09.
你能答應嗎？

我和太太1983年4月抵達羅馬。我的外館生涯從此開始。當年我31歲，進外交部剛滿三年，感覺自己是早晨的太陽，未來一片光明。第一次外放，第一個看到的外國，官職是三等秘書，初階外交人員。馬上要見到的是自認外交部部長以下都是他「徒子徒孫」的超級大使周書楷。我是初生之犢不知虎啊！

前面提到周大使向外交部索要「幹才」：年輕，未婚，無家累，精通英語法語。後來人事處恭敬地回覆「查無此人」。於是降低標準，取消「精通法語」這條件。於是第一人選王京出線。誰知王京另有規劃，考上中山獎學金公費留學去了。等待了三個月的周大使頗爲光火，於是人事處急忙地找人「遞補」，選派我赴任。當時我「已婚但無家累」勉強符合條件。

到了羅馬，下了飛機，同事直接把我和太太連同行李帶到大使辦公室，謝新平參事在座。大使很親切地寒暄一陣後，進入正題。「這次帶了什麼來啊？」我回答，帶了燕尾服，一些故宮複製國畫。隨卽打開一件行李，拿出兩罐上等烏龍茶，敬獻給大使。大使收下，說道：「來來去去，送的都是烏龍，我太太說我們家都烏龍囉」。後來知道大使不常喝茶，他喜歡甜點。花生糖，綠豆糕，鳳梨酥都比茶葉好，可惜事先不知道。

接著大使問：「你帶了多少錢來啊？」，我沒有料到他會問這麼私人的問題。我照實回答：「一萬美金。」他「喔」了一聲。我剛進社會，沒有家世，沒有積蓄，一萬美金不多不少，很正常啊。

接著問我太太的背景。得知我太太政大歷史系畢業後在1977年考上教育部公費留學，還是當年榜首，赴英國進修西洋近代史。周大使立刻興趣來了。周大使提起他在英國的往事，說二戰期間他在我國駐英國大使館擔任隨習員。他說當時的大使是顧維鈞，三等秘書趙金鏞。他講得眉飛色舞，滔滔不絕。一個多小時後，終於結束面試。看來時年七十，長我四十歲的周大使滿喜歡我這年輕人。總結這個面試，我感覺周大使那個時代的官場重視家世，背景，學歷。

第二天剛上班，周大使交給我一份英文的新聞稿和一段中文。要我把英文翻成中文，中文翻成英文，中午交卷。我按時交卷後不久，周大使在我的翻譯稿上用紅筆寫了評語。我剛到，還不熟悉周大使的字跡，看不懂評語是什麼。於是我請教同辦公室鄰座的謝新平參事，他回答：「甚佳。」喔，原來是「甚佳」兩字。我有點擔心謝參事會不會想：「小子剛來就愛現啊」。

館長愛三秘，幾乎是外交部定律。周大使對我這個「遞補的幹才」基本上認可了。看來往後的日子應該平坦順利吧。誰知道兩個多月後，味道變酸了。六月某一天，周大使把我請到他辦公室，很客氣地和我聊天。聽他閒話半天，有點天馬行空，還不知他想說什麼。慢慢地我理解了他的話，大意是：周夫人每年七八月要去美國度假，家裡的菲律賓女傭廚藝差，希望萬太太在周夫人滯留美國期間，每天到大使官邸教導菲傭燒菜。周大使每天下午兩點下班回家吃飯，萬太太也一起吃。教廷大使館當時每週一到週五，上半天班，從上午九點到下午兩點。各國駐教廷的大使館工作量都不大，幾乎都是上半天的班。

理解了周大使的話，我很驚訝。我很鎮定的回答，讓我回去和太太商量，明天再答覆。回到家，和太太商量。太太說：「我還是去吧，不然影響你的考績前途。」我知道長官向你提出要求時，絕對不希望被回絕。得罪長官在外交部的文化中，是「自討苦吃」，很多人抓住機會討好老闆都來不及，但我內心堅定不同意。原因如下：一、提出這樣要求的長官，真的奇葩。後來我能理解周大使是什麼心態，說出這樣的話。同仁的S夫人很會廚藝，曾經去教導過菲傭，也曾經送過大使自家做的肉包子。W夫人送過大使自家做的水餃。周大使有意無意間跟我提過幾次「外館待遇好，回台灣很苦呦」。在他的潛意識，別人太太都可以，難道你太太不行嗎？這是給你表功的機會啊。你不聽話，就調回台灣。二、周大使和我談話中，從頭到尾都沒有「下了班，你一起來吃飯，接太太回去」的意思。這不奇怪嗎？三、菲傭在官邸多年，廚藝是過的去的。請萬太太去教導菲傭，應是藉口。四、最根本的原因是，當時沒人知道，萬太太已經懷孕五個多月，我們四月剛到時，還看不出來。（多年後回想，太太懷孕，竟然要擔心長官不高興。不可思議啊。）

第二天上午，大使在我辦公室的走廊上來來回回，最後還是忍不住探頭問：「萬秘書，怎麼樣啊」？我趕緊走近大使，小聲說：「我太太懷孕了，不方便」。大使面露不悅，掉頭就走。

此事讓周大使大爲光火。在我覺得，說NO，是正常的啊。當我太太十月生下孩子時，周大使沒有祝賀，沒有說一句恭喜，倒是有酸言一句：「一來就生孩子」。十二月底年終聚餐時周大使對著全體同仁和眷屬（萬太太帶孩子，沒出席）說，「今天萬秘書要罰站，他是太太的奴隸」。說完了，意猶未盡，又用英文說了一次給在座的洋雇員聽。我至今都不能明白周大使「有必要這麼生氣嗎」？這樣的長官，竟然就是活生生的我第一個外館長官。

從此我知道，沒有好日子了。五年考績，四年乙，在我升了二等秘書之後，立即請調回國。考績太多乙，影響了我日後的升遷。多年後，回顧這段往事，我遺憾碰到這樣的事情，但我不後悔我的決定。

10.
震撼教育：它把我衣服戳破啦！

服兵役初期，通常有個「震撼教育」。連長突然下令「緊急集合」！部隊帶到演習場地，新兵在鐵絲網下匍匐前進，機槍子彈在新兵的頭頂上「咻！咻！」飛過去。讓新兵體驗一下戰場的感覺。經過「震撼教育」，新兵會快速成長。某天上班後不久，周大使召我到他辦公室，對我說：「等下十點鐘你去官邸，周夫人有事找你」。這次大使夫人的召見，是我的第一堂「震撼教育」。

我準時抵達官邸，周夫人已經端坐客廳。她穿著端正，頭髮梳理整齊，表情頗嚴肅。夫人示意我坐下，開始說一個故事。她說周大使擔任駐美大使時，蔣夫人來訪，她爲了接待蔣夫人忙到摔傷手臂。接著對我說：「你要記住，官邸的事，就是大使館的事。官邸才是大使館最重要的部分。」接著，她拿出一個衣服架子，對我說：「萬秘書，你昨天買的這個衣架，怎麼用啊？它把我衣服都戳破了！」說著，夫人用手比畫著衣架戳破衣服的動作。原來，昨天大使叫我去買掛衣服的衣架。這是第一次我幫大使官邸購買日用品。我去了一家超市，買了衣架，就交給大使司機Lucio帶回家。沒有想到衣架太小了，不合尺寸。

大使夫人沒有疾言厲色，她以平淡的語氣責備之後，把昨天買的衣架交還給我，再把她要的衣架樣品給我看，要我趕緊換合適的衣架。我隨即趕回辦公室，向出納同事于秘書取回昨日發票，帶著發票趕往超市更換。我仔細的看了衣架區，才猛然發覺，琳瑯滿目，竟然有如此多類型的衣架。買了衣架，趕緊回到官邸，交給夫人。夫人沒多說話，收下，便叫我回使館。

我事後總結這件事，兩個心得：一、關於衣架，周夫人罵的對，我接受，虛心受教。我眞的不知道衣架有最少五六種，每一種又有不同的尺寸，不同的顏色。以前完全不懂，現在算是上了一課。二、夫人說：「官邸才是大使館最重要的」這句話，我是第一次聽到。小小三等秘書作總務，此時才知道原來「宮中府中俱爲一體」，要把官邸的事情放最優先。這句話讓我吃驚。是這樣嗎？難怪周大使叫我去買官邸所需的衣架時，非常自然。在他看，總務做這件事，理所當然。後來我總結心得：辦公費是大使統籌運用，辦公費就是大使的經費。

周夫人的「耳提面命」對我有很多啟發。對一個初次外放的小三秘，這些細節能早早體會，是好事。身爲作總務的屬下，應該多察言觀色，關注首長心意，也要關心官邸的後勤。這次「震撼教育」，我頗多感觸。做總務講究細節。我日後從更多工作中的實例中體會到，很多長官非常看重細節，特別是在接待工作，甚至到了捨本逐末的地步。例如國內長官，立委考察團，各類型的考察團等等，大多看重的是「機場禮遇」、「行李通關」、「交通和休閒節目安排」、「飯局座位」、「拍照留念」，反而把「考察目的」放在次要事項。承辦人如果輕重拿捏弄錯，就差不多等於把事情搞砸，恐怕要挨罵了。

11.
我四十年不休假！

我高中時期，中國大陸在鬧文革。文革十年是個極度狂左的時期，發生了許多怪事。當時的中央日報經常刊登文章嘲笑大陸的極左行爲。我記得有個故事說，有一位貧農，跟著群衆搞「串連」，坐火車不要票，吃飯不要錢，全靠他「貧農」身份。只要他一喊「我是貧農」，馬上旁邊的群衆安靜下來。因爲那個時期，強調「無產階級」，越貧窮，越有社會地位。一句「我是貧農」，南北吃通。我在教廷時期，周大使也有一句類似的名言：「我四十年不休假」！

這句「我四十年不休假！」經常脫口而出，特別是每年七八月份，義大利全國進入「休假模式」，本館同仁開始輪休之際。周大使自己不休假，也討厭別人休假。每次我們館員請「休假」彷彿是乞求恩賜一樣，把假單給大使批核時，他經常不屑的冒出「我四十年不休假」，以傲同仁。

現在應該沒有這樣的長官了。我來談談爲何有「我四十年不休假」的現象。早年薪俸中，有個「不休假獎金」。這個「獎金」立意良善，它是針對因爲公務繁忙無暇休假者的補償，最高可以到每年三十天，相當於一個月的薪俸（本俸加津貼）。於是許多公務員全年不動用「休假」，萬一需要請假，可以請「事假」或「病假」。到年終時可以領將近一個月薪俸的獎金。

時代慢慢進步，潮流是鼓勵休假。另一方面，國家財政緊縮，希望節省「不休假獎金」這項支出。於是產生了現行的「折衷方案」：鼓勵公務員休假，如有因公無法休假者，核發「不休假獎金」但以14天爲上限。所以絕大多數的外館館長和同仁都開始休假，因爲每年休假天數之中，按年資算，資深者通常是28或30天，其中有14到16天是「不休白不休」，即使不休假也不發獎金。

我在羅馬期間周大使確實不休假。但他會「順道」休假。比方說去荷蘭開歐洲區域會報，他會在會議之後，多停留幾天，理由是洽公，認識當地政要。返國述職結束之後，也順便留在台北，洽公幾天。我在馬拉威服務期間，石大使也是不愛休假。但是他在約堡開完非洲區域會報之後，以採買公務用品名義請公假。陪同馬拉威總統穆魯士訪問台北之後，也是以公假，停留台北一兩週，瞭解國內政情。

這些都無可厚非，公務結束之後，順道休息，很正常，合乎人性。問題出在周大使言必稱「我四十年不休假」，以此「驕其屬下」。這句話，實在是雷聲隆隆，格外刺耳。你四十年不休假，是你願意當苦行僧，我不願意啊！我難得到歐洲來工作，當然要儘量利用休假期間，多多走走，看看，接觸歐洲各國的文化，欣賞名勝古跡，理解歐洲人爲何幾百年來在文化上引領風騷。因此，每年的休假我是儘量利用。這個行爲周大使頗爲不爽，給了我「玩童」的稱號。

我支持休假，按規定休假。我自己的經驗，要休假之前，一定會把手邊案件處理完竣。如果有未完成的「待辦案件」，一定簡明扼要地口頭說明再加書面，交待給職務代理人。貫徹休假制度，有助於「減少積壓案件」，以及「檢視「年度內已經承辦案件」。這是好的制度。

休假制度也牽涉考績。通常長官不喜歡屬下休假。休假多，可能影響考績。尤其是每年的十二月，館長打考績的季節，通常都不是休假的好時間。考績和休假，是所有外交部同仁，特別是外館同仁切身相關的兩大問題。考績是個「不得不的惡法」。通常秉性溫和的，不愛計較的同事，比較吃虧。而考績和休假，這兩個涉及個人的重要關心事項，常成爲不公正的長官手上的利器。

時代在變。三四十年前「四十年不休假」可能是美德。現在再這麼說，就成了怪咖。早年的外館生涯中，我兩度遇到這類的長官。然而我是「該休假就休假」，所以在義大利五年的假期中我遊歷了約二十個歐洲國家。我不願意像周大使一樣當苦行僧。我特別記下這段親身經驗，也給自己懷懷舊，憶苦思甜。

12.
謙謙君子：項士揆公使

我的外交生涯中有一位我敬佩的前輩，一定要專門寫一篇記述。這人就是我在教廷大使館的長官，項士揆公使。項公使在我1980年進入外交部時，是亞西司司長。他在1983年9月調來駐教廷大使館任公使，飽受周大使欺負，忍無可忍之下，向外交部請求他調。1986年6月調派到駐菲律賓代表處有「外交部聖人」之稱的劉宗翰大使手下擔任副代表，1988年因胃病復發，提前在63歲退休。

我和項公使同館將近三年，對他的總評是：「謙謙君子，活活氣死。」項公使的中英文造詣都相當高，待人謙和有禮，處事有節，絕對是外交部同仁的好榜樣。可惜，如同他在他的回憶錄「外交小卒瑣憶」所述，一生最大的錯，就是甘願「降格」來教廷「第三度」追隨周大使。他完全沒有料到早年兩度共事，「奉若神明」的長官，眞實的面目讓他寒心到「堅決求去」。

項公使的回憶錄「外交小卒瑣憶」，是他本人口述，徐碧瑾（筆名白石）編寫，項夫人洽雲皓出版社在1997年他去世後三年出版。出此書，得以完成項公使心願。項公使在書中提到曾受到周書楷提拔，也爲了公務，犧牲了健康。最後懷著感恩之心自願來教廷追隨周大使，怎料到此時的周大使完全不是早年心中的「神明」。項公使極度懊悔，舊疾復發。

項公使復旦大學畢業，英文造詣很高。他的夫人蔣碧英是他復旦大學同學。項夫人是鼎鼎大名的蔣鼎文將軍的女兒。蔣鼎文是老蔣西安事變時身邊的營長，深獲老蔣信任，後來一路升到上將，在政壇地位崇高。項公使仕途一帆風順，在他的「外交小卒瑣憶」書中提到，他在台灣省政府擔任科長之後，考入外交部，又從科員幹起。最初在情報司（後來改名爲新聞司），當時周書楷是次長兼情報司司長，周非常賞識項。後來項被派到雪梨。不久，又從雪梨調到泰國南部的宋卡當領事，雖是艱苦地區，卻是小主管。又不久，項從宋卡調到美國休士頓，再於1966年從休士頓調到華府政治組擔任一等秘書。這些調動和升遷的背後，都有周書楷的影響力。大使周書楷非常器重他。他也是拼命從公，拼到胃出血。

1967年項秘書從華府回外交部之後，以「一等秘書回部辦事兼亞太司副司長」名義，接替有「日本通」之稱的崔萬秋副司長。之後於1970年調駐紐西蘭大使館參事。1973年調駐約旦大使館參事。四年後約旦於1977年與我斷交後，項參事續以「駐約旦商務處主任」（如後來的「代表」）名義留任。1980年返國接任亞西司司長。項公使在外交部，一路順遂。這背後的原因，有「蔣鼎文女婿」的因素，有周書楷生性愛「以家世背景提拔下屬」的因素，但是不能忽略項公使本人才識能力「堪當大任」這個基本實力。項的仕途順遂，但他付出了很大代價。項在華府擔任一等秘書時，周大使隨時「點召」，心情極度緊張，得了胃病，從此長期被胃病所苦。另外每次調動，他都是先隻身赴任，三個孩子的教育問題，以及搬家，轉學繁雜的事情都留下來給項夫人處理。

一個謙謙君子，學養俱佳，當過約旦代表，亞西司長的人，以外交部資歷最少可以擔任小國大使或大處處長。他之所以甘願來當周大使的副手，是因爲一直對周大使有感恩之心，所以才願意屈居副手。他原意來羅馬輔助周大使這位老長官，也想調養宿疾（胃病），順便沉浸於義大利的藝術文化。誰知道，周大使完全不是他早年印象中的長官，失望懊悔之情，激化了他的胃病。可以說是「謙謙君子，活活氣死」。

項士揆著作「外交小卒瑣憶」。

我從我的觀點解讀這段歷史。爲何要派公使？本館人員是各國駐教廷外交團最大編制之一，並不需要公使。周大使初到羅馬時還以爲不久就會回台北權力中心。在他知道沒希望再回權力中心後，便希望「長長久久」留在這位子。（事實上他從1978年65歲一直幹到1991年的78歲，當了13年的「特任」官）。周大使向台北一再鼓吹「不宜換大使」，說一旦換大使後，教廷將不再接受我國派大使。這個說法，台北高層有所顧慮。因爲當時教廷確實已經降低了對我國的關係，不派大使，只派代辦派駐我國至今。台北高層爲「預防萬一」，如果教廷不接受大使，至少我國還有公使。多年後證明，這是周大使的「狼來了」的說詞。周大使之後，陸續有黃秀日，吳祖禹，戴瑞明，杜竺生，王豫元，以及現任的李世明六任大使。

項公使的赴任，是非常正式的，事先徵求了周大使的同意。根據「外交小卒瑣憶」，周大使駁回了兩名人選，然後欣然同意項公使。另外，又徵得教廷外交部同意。項公使有公務配車及司機，儼然是駐美日大館規格。周大使以「舊遇重逢」之心情很高興地歡迎項公使。然而不久兩人關係就變酸了。原因是：周大使認爲項公使是來取代他的。因此開始了一系列的打壓侮辱，目的是讓項公使自動請調。這就出現了許多不可理喻的事情。項公使這位謙謙君子，最終忍無可忍，堅請他調。

項公使到任後發現，他的公務坐車，藍色賓士230，竟然是「陽春車」，沒有應有的配備，甚至車窗玻璃都是透明的，而不是正常的tainted glass有色玻璃。項公使問我這個總務，我回答，坐車的配備是大使親自勾選的。

周大使非常不尊重項公使。項公使沒有被賦予應有的授權和尊重。他的職務是收發員和核稿員。在公文經過他時，簡單核稿，簽字。周大使要他保管收發館章，但是只蓋政務領務公文。每個月的會計報表，封得嚴嚴實實，他看不到，只能蓋章。項公使到任不久，在家中宴請教廷最後一任駐華大使（時任教廷經濟部長），也邀請了周大使夫婦。沒想到，事後周大使非常不悅，認爲項公使「逾越本分」。項公使是非常傳統的外交官，尊敬長官，認眞執行命令。當他被周大使誤解，或被找麻煩也不申辯。這樣可能讓他經常生悶氣。鬱悶使得胃病復發。

有一天周大使召集全館同仁在他的辦公室開會。主題就是外交部來電報，要周大使以返國述職名義，回台北參加國民黨中央委員會議。周大使是執政黨中央委員，自然要回台北參加。這個「黨政不分」的現象，現在看來，不可思議，但在當時是司空見慣。在館務會議中，周大使說，「我這趟回去，實在不放心」。項公使是當然的職務代理人，便接著說，「大使請放心回國開會，館內的事，我會負責，請放心。」周大使突然發飆，大聲喝叱：「我怎麼放心，我對你們通通不信任，包括你，項公使！」全館同事驚呆了。氣氛很僵，就這樣散會了。根據項公使回憶錄「外交小卒瑣憶」記述，這是壓垮駱駝的最後一根稻草，此事讓項公使心灰意冷，決心求去。

在「外交小卒的瑣憶」書中提到，周大使不愛回家，喜歡留在辦公室。因爲回家就會和太太吵架。周大使在辦公室脾氣很暴躁，經常突然發飆，罵人完全不顧對方自尊。他的「霸道」領導下，人人心情沉悶。只有主管會計兼出納的同事周大使比較客氣。

我是個「抗壓力」很強的人。我不把辦公室的鬱悶帶回家。我的週末一定安排家人出城散心。我經常規劃週末郊遊野餐，邀請項公使夫婦，謝新平參事夫婦和孩子，新聞局的陳建勝主任，易榮宗秘書一起出遊。幾乎每星期都會開車到羅馬周邊30公里範圍內古樸小鎮一日遊。參訪小鎮的教堂，古蹟，湖濱散步，在公園綠地野餐。旅遊，歡笑，野餐是我們一週最好的紓壓療癒。各家帶一個菜，項公使夫人帶的家常小菜非常受歡迎。謝參事夫人很會做義大利料理，pasta麵食非常有義大利風味。我們家廚藝不佳，常常是涼拌黃瓜，水果之類。單身的陳建勝和小易，偶爾會買個披薩之類小菜。

義大利的野餐設備幾乎家家都有。餐桌、椅子、桌巾、塑膠地毯，幾分鐘就擺好。大家在綠地上打開餐桌，坐下來，邊吃邊聊，談笑風月。孩子們在附近嬉戲打鬧。「藍天白雲下，談笑古今」的快樂，是我們幾位同事「苦中作樂的自得其樂」。項公使在辦公室很鬱悶，幸虧有這個每星期定期的週末紓壓，給了項公使一些美好的羅馬時光。這也是周大使永遠不能明白的人生樂趣。

13. 他知道我是誰嗎？

在羅馬服務期間，接送國內訪賓是我工作之一。有一次國內一位警察局長率兩名警官來義大利公幹。在結束公務之後，我送他們一行去機場，準備搭乘新加坡航空公司班機去新加坡。局長的個人行李很多。要托運的，有五個大皮箱，遠超過商務艙旅客的行李限制額度。新航櫃臺的職員面有難色地對我說：「行李超重太多，要補超重費。」

局長兩眼一直看著我，我會過意來。趕快去找手持對講機的新航機場主任，請他通融。這位新航機場主任是個洋人面孔的混血華人，和我是同一社區的鄰居，我們有點交情。主任聽了我的請求，面有難色地回答：「我們新航規定很嚴格，我要求職員遵守公司規定，自己卻不遵守，很難服眾。這樣吧，象徵性的補交十公斤的超重費好嗎？」（大約200美元）

我把交涉結果向局長回報。他臉色一變，說道：「別的航空公司都沒問題，爲什麼新航不行？你們跟新航關係不好嗎？」從他的表情和語氣，我猜想他認爲這是一件小事，而我應該搞定這種小事。駐外單位在機場接送國內長官，這個環節，常被國內長官視爲小事。它的潛台詞：「這種事，你都搞不定啊！」

我和新加坡人有交往經驗，他們相當守法，講規矩。我的要求有一點「強人所難」。但是經驗告訴我，國內來訪的長官，認爲「這一件小事都辦不好」，回到台灣之後，可能會發生難以預料的「可大可小」的「後遺症」。我靈機一動，再度向新航主任拜託，說這位國內來的長官在羅馬買了許多禮品，其中有些是他這趟行程中，應邀訪問新加坡時送給新加坡友人的禮物。請主任務必幫忙。我再度拜託之下，新航主任終於通融放行。局長露出微笑，把我拉到旁邊，斜眼看著櫃臺另一端的新航主任，然後小聲對我說；「他知道我是誰嗎？」

「他知道我是誰嗎？」這句話，非常經典。是什麼環境，造就出高階警官說出這句話。警察局長在地方縣市政府可能很大，但實際上算不上什麼大官，憑什麼人家需要認識你？在國家體制上而言，警察局長之上有警政署長，再上面有內政部長，算是個三級單位，相比外交部，只相當於司長，稱不上「大官」。

歷史上有個類似經典故事。漢朝有位周勃，曾統帥大軍，官居右丞相，後來被誣告謀反下獄，再後來平反出獄。他在獄中遭到監獄小吏刁難欺負。出獄後講了一句千古名言：「吾嘗將百萬軍，然安知獄吏之貴乎」。翻成白話：「老子統帥過百萬大軍，到今天才知道，小小獄卒的威風啊！」

14.
一生的好友：安東尼歐和家人

我和太太在1983年4月到達羅馬的時候，她已經懷孕了三個月。義大利的社會福利非常好。我們有義大利外交部核發的居留證，享有和義大利國民完全相同待遇。萬太太定期到醫院產前檢查。這家醫院是位於梵諦岡附近著名的Gemelli醫院，它是教宗的指定醫院（多年前曾經發生教宗在廣場人群中遇刺，緊急送醫，化險爲夷）。爲萬太太做產檢的產科男性醫生Dr. Moneta（義文意思「錢」），產檢時發現了胎位不正，他建議萬太太剖腹生產。萬太太堅持要自然生產，於是他便安排萬太太在九月中旬，預產期一個月之前住院。很幸運在同一個病房萬太太遇見了另一位待產婦人Annamaria安娜瑪麗亞。兩位產婦一間病房，兩人在病房成了好朋友。這位Annamaria當時36歲，大萬太太6歲，自稱是「高齡產婦」，確定將要「剖腹生產」。她是小學老師，非常有耐心，講話發音非常淸楚，經常教導萬太太正確發音。她來自義大利南端的卡拉布利亞Calabria省，丈夫叫Antonio Moscatelli。十月十一日Annamaria生了一個男嬰，取名保羅Paolo。當時年紀五十多歲的「高齡老爸」Antonio喜極而泣。萬太太在四天後的十月十五日順利自然產，生下一個男嬰。接生的是醫院唯一一位來自台灣的護士陳麗雲。我們很幸運遇到陳麗雲護士，這位陳護士在兩年內先後爲萬太太接生了兩個男嬰。嬰兒生下來之後，依照義大利規定必須在兩星期之內申報戶籍。我們的孩子名字中文是「振宇」，相對應比較常用的義大利名字是Giovanni，喬凡尼，於是男嬰的出生證明上名字是Giovanni Wan。

兩位產婦在產房結緣，我們和Antonio Moscatelli家族成了好朋友。兩個男嬰同一星期出生，於是每年一起過生日。離開羅馬後，每年十月十一日我們會打電話，相互祝賀生日，後來網路發達了，每年網路上互祝生日快樂。

Antonio家族世居羅馬，他是家族中唯一到五十歲還沒結婚的男性，於是家族在市郊的一棟古宅就由他繼承。這古宅建於山坡，義大利小鎮有許多這種型態的山頂聚落的古宅。進入聚落後，道路是有百年歷史的石砌路面。古宅分成三個階層，家的入口是一樓，臥室在二樓，更上層是三樓，總面積滿寬敞，有後院。從一樓向下走十幾個台階，是後院。後院向下看，是個小小莊園。義大利人喜歡在山坡建房屋，這是很典型的古老鄉間建築。多層次，很有古意。兩家孩子年紀相同，自然經常往來。兩位太太見面談談孩子，萬太太順便學習義大利語。Annamaria做的義大利菜很好吃，我們很喜歡，其中有一道菜是番茄燉雞肉塊，很特別。我們家做的菜他們也很喜歡，唯一Antonio不習慣的是生薑。他說從小不愛生薑的味道。

萬太太生了孩子。這事情「紙包不住火」。沒幾天就傳到周大使耳朵。果然，周大使知道了萬太太生產的消息，沒有對我道喜道賀，沒有吭聲。但是難掩他的很不高興，他有意無意地對其他同事說「萬秘書，一來就生孩子」。我至今也無法理解，我家生孩子，爲何會引起你生氣？想不通吧。但是他就是這樣的長官。

我們要離開義大利時安東尼歐說，「Giovanni義大利語講的那麼好，回台灣後，要繼續練習，可以找義大利神父教導」。然而實際很困難，沒有義大利語的環境，很快孩子就忘光了。我們離開義大利之後，初期寫信問候過Annamaria和家人。後來我們去了美國，馬拉威，印尼。在2003年我被派到加拿大工作。網路通訊發展後，我們兩家的孩子再度聯絡上了。在加拿大期間的2004年我們得知Antonio已經臥床，無法行走。我忽然覺得，應該是時候去探望老朋友。於是我計畫當年七月暑假，叫老大從波士頓來會合，然後全家四人從加拿大渥太華去羅馬「回顧之旅」。這是離開羅馬16年之後，回義大利看老朋友。

到了羅馬，我們住進旅館。第二天上午Paolo來旅館接我們到他家。十六年後第一次相見，大家都很驚喜。當年的Paolo小男孩現在是高大的胖子；當年的Giovanni成了瘦瘦的高個子。道路沒有太大變化：還是道路窄，塞車。他們家的老房子依舊挺立。我看到Antonio躺在床上。Annamaria轉動轉輪，搖到60度角，讓Antonio坐起來。我趕緊向前擁抱，靠臉，左邊右邊，再靠臉。老友相見分外高興。他臉部鬍鬚刮得很乾淨，容光煥發，還擦了古龍水，香香的。Antonio看到我們，笑得非常開心，高興地一直說話，談談往事。Annamaria胖了一些，二十年前她就是微胖，現在看來老了許多。她對萬太太和我相互擁抱，吻臉頰。Paolo帶著我兩個孩子，Giovanni和 Giulio去看看他們小時候玩耍的後院。Annamaria爲我們準備了午餐，還是同樣美味可口。飯後吃了甜點咖啡，Antonio需要休息了。他已經七十多歲了，爲了我們的來訪，一定很早就梳理打扮，年紀大了，需要午休。

終於到了說再見的時候。我和Antonio靠臉，吻臉頰，說祝福「Auguri」。我們似乎都知道這可能是最後一次見面。我看到Antonio眼淚流下來。Paolo送我們回旅館途中特別繞道去了一座叫做St. Giovanni e Paolo教堂（聖若望和保羅教堂）。因爲這教堂的名字包含了我兒子義大利名Giovanni和Paolo的名字。他希望兩人友誼和這教堂一樣長久屹立。

上：安東尼歐夫婦和兩家男嬰。
下：哥倆好Giovanni和Paolo。

這次回顧之旅，我們去看了曾經住過的家，那是個叫做Casa Bianca（白家）的高級社區，大門關著，沒有遇到門房管理員Marcello，也沒有遇到熟人。十六年，變化很大。我們搭乘快速火車去佛羅倫斯。這個美麗的城市孩子們很喜歡。他們去了包括Medici家族的博物館，大教堂等等著名景點，我和孩子說，「你們小時候，都來過」。他們說，完全不記得。哈哈哈，貪玩的爸爸，當年孩子才四五歲，怎能記住。

回到加拿大幾個月後，我們得知Antonio去世的消息。老友逝去，無限惋惜。難怪Antonio和我道別時，一直流眼淚。我們在Antonio去世之前看了他，彷佛是上蒼的安排。

生涯中，在羅馬遇到極度不喜歡館員有家累的長官，是我的劫難。但是遇見Annamaria和Antonio夫婦，我們兩家成爲一生的好友，這是我的幸運。

15.
利馬竇家鄉受洗

1985年9月在羅馬的華人神父和修女規劃「紀念利馬竇來華宣教四百年」活動。紀念的活動有很多，除了紀念彌撒，利馬竇來華四百年文物展，還規劃了一個在利馬竇家鄉馬切省（Marche），爲中國嬰孩受洗的活動。在羅馬的神職人員找好了教堂，找好了爲孩子受洗的主教，但是一直找不到合適的孩子。最後聽說我們家有個剛剛滿兩歲的老大，和剛出生滿月的老二，在羅馬的華人天主教團體就希望這兩位孩子能成爲紀念利馬竇來華四百年受洗活動的受洗者。在羅馬進修的方修女向我太太談及此事，希望我們務必答應，因爲一時間找不到適齡的華人孩子。萬太太有點猶豫，我口答應，因爲我從小就是天主教徒，我認爲這樣的機會是上天的安排。

利馬竇Matteo Ricci，（1552.10.6－1610.5.11），天主教耶穌會義大利籍神父、傳教士、學者。漢名利瑪竇，號西泰。出生於當時教皇國（現今義大利中部偏東馬切省）的Macerata馬切拉塔教區。1582年來到澳門，1583年獲准入住廣東，1601年到北京。在明朝頗受士大夫的敬重，尊稱爲「泰西儒士」。他是天主教在華傳教的開拓者之一，也是第一位閱讀中國文學並對中國典籍進行鑽研的西方學者。他除了傳播天主教教義外，還廣交中國官員和社會名流，傳播西方天文、數學、地理等科學技術知識。他的著述不僅對中西交流作出了重要貢獻，對日本和朝鮮半島上的國家認識西方文明也產生了重要影響。

天主教的耶穌會是一千多年來天主教徒中最受敬重的團體。這個耶穌會的信條是：「守貧，不蓄財，守貞，作學問」，耶穌會出了非常多品格高尚，學識淵博的學者和傳教士。利馬竇是其中之一，他後來被教皇封爲「天主的僕人」尊稱。利馬竇被視爲天主教在中國傳播的先驅，地位崇高。提到「華梵關係」，利馬竇是最著名的先驅。

我家兩孩子受洗桌單。

在1985年10月26日傍晚我們一家四人，我和太太，兩歲的老大和剛剛滿月抱在懷中的老二，抵達受洗的教堂。在利馬竇家鄉的 Diocesi di Osimo（Ancona）教堂，由當地教區的主教爲兩孩子受洗。同時還有一對義大利夫婦擔任我們孩子的教父和教母。那是個很難忘的夜晚，小鎮來了很多教友。義大利是天主教國家，基本上人人都是天主教徒。他們爲我們祝福，唱聖歌。教堂還準備了一塊很大的禮布，150公分×280公分，上面畫了教堂和受洗嬰孩，寫上日期「26 OTTOBRE 1985」。這是個非常鄭重的儀式。我在羅馬服務期間遇到這樣的機遇，是上蒼的安排，也算是「四百年一次」吧？

16.
小阿姨愛美

我1983年到羅馬。隔年，我太太的妹妹，也就是俗稱的小姨子來信說打算來羅馬學習「藝術修復」。這是個很特殊的技術。修補古物是個專業活，它在義大利有幾百年歷史。修復師最少需要兩年到三年時間才具備修復的專業技能。在當時的台灣，幾乎沒有人學過，因爲沒人實際認知，藝術品也需要專業的修復師。藝術修復是一門非常專業的學門，台灣當時還沒有這樣的需求，但是不知她爲何有此「前瞻」想法。太太的妹妹要來進修，我們當然歡迎。

小姨子名叫董國金。我岳家男孩女孩排序是「國」字輩。國金熱愛繪畫藝術，大學聯考目標是師大美術系，可惜術科差了一分沒考上，倒是考上了當時非常熱門的輔仁大學大衆傳播系。系裡李豔秋、沈春華分別是後來華視、中視的當家主播，這兩位是比較出名的同系同學。國金大學畢業後，忽然啟動了藝術靈魂，當美術老師的心願沒達成，想要學「修畫」。她打算來羅馬進修「文物修復」（Conservation-Restoration）。

義大利的「文物修復」是一門很專業的技術。國金就讀的兩所學校是著名的Istituto Centrale per la Patologia del Libro專攻書籍紙張修復；以及Istituto Italiano Arte Artigianato e Restauro專攻：油畫、彩繪、壁畫修復。學了三年，對於古老油畫，壁畫，紙張，都有很專業的修復技術。

三年出師，回台灣後，趕上了台灣藝術界的「本土化」風潮。畫價直飆，一些以前存放在倉庫床下或當防雨的窗版的畫作紛紛出籠。台灣繪畫界開始重視百年前日據時期的本土畫家的作品。這些畫家包括：廖繼春，陳澄波，楊三郎，李梅樹，劉啟祥等。百年油畫，難免有破損剝落，需要專業修復師。當時台灣幾乎沒有這方面的人才。

學成回國的國金，經她之前的美術老師陳景容的介紹，接下了幾件修補台灣本土畫家的作品，例如礦工畫家洪瑞麟最大的油畫作品《山形市集》100號，顏料剝落嚴重，差點要被扔了，剛好遇到學有專長的國金才得以解救。

修畫實作。

董國金修復實作義大利。

另外，除了八田與一畫像，趙無極最大的油畫作品等作品，也經過國金的親手修復。趙無極的這件巨幅油畫作品（長10公尺，寬2.8公尺巨畫）後來在2018年在香港蘇富比以5.1億港幣，約合台幣19.8億出售。董國金成了台灣首位藝術修復師。

國金閒暇時候，會幫忙照顧我們家老大。她是個愛美的阿姨。有一天，帶著三歲老大出門，逛羅馬市中心時，突然發揮她美感素養，選購了整套黃色系列安格拉羊毛的帽子圍巾手套上衣褲子，好生爲孩子打扮了一番，孩子穿了一身新衣服行頭回家：黃帽子、上衣褲子、鞋子，顏色很亮，搭配很帥。我和太太眼睛一亮。小傢伙，好可愛，漂亮。

小姨子交給我帳單，嘿嘿，難怪漂亮。十幾萬里拉，約等於一百美金。美麗，愛美，都是有代價的啊！小姨子說，在羅馬東方人不多。東方小孩更少，寶寶長的可愛，義大利人很喜歡小孩子，他走到任何地方都會引起義大利人關注，像明星一般，當然要好生打扮打扮啊！

義大利人非常愛美，無論男男女女，出門都打扮。小阿姨愛美，兒子耳濡目染下也愛美。他在舊金山谷歌煩忙工作之餘，仍不忘偶爾客串一下服裝模特兒工作，穿著打拌得又美又帥！感謝小阿姨從小訓練他愛美。

17.
來談談義大利

義大利是什麼樣子的國家？一言以蔽之：多彩多姿。義大利是我第一個認識的外國。我和太太1983年4月來到羅馬。我們兩個男孩先後於1983和1985在羅馬出生。1988年9月一家四口回到台灣。離開義大利16年後，在2004年我們全家專程去義大利舊地重遊，看我們的老朋友，看以前住過的家。我們在義大利有美好的回憶。

義大利這個國家，歷史悠久，文化底蘊深厚。首都羅馬，被稱爲「永恆之城」。羅馬帝國融合了希臘文化，成就了偉大的羅馬文明。羅馬文明給世界的偉大遺產包括：議會元老院制度、雄偉的建築、水利工程與灌溉系統、道路建設、科學、天文曆法、哲學、文學、辯論術，拉丁文成爲歐洲文字重要根源。另外在陸上戰陣，航海，海戰戰術，與東方的貿易等，都光輝燦爛，閃耀千年。

中世紀的時候它是「文藝復興」的發源地，引發了理性主義和工業革命。對世界文明有重大貢獻。義大利對東西文明的交匯有許多影響，例如元代的馬可波羅（Marco Polo），明朝時期的利馬竇（Matteo Ricci）清朝時期的郎世寧（Giuseppe Castiglione）。義大利人相較於其它歐洲人民，有一種「文化自信」，這是來自深厚的文化底蘊。

我到羅馬時31歲，好動愛玩。周書楷大使說我是「玩童」。在五年半的時間裡，我利用每年的休假，帶著家人遊歷了義大利從北到南，每一個省和西西里，薩丁尼亞兩個外島，共20個省（義大利稱「省」爲Regione，稱「縣」爲provincia）。我遊歷過每一個省。離開義大利二十多年後，要我「簡述」義大利特色。我列出以下四點：文化自信，美感；音樂性；家庭觀。

文化自信來自歷史的積澱。義大利在歐洲強國中，經常位列德法英之後，但卻是比較不「唯美國是瞻」的國家。它有自己的歷史觀。羅馬這個兩千多年的古城見證過許多王朝帝國的興衰。羅馬人理解「暴風雨終究會過去」，沒有必要拼到你死我活，少有「極端主義」。二戰初期，墨索里尼以「恢復羅馬的榮耀」，號召義大利人加入「德義日軸心國」。但是義大利軍隊沒有發生像納粹的屠殺，也沒有眞正的「浴血奮戰」。當戰局逆轉，以美國爲首的盟軍在西西里登陸後，義大利很快地「轉向」，吊死墨索里尼，投降同盟國，反而成爲戰勝國之一。我認爲義大利在二戰期間，之所以會有這樣的大轉折，原因之一是，歷史一再告訴義大利人，「不盲目追隨政客」，歷史榮耀固然重要，但更重要的是「人民的永續存活」。

美感，義大利人的審美觀，最少有五百多年歷史的積澱。看看文藝復興時期達文西的「蒙娜麗沙」，看看米開朗基羅爲教廷的衛兵設計的美麗服飾。再看看羅馬到處可見的宏偉建築。你油然而生敬佩之心。現代服飾的時尚，有人說法國領導風潮。我認爲應該是義大利。從上衣、套裝、裙裝、裙擺、外袍、包包、皮帶、髮飾、內衣、鞋子、領巾、面紗、胸飾、嬰兒服、孕婦裝、運動服、休閒裝等等，無論從設計、品質、顏色都非常有美感。我最佩服的是義大利的

「憲兵制服」，和「雨衣」的設計美感，完全碾壓世界各國的設計水準。美感，也表現在家庭擺設、餐桌擺設、陽台花盆。我認爲義大利的美感是獨步全球。在義大利時期，我們一家人出門前，一定要打扮。不然到了現場，會很窘。我們夫婦出門前會問：「是不是太正式了？」嘿嘿，這樣剛剛好。因爲愛美，義大利人對食物也是非常講究。各種食物相配的顏色，口感，季節食材的搭配都很講究。另外每個地區都各自獨特的名菜、乳酪、披薩。聞名全球的紅白葡萄酒、餐後甜點、冰淇淋這些義大利特色素材，更使義大利餐飲，全球聞名。

義大利人和許多民族非常不一樣的是「音樂性」。意大利語言的發音簡單，母音清晰，字尾幾乎都是母音（a,i,u,e,o），如果是子音（b,d,g,k,t,等等）大概是外來語。例如：英文的「早安」義大利人多半會唸成：Goode morninge，因爲結尾是子音的話，很難唸出音。我發現英語系國家，特別是美國，喜歡把對方名字縮短，例如；Albert唸成Al，Benjamin變成Ben，Robert,唸成Bob。省略了一兩個音節。但是在義大利他們的名字很長，而且唸得慢，每一個音節都發聲。Alessandra唸成A-le-ssan-dra-aaa,還要拖音。Giovanni唸成Gio-vaan-ni。Giulietta唸成Giu-li-e-tta，四個音節。Antonio唸成An-ton-ni-o。Annamaria唸成An-na-ma-ri-a五個音節。我們經常聽到鄰居媽媽，提高嗓門呼喚貪玩的女兒回家吃晚飯：「A-le-ssan-dra, A-le-ssan-dra, tor-na a ca-sa, tor-na per la ce-na!」（亞立山德拉，亞立山德拉，回家啦，回家吃晚飯啦！）那眞是抑揚頓挫，美麗動聽，宛如陽台上的聲樂家唱一段樂句。音樂性的語言語法，造就了非常多的聲樂家，歌劇家，近代的有，過世不久的Luciano Pavarotti，現在著名的Andrea Bocelli，六零年代美籍義裔Mario Lanza這些都是響噹噹的聲樂家。

義大利人對「家庭」的重視，和華人相似。好萊塢電影「教父」，描述了美國百年前來自義大利西西里島移民在紐約等城市的黑手黨家族歷史。很震撼，讓人反思。「教父」的核心價值是「家庭，家族」，法律是其次。當然黑手黨（Mafia）只是義大利的一小部分，絕大多數義大利人，寧願相信「家族」。義大利人對「政府」是不怎麼在乎的。顯現的社會現象是，當發生政爭、倒閣、國會解散，國家進入無政府狀態時，人民沒有抗議對象了，一切平靜，社會祥和，生活如常。總結我對義大利的觀察，四個特點：歷史輝煌、文化璀璨、注重家庭、熱愛生活。

18.
聖母哀子

我在教廷大使館服務五年多，深深體認到羅馬是個文化寶庫，義大利是多彩多姿。有幸來羅馬，機會難得，所以平常週末會開車去羅馬周邊的小城鎮遊訪。每年夏天是義大利人「必需休假」的時段，政府機構，公司行號，各國大使館都進入「度假模式」。本館同仁會輪流休假。我會利用每年的休假，開車遊歷義大利各地，或開車出境到法國瑞士等西歐國家。五年下來，走遍了全義大利20個省，博得了周大使給我「玩童」的稱號。

義大利各省都有特色。全世界觀光大國，義大利毫無疑問，名列前茅。羅馬，佛羅倫斯，威尼斯，拿坡里，比薩斜塔等，太有名了，有關的文章非常多，我的回憶錄中就不細述。羅馬市內古蹟極多。建築，繪畫，石雕，讓人流連。羅馬市區內隨處可見上千年歷史的建築。五百年歷史的建築算「新」。例如建於成1575年，有巴洛克風格的教堂Santa Maria in Vallicella，被稱爲「新教堂」Chiesa Nuova。羅馬的文化古蹟，前兩名應該是古羅馬競技場和梵諦岡城。

梵諦岡城Vatican City，是個面積不到半平方公里的國家，全世界面積最小，影響力極大。它最著名的兩建築是：宏偉的聖彼得大教堂和梵諦岡博物館。此外，還有很少對外開放的著名大廳，例如西斯丁教堂Sistine Chapel。每次教宗去世後，全世界一百多位樞機主教，在這裡同處一堂，直到選舉出新教宗。這個大廳蒼穹天花板是米開朗基羅畫的「亞當的誕生」。另外還有幾個極少對外開放的梵諦岡珍貴收藏館，偶爾邀請各國大使和館員參觀，我有幸得以一窺探秘。梵諦岡有個教宗的花園，很漂亮。教廷禮賓司偶爾在此辦理外交團聯誼活動。很奇怪，我們在戶外享用的餐點沒有引來蒼蠅，倒是有一些蜜蜂來訪。

梵諦岡的主建築是聖彼得大教堂。它實在太偉大了，從1506年興建，到1626年才完成，費時120年。它是文藝復興時期的偉大建築。它的高聳，巨大，莊嚴，讓人肅然起敬。到了羅馬，必須一遊。進入聖彼得教堂，服裝有規定。男士不可以穿：拖鞋，短褲，背心，無領上衣；有領子運動衫可以。女士要穿裙子，裙子長度要過膝蓋，上身衣服不可露肩露胸。

進了聖彼得大教堂，右手邊，有一座大理石雕像，義大利文叫Pieta，英文piety，但是中文翻譯比較傳神：「聖母哀子」或「聖殤」，亦稱「聖母憐子」。它是1497年米開朗基羅應法國駐教皇國大使樞機主教Jean de Biheres之請，創作的一座雕塑作品。它也是米開朗基羅的成名作。故事題材來自「聖經」。描繪了聖母瑪利亞懷抱著被釘死的兒子基督時悲痛的情形。基督躺在聖母雙膝間，肋骨上一道傷痕，頭向後垂，右臂搭在聖母右膝上，聖母的面容顯得很年輕，穿著長袍和斗篷，左手向後伸開，右手托著基督。這是聖彼得大教堂第一個驚世傑作。在它之後是巨大高聳的教堂內許多的小堂和無數個珍寶和藝術品。

「聖母哀子」這個174X195公分石雕，材質是來自義大利最好的大理石產地Carrara，這件雕塑作品使米開朗基羅成名，而且名垂青史。對於這件作品的討論，汗牛充棟，其中最多議論的是耶穌死時三十三歲，爲何母親看起來那麼年輕美麗。米開朗基羅回答，他想表達「聖母的聖潔顯現的美麗」。另外，有人質問「爲何聖母瑪麗亞，沒有顯出非常悲傷？」因爲聖母知道兒子的死，是爲救贖人類。這個聖彼得大教堂內的「聖母哀子」和法國羅浮宮典藏的達文西巨作「蒙納麗莎」都是義大利文藝復興時期的傑作，現在是世界級的瑰寶。如果到了羅馬，絕對不能錯過。

這是米開朗基羅偉大作品之一。我當年，可以臨近拍照，現在已經加了欄杆，防止被破壞。

綜合我對義大利的文化認知：瞭解義大利，從羅馬開始。欣賞義大利文化，聖彼得教堂和「聖母哀子」是個很好的入門。

19.
義大利的第一個首都

杜林，義大利的第三大城，僅次於羅馬和米蘭。它的義大利文是Torino英文翻譯是Turin，它是義大利建國初期，1861到1865年的首都。十六世紀1563年起它就是政治中心，由撒瓦公爵國Duchy of Savoy主政。它是義大利「自由」的搖籃。建國的三位開國元勳Cavour卡富爾，Mazzini馬志尼，Garibaldi加里巴底，完成了義大利民族的統一，建立了義大利王國，首都定於此城。

它的地理位置非常好。位於波河西岸，遙望阿爾卑斯山脈。它是比耶蒙省（Piedmont，山腳）的首府，和鄰近的海港熱亞那，以及工業重鎮米蘭，稱爲義大利北部鐵三角經濟重鎮，成爲歐洲主要的工業商業貿易的交匯點。

杜林市約九十萬人，周邊區域合計約220萬人。它有高山平原河流，是美麗的城市。它也是文化古都。城內有非常多的藝術、教堂、宮廷、歌劇院、廣場、公園、花園、圖書館博物館，以及古老街道上的著名建築，包括文藝復興時期、巴洛克、古典、新古典時期等等風格的建築。其中有些已經列爲世界遺產。此外杜林還是學術中心，有許多國際知名的大學，其中最著名的是建立於十五世紀的杜林大學，以及杜林綜合科技大學。

它因爲有阿爾卑斯山的天然滑雪條件，2006年主辦過奧林匹克冬季奧運。它是義大利汽車工業重鎮，著名的飛雅特，蘭吉亞，阿發羅蜜歐汽車生產總部，都在這裡。另外它有一支甲組聯隊足球隊Juventus， 是足球界的菁英球隊。

除了上述的文化、建築、學術、工業，之外，有一個最特殊的景點，就是「埃及博物館」。它的埃及文物收藏是世界第二，勝過大英博物館，僅次於開羅博物館。全世界很多人沒有認識到義大利竟然有如此豐富的埃及文物。義大利在羅馬帝國時期就是地中海區唯一超強，在十八，十九世紀是「世界列強」，北非地區包括今天的埃及，依索匹亞，蘇丹，利比亞，摩洛哥都是它的勢力範圍。想必當時劫掠收刮了很多北非地區文物。

我和家人曾經從羅馬開車去旅遊這個城市，非常欣賞這個有高山，有河流，有平原丘陵，有古老建築的美麗城市。最大的驚訝是，竟然它收藏了這麼多埃及文物。

20.
西西里島上的希臘神殿

1986年夏天我開車和家人從羅馬一路南下，到義大利南端，連同汽車搭乘渡輪到西西里島度假一週。

西西里島是義大利南端的海島，與本土大陸僅相隔幾公里，肉眼可見。它是地中海最大的島，面積25709平方公里。最早在公元八世紀之前，2800年前是非尼基人的殖民地。後來希臘人，羅馬人都曾佔領殖民，公元九世紀曾被蠻族入侵。它是個多元文化的地方。

西西里古希臘劇場。

西西里僅存的巨人石柱。

島上的愛特那（Etna）火山，高度3340公尺，是歐洲最大，最活躍的活火山，從公元前1500年至今已經噴發了超過兩百次。平均每十幾年就火山爆發一次。最近的一次就是2021年的2月16日。島上的火山和地震發生率高，對古建築損害大。典型的地中海型氣候，夏季乾燥，冬季溫暖濕潤。主要經濟作物是葡萄，橄欖，杏仁，柑橘類水果。

西西里島有所謂的黑手黨（Mafia），一兩百年前許多來自義大利西西里島的移民前往美國，也帶去了黑手黨組織。有幾部好萊塢關於黑手黨影片，常出現西西里的畫面。近代著名的事件是1943年7月美軍為首的十五萬盟軍部隊從西西里島的南方海岸登陸成功，激戰一個月，掃除了墨索里尼勢力，促使義大利脫離「德義日軸心」轉而支持盟軍，改變了義大利的國運。

島上有許多著名景點。我們南下環島旅遊，首先經過的是桃米納（Taormina），它曾經是希臘人的殖民地，這座古城有許多希臘建築，最著名的是半圓形劇場，非常實用，壯觀，至今每年夏天還有大型藝術戲劇表演。

希臘文化在建築、文學、藝術、科學、天文、航海、政治制度等等方面對後世有重大影響。現在能親眼看到的是它的建築。希臘神殿的偉大，在於它的「簡單，莊重」。線條簡單、厚重、典雅。不是精雕細琢，而是氣勢磅礡。幾千年來很多西洋，東洋的建築，諸如教堂、銀行、大學、國會大廈、博物館等等，都有希臘建築的影子。

再向南有一個偉大古城叫做「西拉谷撒」（Syracusa，英文 Syracuse）。也是希臘人的海外殖民地。西元前287年希臘偉大的科學家阿基米得住在這裡。他經常在思考，而忘記身邊事情，包括吃飯。有一天他在洗澡時思考水的浮力和重量的問題，忽然大聲驚叫：「EUREKA!」（我找到了！這句名言已經成爲英文）於是他發明了「阿基米得原理」。他在抵抗羅馬人入侵的時候，利用鏡子，把太陽光聚焦反射到羅馬人的戰船，燃燒戰船。最後羅馬人還是戰勝了。當羅馬士兵衝進他的住家時，他還在專心思考問題，根本不知道「死之將至」。一個對世界文明有重大貢獻的科學家，死於無知的士兵之手。十八世紀法國畫家Thomas Degeorge把這一幕定格在他的畫作中（此畫收藏於法國Musée dArt Roger-Quilliot博物館），非常發人深思。

我們接著去了著名的Agrigento，這座古城也是希臘人的殖民地。在後代所謂的「神殿谷」（Valley of Temples），有許許多多希臘神殿供奉諸如Juno,Zeus,Heracles,Pollux,Vulcan等等大神。其中有一座是全世界保存最完好的叫做Concordia神殿，它建於公元前五世紀，是聯合國教科文組織列為世界遺產。我和太太都去過希臘，到了西西里島才發現，全世界保存最完好的希臘神殿在這裡。它長42公尺，寬20公尺，高約9公尺，雄峙山丘之頂。在這神殿谷出土了一個「石人巨柱」，它是以岩石砌成巨型的男性軀體，高約六公尺，現存於城內博物館。據說某神殿正面曾有十二個巨人石柱。

島的西北邊有個叫做「誰個子大」（Segesta）的地方有單獨的一座有兩千四百多年歷史的巨大的神殿和一座依山勢而建成的巨大半圓形劇場。此地除了偶見觀光客之外，幾乎荒蕪人煙，荒涼的山谷間座落著義大利最雄偉巨大的神殿，長61公尺，寬26公尺，高9.35公尺。柱圍兩公尺，共有三十六根石柱。它建於公元前430年前，至今大致完整。想當年它是個繁華的山城，可惜在中世紀先後遭到汪達爾蠻族，以及阿拉伯異族的入侵，焚燒劫掠而沒落，如今是羊群放牧的荒野。

最後我們到了帕勒摩Palermo，西西里島的省會和第一大城。這座城市約三千年前是菲尼基人的殖民地，因為融合了非尼基、希臘、羅馬的文化，被稱為「文明的十字路口」。在市中心的廣場，被稱為「四角」（Quatro Canti）前的教堂，以及巴洛克建築很有懷古的氣氛。這裡的人很熱情，愛打扮。我們在市中心遇到一位馬車夫，看來很和善。於是搭乘他的馬車逛市中心。他很熱情地和我們聊天，合照。很有西西里風味。

整個西西里島給人的印象是：宏偉的希臘建築，默默訴說著滄桑的歷史。

21.
拉文那與聖馬利諾

在義大利中北部東邊靠亞得里亞海區域，我曾經遊歷過兩個值得一提的城鎮。第一個是聖馬利諾共和國。第二個是歷史古都Ravenna，拉文那。

聖馬利諾共和國

聖馬利諾共和國位於義大利半島中部的東北，是義大利的「國中國」，面積61.2平方公里人口約三萬五千人，首都聖馬利諾市。使用義大利語，和義大利無明顯邊界，貨幣和義大利相同，國防外交都和義大利一致。公元301年聖瑪利諾在蒂塔諾山修建了一個獨立的修道院社群，成立了號稱是現存最古老的主權國家，「聖馬利諾」。義大利政府對它給予承認和尊重。義大利境內另外還有一個主權國是，羅馬市內的「梵諦岡教廷國」。義大利對「國中國」的包容，是很聰明的政策。聖馬利諾的經濟主要依靠觀光旅遊、金融業、工業、服務業，是全球最富裕的國家之一。它最大特色是依山而建，易守難攻的修道院社群。

拉文那：各色寶石「馬賽克」鑲嵌的古都

Ravenna，拉文那，是個歷史古都。西羅馬帝國從公元402年將它定爲首都。七十四年後在公元476年蠻族入侵，西羅馬帝國崩潰。隨後成爲東哥德王國的首都一直到540年被拜占庭帝國征服，而成爲拜占庭帝國的「拉文那都府」。此城在公元751年遭受北方蠻族倫巴底人入侵而陷落。隨後到近代千年來先後臣屬於倫巴底王國，拜占庭帝國，教皇國，威尼斯共和國，義大利等等政權。它有運河接通亞得里亞海。這個飽受風霜的古都有許多著名的建築，其中有八件列爲聯合國教科文組織的世界遺產。非常值得一遊，許多用各種顏色的寶石鑲嵌的馬賽克圖案，令人驚嘆。這個小城最大的特色是，教堂天花板和牆上的鑲嵌畫，以及拜占廷和基督教融合的藝術氣息。

22.
義大利的屋頂：Dolomitti多羅米提

義大利東北角和奧地利接壤的高山區，人稱Dolomitti，多羅米提，是阿爾卑斯山的一部份，有十八座超過三千公尺的高山。有些山頂有少許冰川。高山深谷之間有小盆地，草原，湖泊，景色極美。是許多好萊塢影片拍攝取景之地。著名影片包括：粉紅豹（1963），最高機密（For Your Eyes Only 1981），羅馬之戀（Three coins in the fountain），戰地鐘聲（1957），巔峰戰士（Cliffhanger 1993），泰山（2016）等等。

左：我的岳父母抱著外孫背景是義大利的阿爾卑斯 DOLOMITI。
右：在dolomitti 山腳閒坐眺望遠山。

一千多年來這個區域，曾經被神聖羅馬帝國、威尼斯共和國、法國拿破崙、奧匈帝國、奧地利等強權佔有，現在是義大利的北疆。

這個地區義大利語，德語都通行，現在以觀光旅遊、木工家具、手工銅製品、玻璃藝品著名。最大的城鎮Cortina d'Ampezzo，可提那當貝州，人口僅萬餘人。每年夏冬兩季是旺季，遊客極多。夏季遊客來避暑、登山、健行、攀岩、滑翔翼飛行、小湖泛舟。冬季則是滑雪勝地，世界各地雪地運動愛好者不絕於途。Cortina d'Ampezzo因爲具有天然良好滑雪場地，曾經主辦過1956年的冬季奧林匹克運動會，另外將於2026年和米蘭市共同舉辦冬季奧運。

風景絕佳是這個地區標配。1984年夏天我的岳父母來義大利旅遊。我開車和太太，岳父母，太太的妹妹，連同還不到一歲的老大，去多羅米提遊玩。一路上風景秀麗，峰迴路轉，最後停在一家山坡上小牧場的民宿。這戶人家的房子都是木屋，其中有幾棟木屋提供旅客住宿。民宿主人很和氣，早餐很豐富，燻製的火腿肉切片口感很好，牛奶很鮮美。幸好我們有準備禦寒衣服，雖然是夏天，夜晚還是很冷。那裡的風景和合歡山，太魯閣都不太相同。算是「別有一番滋味」吧。

23.
義大利的花毯節

義大利有幾個小鎮每年的五月到六月有Infiorata，中文翻譯成「花毯節」。就是用各種顏色的花瓣，製作成各種圖案，像是花瓣做成的地毯，鋪在街道上的慶祝活動。

據說這個傳統起源於十三世紀。但是有根據的史料記載，第一次的花毯節是1625年6月29日梵諦岡的首席園藝師Benedetto Drei在梵諦岡的聖彼得大教堂，爲紀念羅馬城的兩位守護聖人「聖彼得和聖保羅」而在大教堂的地板上用花瓣以「mosaic」點綴方式，製作聖經故事圖案。

這個傳統，流傳甚遠，甚久。一直到今天義大利至少有三個小鎮每年都有「花毯節」活動。最著名的三個小鎮是：羅馬南方約二十公里的Genzano，西西里島東南角的Noto，以及義大利中部的Spello。

左：義大利羅馬南方小鎮根扎諾的花毯節。萬太太和妹妹以及兩個孩子。
右：花毯節街上的地上鋪花瓣，做圖形。

Genzano 花毯節。

我和家人親身體驗過羅馬附近的根札諾Genzano花毯節。花毯節，就是把各種顏色的花瓣，鋪在先前設計好的街道上的圖案上。當天活動在下午開始，但是準備工作前一天已經開始。小鎮上每個小區有自己社區負責的區塊，大清早就開始點綴，鋪陳花瓣。在中午時分整條街的「花毯」完成，延綿幾百公尺，非常壯觀。花毯主題通常是聖經故事，或是美麗圖案。

花毯節是個非常有義大利民俗色彩的節慶。值得一遊。

24.
西安那賽馬

義大利中部是文藝復興的發源地，佛羅倫斯是最有代表性的城市。在佛羅倫斯南方70公里另有一個充滿文藝復興風味的著名的小鎮Siena，西安那。這裡是義大利語言的「標準，正音」地區，許多學習義大利語文的外國人，都來這裡學習。我在羅馬的時候，外交部派了一位年輕同仁李新穎來此進修義大利文。

這個小城有個舉世聞名的民俗賽馬活動，Palio di Siena（西安那賽馬）。這個賽馬活動和一般的賽馬不同，屬於民俗活動。西安那城中心有一個廣場叫做「康伯廣場」（Piazza del Campo），它在八百年前的中世紀就是個人聲鼎沸的市集。這個「康伯廣場」經常有雜耍、賭博、鬥牛、賽驢、賽馬等活動，1633年舉辦了首次的賽馬活動，後來慢慢演變爲每年兩次的賽馬場所。

每年的七月二日，和八月十六日，是固定的兩個日子舉行賽馬。七月二日是紀念本城的守護神Madonna of Provenzano，八月十六日是紀念「聖母升天日」。由於這個廣場舉辦賽馬，空間嫌小，所以限定比賽只能有十匹馬和十個騎士代表十個區出賽。西安那有17個區，每次只有十個區入選，剩下的七個區就成了下次賽馬的當然成員。因此每年第一次賽馬選出十區出賽。第二次賽馬，固定有七個是上次沒能入選的，然後從其它十個區中，在賽前當場抽出三個，湊成十個。

賽馬是有風險的活動。原因有三。一、場地不大，跑道上有個狹窄的轉彎，非常容易發生擠碰，摔傷騎士。二、騎士沒有馬座，不能用馬鞍，僅能坐在馬背用韁繩操控，穩定性差，稍有碰撞，容易瞬間失去重心而跌下馬背。三、賽馬沒有特別規則，可以用馬鞭打別人的馬，也可以阻擋別人的馬。

比賽有十四馬，只取第一名。因此有些騎士，志不在奪得第一，而是「阻擋某死對頭」跑第一。實際賽程是繞場衝刺三圈，時間通常不超過90秒鐘，比賽就分出勝負。只取第一名，其它的都是第二名。如果騎士跌落，馬仍舊會繼續跑，沒有騎士的馬如果得第一，也算獲勝。民眾可以賭馬，事先買彩票，賭十四馬之中哪一匹馬獲勝。因此賽馬不到九十秒鐘內，你會看到人人嘶吼，希望自己賭的馬獲勝。

左：萬太太和孩子在佛羅倫斯賽馬節人群中。
右：我們在義大利賽馬SIENA熱鬧人群。

賽程只有90秒，但是準備和歡慶的時刻很久。在賽馬之前幾天，卡車運來很多泥土，鋪滿跑道，然後壓土機把泥土壓緊壓平。因爲廣場是石板鋪成的，不適合馬奔跑。馬賽前一天晚上有十七個區的聯歡晚宴，慶祝賽馬活動，聯繫各區的情誼。

「賽馬」是比賽當天的最後高潮。賽馬通常是在傍晚七點開始（義大利的夏天，日落大約在九點鐘），兩分鐘就見勝負。但是很多「暖場」活動，下午三四點就開始了。首先是各區的代表隊穿著中世紀的服裝，揮舞著大旗遊行。把旗子丟到空中，再接起旗子。同時也有人穿上中古時期的鎧甲，配著寶劍，加入遊行。到處是歡欣鼓舞的氣氛。

接近賽馬時刻，通常有義大利憲兵的騎兵隊進場，繞場一週，做爲「暖場」。接著就是十個騎士騎著十匹馬，在起點待命。裁判在起點線，把一條繩索放下，比賽開始！十馬奔騰，在急轉彎處，很可能發生擠撞，造成騎士摔倒。快速繞場三週，第一名出線。比賽結束。賭馬中獎的，歡欣雀躍。大多數沒有中獎的，也是歡歡喜喜。獲勝的馬，會被牽到大教堂，被祝福。這天是西安那民衆，和成千上萬各地遊客共同歡欣慶祝的一天。

西安那賽馬不能錯過的亮點是：中古鎧甲武士，穿著中世紀服裝揮舞大旗的隊伍，以及憲兵騎兵隊的暖場，以及最後的九十秒賽馬衝刺。

25.
義大利人的最愛：足球

義大利人是非常懂得生活的民族。生活的四大元素：吃喝玩樂。吃美食、喝葡萄葡酒、玩飆車。樂呢？絕對的第一名：足球。足球是義大利人的國粹，最愛。若爲足球故，其它皆可拋。義大利人對足球的瘋狂癡迷有歷史基因。古羅馬時代羅馬市中心有一個叫「高樂賽」Colosseo的巨型競技場，數以萬計的羅馬公民在此觀看驚心動魄的格鬥。人與人鬥，人與猛獸鬥。血腥，但它是凝聚羅馬意識的國家級娛樂活動。近代比較文明了，愛血嗜殺的活動不復再見，但是民衆對大型競賽的熱情並未衰退。熱情要找出口發洩，「足球大賽」由是生焉，成了義大利人最狂熱的全民運動。

義大利人愛踢足球已經有百年歷史。國際足球比賽從1930年開始，除了二戰期間之外，每四年舉行一次世界杯足球賽，至今二十一屆，前三強是巴西、義大利、德國。巴西五度獲得冠軍，義大利和德國都贏得四次冠軍。義大利人對足球的喜愛，隨處表現在日常生活中。公園內常看到老爸和孩子踢球玩耍。車廂海報貼著足球明星運動員的照片。足球運動員的待遇不遜於內閣部長。長大後的目標是什麼？很多孩子回答「當足球明星」。義大利之所以成爲足球強國，主因是，足球已經是「國家運動」。運動人口極多，加上每年有漫長的球季，踢到決賽，篩選出來的菁英，自然是兵強馬壯，能征善戰。

義大利每年初開始分甲乙丙三組進行全國性足球比賽。甲乙組最後一名，分別降級到乙丙組。乙丙組的優勝隊伍分別晉級爲甲乙組。三組球隊中最受關注的是甲組聯賽。甲組大約有18到20支球隊，傳統上進入準決賽的隊伍都是代表大城市的幾組，包括羅馬，米蘭（Internazionale），杜林（Juventus）佛羅倫斯（Firentina），波隆尼亞，威尼斯，熱亞那，拿坡里等隊伍。球季大約從一二月開始，經過兩三個月的廝殺，到了四月下旬進入甲組準決賽的隊伍逐漸明朗，球迷的活動也開始越來越熱火。

象徵羅馬的三個標誌：1、羅馬競技場，2、母狼（神話中羅馬的建國者兩個男嬰是荒野中的母狼餵養），3、任何紅色和黃色的組合。五月一到球季進入最後決戰階段，羅馬市容起了變化。每一場有羅馬隊的比賽之前，支持羅馬隊的球迷會準備紅色和黃色的紙條。有的紙條長達五公尺，從樓上陽台一直垂下來。也有短短的幾十公分的紙條，夾在車窗上。當我注意到鄰居陽台放下紅色和黃色的紙條或彩帶，看到街上汽車掛著紅黃紙條，我知道羅馬隊要「出征」了。

因爲通常進入決賽的隊伍都是大城市的球隊，因此，半決賽和決賽通常也會在羅馬、米蘭、拿坡里、杜林、佛羅倫斯等幾個大城市舉行。這些城市的距離，近的約兩百公里，遠的約一千公里。熱情的球迷經常會開車，或包遊覽車，或甚至搭飛機趕往現場，爲自己喜歡的球隊當啦啦隊。球季中常在高速公路上看到一縱列疾駛的「愛快羅蜜歐」（Alfa Romeo，義大利主要名車），車上載滿歡樂的球迷。車身飄動著紅黃色彩帶，還不時亂按喇叭。遇上「同好」的球迷，笑臉相向，戶鳴喇叭。遇到「對方」的球迷，則扮個鬼臉，揚長而去。

比賽開始，雙方球迷全神貫注，屏息觀賞。看到精彩動作，歡呼叫好。看到偶像明星被人絆倒，則怒髮衝冠，起身叫罵。看到自己喜歡的隊伍，久攻不進球，則揮旗吶喊，不斷鞭策。如果覺得裁判不公平，則噓聲四起。球員補位太慢，錯失第一時間，則球迷有噓有罵。射門碰到柱子未能入網，則一片嘆息。出現「互撞」，雙方隊員怒目相看時，台上觀衆的兩方球迷也跟著起鬨，裁判只得宣佈暫時中斷比賽，安全警衛則提高警戒。球場上一舉一動，舉手投足，都牽動觀衆的千萬隻眼睛。球迷裁判教練記者導播和球員全場幾萬人，人人繃緊神經，聚精會神，爲的就是期待射球入網的那一刻。

一旦球被踢進，或用頭頂進，或十二碼罰球勁射入網，就在這一刻，全場幾萬人緊張的情緒瞬間紓解，爆出如雷歡呼，動地驚天。踢進球的「英雄」或緊握右拳頭，振臂跳躍，狀極興奮，或雙膝跪地，兩手側伸，仰望上天感謝上帝。教練臉上是激動燦爛的笑。對方的守門員和隊員球員一時呆若木雞，對方教練垂頭喪氣。隊友則衝上來，又抱又跳，把英雄舉起。球迷則如醉如狂，揮旗歡呼英雄的名字，或是「羅馬！羅馬！」

時間到！比賽結束。勝負已定。如果羅馬隊贏了，球迷起立歡呼，狂揮旗幟，高聲唱起「哥來謝羅馬（Grazie Roma）它的意思是「謝謝你，羅馬隊」。這首曲子是球迷爲羅馬隊作的。每次羅馬隊獲勝球迷都會大聲唱「Grazie Roma」感謝羅馬隊給球迷無比的興奮和驕傲。全場幾萬人一邊唱，一邊擺動上身，唱完一遍又一遍，如醉如狂。這就是義大利人的最愛：如癡如狂的足球賽，而且是「勝利」的足球賽。

羅馬隊是一支強隊，勝率高，經常獲勝。但是也有輸球的時候。輸了球，預定的慶祝活動取消，球隊會低調，分批，選在晚間返回羅馬。義大利人對足球的狂熱，支撐著義大利國家隊始終處於世界第一流的水準。但是「球是圓的」，不到哨聲響起，誰都說不準。1982年的世界杯西班牙主辦，義大利擊敗西德贏得冠軍。1986年墨西哥主辦，阿根廷奪冠。1990年義大利主辦，這次在「自己家裡」舉辦，志在奪標，可惜最後輸給了阿根廷。直到2006年在德國舉辦的世界杯，義大利一路過關斬將，終於獲得冠軍。這是義大利第四次贏得世界杯冠軍。義大利國家隊的下一個目標是：今年，2022年在中東小國卡達舉行的第22屆世界杯。Forza Italia!（義大利加油！）

26.
帝國的最後巡禮（1）：南聯——Slovenia司洛文尼亞

晚淸時期筆名洪都百鍊生的劉鶚先生，寫了一本很有諷刺意味的書：「老殘遊記」。這本書以「江湖醫生」遊記的方式，嘲諷當時政治腐敗。作者自謂「老殘」，意思是「棋局已老，吾人將殘」。老殘遊記在淸光緒29年（1903年）開始連載。不到十年，大淸帝國滅亡，兩千年帝制壽終。後世學者稱這本書是「帝國的最後一瞥」。我在1987年初夏開車帶著家人遊歷了南斯拉夫一個星期。我的這次「南聯」之行，彷彿也是老殘遊記一樣的「帝國最後巡禮」。

二戰期間軍事強人狄托高舉「抵抗納粹德國」旗幟，把地形複雜的巴爾幹半島上衆多民族，衆多宗教，整合爲一體。戰後在1945年成爲聯邦共和國，它的全名是「南斯拉夫社會主義聯邦共和國」，簡稱「南聯」。「南聯」標榜「不結盟主義」，是美蘇兩強都積極爭取的國家。「南聯」在國際上是「左右逢源」。經濟情況也是「社會主義陣營」中相當不錯的國家。

南聯是個鬆散的聯邦，其下有六個加盟共和國和兩個自治區。這種政治架構，非常經不起「民粹主義」。強人狄托1980年去世，後來由塞爾維亞裔的米洛賽維其（Milosevic）主政，藉著推動民粹主義，抓緊政權。好景不長，1990年最北方的斯洛文尼亞率先宣佈獨立，接著克羅埃西亞宣佈獨立，再之後波士尼亞、黑山、馬其頓紛紛宣佈獨立。這其間多處發生內戰，最嚴重的地區是波士尼亞和塞爾維亞這兩個接壤而且種族混居的地區。內戰從1991到2001打了十年，完全撕裂了南聯。它不但被分裂成七個國家，原來的民族融合的國家，變爲以「種族」和「宗教」分割的區塊。民族分裂造成戰爭不斷。民族仇恨引發宗教迫害、朋友反目、夫妻對立、人性扭曲、社會解體、經濟崩潰。南聯的內戰，被視爲二戰後最殘酷內戰。至今「前南聯」境內的各國都充滿戰爭創痛的痕跡。

我在1987年遊歷「南聯」時，感覺到了一些「螺絲鬆動」，大廈不穩的現象。但是完全沒有料到三年後「南聯」開始分崩離析，土崩瓦解。沒了，再也沒有了。我的這次南聯之行，成了最後巡禮。

南斯拉夫（一）從義大利遊歷南斯拉夫的Slovenia

我愛旅行，每年暑假都計畫到義大利鄰近的國家旅行。三十年前有一本自助旅行者的寶典，叫做：「一天二十五美元遊歐洲，Europe on 25 dollars a day」。這本書簡直就是自助旅行者的聖經，非常值得參考。它彙編了無數自助旅行者回饋的資料，推薦了幾百個歐洲大城小鎮物美價廉的民宿，便宜又好的餐廳，必看的景點等等。在沒有網路的時代，它是眞正的最佳「旅遊指南」。

1987夏天我規劃了兩個星期開車去匈牙利。這時我在義大利已經服務滿了四年。法國、西班牙、荷比盧、瑞士、奧地利、西德，都已經去遊歷過。第五年開始，我希望去看看特別的國家。匈牙利，是我的新選擇。去匈牙利的路徑有兩個選擇，第一個是義大利—奧地利—匈牙利。第二個選擇是義大利—南斯拉夫—匈牙利。我有奧地利和匈牙利的簽證，但是沒有南斯拉夫簽證。我聽義大利人說，南斯拉夫對義大利人開放邊境，免簽證，開著義大利車牌的汽車進入南斯拉夫不需要簽證。當時年輕愛玩，於是就想試試看。我開車從羅馬一路北上，下午五點左右，到了義大利邊境的Trieste城。它曾經是奧匈帝國的海港，一次大戰後成爲義大利亞得里亞海最北邊的大港。

從Trieste開車半小時就到了義大利和南斯拉夫邊境。我和許多義大利人一樣開著汽車入境。邊境的南斯拉夫警察幾乎沒有檢查，瞄了一眼車牌，就讓我們進入南斯拉夫。入境後，我明白了南斯拉夫爲何這麼歡迎義大利人民開車入境旅遊。由於在南斯拉夫境內食宿都遠比在義大利便宜，所以在夏季很多義大利人來此度假。只要是掛著義大利的車牌，打扮像是觀光客，幾乎通通歡迎入境。幾天後我繼續南下，又發現，南斯拉夫中南部的海岸地區是德國奧地利，以及北歐國家觀光客的最愛。原因就是「物美價廉」的旅遊。

我想這樣的開放邊境措施應該是爲了促進觀光，吸收外匯。這對當地的經濟助益很大。當時的南斯拉夫是所謂的「社會主義」國家。但是各個加盟共和國有自己的作法，這是聰明的「向錢看」啊。我入境南斯拉夫後，參考了旅遊書的推薦，住進位於首都Ljubljana，盧比亞那郊區的一間民宿。眞的便宜又好，難怪很多義大利人夏季來此度假。這個地區是南斯拉夫西北邊陲和義大利接壤地區，義大利語勉強可通。南斯拉夫在1992年分裂後，它獨立了，國名：斯洛文尼亞Slovenia。這個地區風景優美。我們遊歷了兩個特別印象深刻的景點。

第一個是Postojna Cave，波斯通尼亞岩洞。參觀這個洞穴，要搭乘小火車。我曾經遊歷過奧地利薩爾斯堡附近的哈萊茵（Hallein）地下鹽礦，也是要搭乘小火車。兩者不同的是，在奧地利參觀地下鹽礦，旅客要穿上白色的外袍。

Postojna Cave是喀斯特地形特有的地下岩洞。岩洞是石灰岩透過水氣，經過千百萬年，每一百年融增一兩公分，慢慢「長大」形成。岩洞有許多分支，總長十幾公里，但是僅開放一部份供遊客參觀。導遊解說，這個岩洞很深邃，分支多，沒有嚮導帶路會失蹤。這裡曾經在二戰期間是狄托領導的游擊隊和德國納粹鬥爭時期的基地。

洞內的鐘乳石，千奇百怪，非常壯觀，讓人驚嘆大自然的「鬼斧神工」。洞內還有很多巨大的空間和小溪澗，水中有罕見生物。難怪從前游擊隊藏身此洞穴。這裡的每一根鐘乳石柱的年齡都是百萬年以上，讓人肅然起敬。

第二個難忘景點是Lipica馬術表演。Lipica是著名的「種馬」場。這種被稱做「力匹卡」的馬種是歐洲主要的優等馬種：肌肉發達，體型勻稱，品相高貴。在十六世紀奧匈帝國的哈布斯堡貴族支持下，經過很多代的培種，畜養，優化，發展起來這種良馬。但是經過兩次世界大戰，作爲戰馬的此一品種，消耗極大，多次瀕臨滅絕。

在Lipica發生了一個感人的故事。二戰末期，戰爭卽將結束時，在此管理戰馬畜養場的德國納粹軍官和準備來接收戰馬的美軍軍官，兩人都是愛馬者。兩人都不希望馬匹遭受損傷，因此兩方達成協議，無縫交接。德方將所有戰馬完好無損地的移交給美方。移交所有馬匹的血統資料，習性，特徵等等。雙方沒有戰鬥對抗，完全的和平轉移。這是二戰期間極爲難得的「和平交接」。原因就是雙方都是熱愛馬匹的人，兩人都理解馬是無辜的，不應該遭受人爲的損害。這個故事好萊塢曾經有拍過「白馬傳奇」。這些優良的Lipica「力匹卡」馬種被美方引進到美國後，廣受歡迎，成了美國以及加拿大澳洲等國的優等馬匹。

我和家人在Lipica馬術學校，看了一場收費欣賞的馬術表演。這個馬術表演在方形的馬場舉行。地面是鬆軟的泥土。騎士穿著漂亮的服飾，爲觀光客展示了單馬以及群馬的各種行進姿態，非常生動。

27.
帝國的最後巡禮（2）：南斯拉夫——克羅埃西亞Croatia

離開了南斯拉夫的Slovenia，我們繼續開車向南走，遊歷了今天叫做克羅埃西亞Croatia的幾個景點。時間久遠了，我記下幾個還記得的景點。

一、Zagreb札格瑞伯

今天克羅埃西亞國的首都。這個城市有許多拜占廷奧圖曼帝國風味的建築。與我國有關的是1987年我國首次以「中華台北」名義參加在此城舉辦的世界大學運動會。藉著參與，和「世界大學運動會」建立了關係，才會有後來由我國在台北舉辦的第29屆2017世大運。

二、Plitvice Lake National Park普利特維西國家公園

面積295平方公里，森林密佈，流水潺潺，魚群悠游。國家公園內有十六個高低不同連續的湖泊，水色清澈湛藍，其中有幾個連接著瀑布，非常壯麗。湖水不深，很清澈，有許多大約20公分長的魚群漫遊其間。我們走的步道，是山丘森林之間的連續湖群步道。倘佯其間，心曠神怡，一時「寵辱皆忘」。

三、Dubrovnik督伯尼克城

這個中古世紀風味的海港城市，是亞得里亞海岸線上的珍珠。它是聯合國教科文組織列定的世界遺產，也是來自世界各地的遊客，特別是德國，奧地利，北歐遊客最愛的城市。它有個十六世紀的Sponza皇宮，還有一個號稱最古老的植物園，Trsteno Arboretum。鄰近的山丘上有森林，植物園。每年夏季有連續四十五天的「督伯尼克夏季藝術節」，來自世界著名的藝術表演團體，舉行露天表演，包括戲劇、歌劇、舞蹈、古典樂等等。這個古城是整個巴爾幹半島上最著名景點之一。

四、亞得里亞海岸

開車沿著亞得里亞海岸南下，我看到許多很深的峽灣，地質上所謂的Fjord。那種感覺類似遊太魯閣，你看到很深的山谷，但是山谷的寬度很大，水很深，很藍。峽灣在北歐地區比較常見。在南斯拉夫看到很特別。

五、Split

現今克羅埃西亞第二大城，我們天黑時分進住了一家大旅館。外觀古典氣派，有一個很大的游泳池，好像是比照奧運標準的50公尺長，水也比較深。我們照菜單點了菜，女服務生說沒有了。然後要我們趕快點菜，因爲他們八點鐘要下班。我們點了Spaghetti，心想，這樣比較不會踩地雷。沒有想到，很難吃。回到旅館房間，很大。可是發現，光線不夠亮，抽水馬桶水箱漏水，水龍頭有點生鏽。原來，他們還在「社會主義」，吃大鍋飯。服務熱情，敬業，管理維修都明顯有問題。

28.
帝國的最後巡禮（3）：南斯拉夫——波士尼亞

我們離開都伯尼克（Dubrovnik）後進入中部山區，途中經過莫斯塔（Mostar），然後向著塞拉耶佛（Sarajevo）而去。晚上住宿在塞拉耶佛。三十四年前的旅遊，年代久遠，我努力回憶，記錄下兩個比較有印象的地點。

一、Mostar，莫斯塔

這是一個丘陵區的古老山城。我們在進入城區之前，看到山坡上有個巨大的雕塑作品，它是紀念二戰期間爲抵抗納粹德國而犧牲的英勇戰士紀念碑。在城區有一座被稱爲「老橋」的美麗石造拱橋。它是十六世紀奧圖曼帝國時期建造的石橋，非常柔美，有古意。以上兩個景點在「南聯」內戰期間，都遭受嚴重毀損。「老橋」後來照原樣重新修復，現今列爲世界遺產。

二、Sarajevo，塞拉耶佛

這個城市具有奧圖曼帝國風味，是歷史古城，也是引發第一次世界大戰導火線的城市。另外，也是1984年冬季奧運的主辦城市。1914年6月28日在這裡發生了「塞拉耶佛事件」。奧匈帝國的皇儲斐迪南夫婦在此遇刺身亡。這次刺殺事件導致奧匈帝國和塞爾維亞宣戰。奧匈帝國和盟友德意志帝國，成爲一個集團。另外塞爾維亞的盟友俄羅斯帝國，以及法國英國等國也陸續加入，形成集團，直接導致了第一次世界大戰的爆發。

塞拉耶佛這個古城，主辦了1984年第十四屆冬季奧林匹克運動會。「1984冬奧」對南斯拉夫而言，是提升南聯國際地位，凝聚國家意識，有歷史性意義的重大成就。它有很多個「第一」。它是冬奧首次在社會主義國家舉行；除了雅典之外，首次在巴爾幹半島舉行；首次有南斯拉夫運動員獲得獎牌（彎道滑雪亞軍）。經由這次冬季奧運，南斯拉夫對塞拉耶佛做了許多現代化的改革。在這個城市，我意想不到的是，慕斯林人口占多數，有很多清眞寺，人民友善。這和我早先對穆斯林的印象完全不同。

非常可惜，內戰1991年爆發，這個地區就是後來的「波士尼亞共和國」。此區是十年內戰最慘烈血腥的地區，幾乎摧毀了所有的基礎設施。主因就是這裡的宗教結構，人口結構，和社區結構混雜交錯。「波士尼亞」穆斯林人口約佔百分之五十，塞爾維亞人（東正教）約百分之三十，克羅埃西亞人（天主教）百分之十五，其餘爲其它少數民族。波士尼亞鬧獨立後，它國內的塞爾維亞人又要獨立，「國中有國」，這樣一搞，整個地區犬牙交錯的社區之間衝突不斷。原來和諧的「南斯拉夫聯邦意識」完全消失，造成了夫妻反目、朋友交惡、族群對立、社會瓦解。仇恨，撕裂了這個曾經是社會主義好榜樣的國家。

離開塞拉耶佛，一路北上，進入匈牙利大平原。此去一馬平川，兩旁都是廣袤平坦農地，看到很多用草滾捲而成的「大草輪」應該是牛羊的牧草吧。

我1987年遊歷的南斯拉夫北部和中部地區，後來變成了「斯洛文尼亞」，「克羅埃西亞」和「波士尼亞」三個共和國。「南聯」解體了。除了上面三個，另外有「塞爾維亞」，「黑山」，「馬其頓」，以及塞爾維亞不承認僅少數國家承認的「科索沃」。原來的「南斯拉夫社會主義聯邦共和國」分裂成「六個半」國家。我的「南聯」之行，竟是最後一次巡禮。在此之後三年，南斯拉夫，沒了。

29.
匈牙利布達佩斯

抵達布達佩斯後，我們住入了位於布達區的一間別墅。這是出發前就根據「Europe on 25 Dollars a day」推薦的民宿，雙方約定安排好的。我們到了布達佩斯找到聯絡人，支付了美金現金60美元，住三天。聯絡人帶著我們到這間別墅，交給我們鑰匙，一起進屋，巡視一遍。他簡單介紹電器品使用方法，然後說，我們離開時，只要鎖好門，然後把鑰匙丟入上了鎖的信箱即可。

感謝這本書推薦這家民宿，確實讓人滿意，價廉物美。這個別墅有幾間臥房，窗明几淨，水電齊全，住一天才二十美元。聽聯絡人說，這家主人正好也是在此時去旅行，騰出別墅短期出租。我們稍後在附近小商店買了肉類、牛奶、雞蛋、蔬菜、水果、義大利麵條，然後自己料理晚餐。從羅馬出發一星期多，終於吃到自己做的晚餐。這家人的廚房沒有瓦斯，燒飯是用電。我們發現匈牙利的牛奶，非常好喝，濃郁，有回甘的口感。此外，西瓜和櫻桃都是價廉物美。

漁人堡。

這個別墅的地點非常好，距離著名的景點不遠，走路可達。住定了之後，每天非常愉快地開車到處遊走。兩個最難忘的行程是，遊歷離住處不遠的漁人堡和鄰近景點，以及搭乘河上遊輪，觀賞多瑙河兩岸風景。

漁人堡（Halászbástya）Fisherman's Bastion，得名於中世紀的漁民行會，他們在當時負責守衛這一段城牆。現在這是一個觀景台，有許多階梯和人行步道。它是一個兼具新哥德式和新羅馬風格的城堡建築，位於匈牙利首都，雙子城布達佩斯的「布達」這一側。從觀景台可以看到多瑙河、河中的瑪格麗特島、東面的佩斯，以及蓋勒特丘陵的全景。

鄰近的馬西阿斯教堂（Matthias Church），也是非常有特色。另外色契尼鍊橋Széchenyi Chain Bridge有一座獅子雕像，很吸睛。這是座非常壯觀的古橋。另一個有趣的行程是搭乘多瑙河上的遊輪半日遊。整個遊河時間大約兩小時。行程包括欣賞多瑙河布達佩斯多瑙河兩岸的著名景點，包括外型類似英國國會的匈牙利國會大廈，漁人堡，色契尼鍊橋，中途停靠河中心的小島，尋訪羅馬遺跡。途中也經過多瑙河的河濱浴場，看到許多在河畔戲水游泳的人潮。

在1987年的布達佩斯還是「社會主義」蘇聯陣營的「共產國家」。但是我看到幾個有趣的現象。社區間，公共場所許多地方都高高聳立著十字架。這不像是「無神論」的共產國家啊。另外，我也注意到市中心有一家麥當勞速食店，生意很好。在整個「不結盟」的南斯拉夫我沒有看到任何麥當勞店，但是在蘇聯爲首「華沙集團」的匈牙利，竟然有麥當勞速食餐廳。從這個現象看，匈牙利在1987年代，已經「滑離」華沙集團，向「美國資本主義」轉向了。

30.
歐洲小鎮回顧

我1983年4月到羅馬，1988年8月調回台北，在義大利服務五年五個月期間，我遊歷了義大利許多城鎮，以及十幾個歐洲國家。我在義大利期間的回憶錄，內容包括人物，故事，遊歷，感想。這一篇作爲我的結尾，一共二十六篇。

歐洲從十五世紀文藝復興開始，興盛了五百年，是個文化寶藏。各國的首都，以及「朝聖級」的觀光景點，當然是值得遊歷的地方。已經有太多文章，紀錄描述它們。所以，我只選出我曾經遊歷過的四個很有特色的中小城鎮，作爲我在歐洲美好回憶的句點。這四個城市的共通點是：優雅古意，山水人文融合一體。它們是：奧地利的薩爾斯堡Salzburg；德國的特里爾Trier和伊達-奧布斯坦Idar-Oberstein；以及法國的亞維儂Avignon。

一、薩爾斯堡Salzburg

它是人口將近二十萬的城鎮，位於阿爾卑斯山脈比較地勢低緩的丘陵區。它的市中心許許多多巴洛克的建築很有特色，已經列爲世界文化遺產。薩爾斯堡充滿藝術氣息，城裡有三所大學。它是莫札特的故鄉，也是很多好萊塢影片的取景地點。例如The Sound of Music（眞善美），這部五十年前轟動全球，家喻戶曉的電影，就是以此地爲背景。我和家人在這個城市週邊的小鎮哈萊茵Hallein探訪了一個地下鹽礦場。參觀鹽礦要先穿上白色外袍，然後搭乘小火車進入遂道裡面的礦區。整體而言，這個小城群山環抱，青山綠野，很美。

二、特里爾（Trier）

德國與盧森堡邊界地區的特立爾，Trier，人口約十一萬，是德國最古老的城市。開埠於公元前16年，曾是羅馬帝國共和時期西部執政官的駐節地。特里爾作爲「城市」有超過兩千年的歷史，確實是德國最古老的。特里爾位於萊茵蘭-普法茲邦西南部的摩澤爾河谷中，兩岸是低緩的紅砂岩山丘，布滿葡萄園，是著名的葡萄酒產區。特里爾是最早的基督教在阿爾卑斯山北側的主教教區。中世紀時期，特里爾大主教是一個重要的教會諸侯。他管轄的主教轄區控制了從法國邊界到萊茵河的大片地區。特里爾大主教也是神聖羅馬帝國的七個選帝諸侯之一。特里爾也以馬克思誕生地而聞名。我和家人曾經在此旅遊，非常驚訝德國境內有如此古老幽雅的城鎮。

三、伊達奧布斯坦Idar-Oberstein

伊達奧布斯坦，Idar-Oberstein小鎮位於特里爾東方約八十公里，人口三萬餘。它位於萊茵蘭-普法爾茨州洪斯呂克山地區的中心。這裡礦藏與寶石儲量豐富，在15到19世紀因開採瑪瑙而繁榮一時。雖然如今這裡大規模的採礦活動早已停止，但小鎮依舊是世界最著名的寶石工藝中心。小鎮的商業氣氛濃厚，每年都會舉辦寶石節及礦物寶石展等商貿活動。伊達-奧布斯坦以及週邊地區的寶石加工切磨產業很發達，週邊有號稱七十公里「寶石之路」的中小型寶石切割打磨工藝產業。寶石之路的中心位置就是伊達-奥布斯坦，以此爲據點，沿途分布著數以百計的寶石設計加工企業及寶石手工作。這個小鎮有山有水，風光明媚。我們曾經開車旅遊此鎮，並購買寶石。

四、亞維儂（Avignon）

亞維儂是法國東南部，普羅旺斯—阿爾卑斯—蔚藍海岸大區沃克呂茲省的省會，人口約十萬，是重要的政治、經濟、文化、科教中心和交通樞紐。它位於迪朗斯河與隆河交匯處。亞維儂是法國藝術與歷史之城，在1309到1377年之間，教皇把聖座從羅馬梵蒂岡遷移至此，六十多年間前後共有七位教宗在亞維儂登基。直到教宗額我略十一世遷返羅馬。這一變遷成爲天主教會大分裂的重要導火線，對中世紀後期的天主教發展產生了重大影響。亞維儂市區內存有完整的城牆和多處歷史建築，其中亞維儂大劇場和橫跨隆河的聖貝內澤橋是法國南部重要的旅遊景點。1995年亞維農歷史城區被列入世界文化遺產名錄。我和家人曾經旅遊此城。這古城曾經因爲教皇從羅馬遷都於此，有將近七十年時間是教皇國的首都，許多建築氣勢宏偉。

以上是我非常欣賞的四個西歐小城市。

三、

首次回國的文化衝擊及赴美進修（1988-1993）

31.
文化衝擊與第一本書

我和家人1988年8月回到台灣，不久就申請住進外交部的北投致遠新村宿舍。這是第一次從國外任滿回國，台北彷佛變得陌生了。捷運全面開挖，空氣污濁，交通紊亂。更看不順眼的是，「台北怎麼這麼醜」。

在義大利住了五年多，多少「耳濡目染」了一些「美感」。看到台北的整體市容，建築物，住家環境，都讓我感覺很醜。住宅區的公寓擁擠，樓梯間很多人家放置鞋架，堆放雜物。公寓的牆上貼滿各式各樣的小廣告。放眼望去，處處是淩亂和不協調。

官僚文化依然處處可見。我和太太去北投區公所辦理戶籍遷入。我們帶著身分證，護照，上面有入境戳記，在快要完成程序時，櫃臺小姐告訴我和太太，說「需要當事人蓋章」。我和太太都說，在國外都是用簽名，沒有用圖章，是否可以簽名代替？「不行。」櫃臺小姐回答的斬釘截鐵。我於是說，我要見區公所主任。小姐回答「見主任也沒用，這是規定」。在我的堅持下，我見到了區公所主任，我向他說明原委，我們只是為了完成「戶籍遷入」手續，希望他同意我們用簽名取代蓋章。沒想到這位主任和櫃臺小姐立場一致：「不行。規定就是要蓋章」。我的火氣就來了，我說：「我的身分證護照都在這裡，護照上有我的照片和簽名。我本人就在你眼前，你不相信，反而相信一個人人都可以刻的印章？」主任仍舊堅持要印章。官威可怕啊！我不得已，走出區公所，到附近印章店，刻了我和太太的印章，再返回完成恢復戶籍遷入。

生活來點笑料初版。

根據我國民法規定，簽名是有效的。區公所的堅持是曲解法令。這件事讓我這個身爲公職的人，理解了「官威好大」。這次我在理應爲民服務的區公所，親身的經驗，讓我體驗「官僚文化」之讓人「敬畏」：敬少，畏多。

當時最火最紅的歌曲是葉啟田的《愛拚才會贏》。台灣充滿活力，人人在「拼」。那是號稱「台灣錢淹腳目」的熱騰時期，大家「向錢看」。房價開始上漲，股票人人在玩。人人想快速發財，成了時代潮流。有個響叮噹的投資公司叫做「鴻源」，負責人沈長聲。這家公司以月息百分之四的高回報率，也就是投資一股是台幣十五萬元，每月可以獲利六千台幣的回報，吸引了廣大群衆。幾百萬個退休老人，公教人員，市井小民，組成的螞蟻雄兵，蜂擁地挖出老本，向親友借貸，把錢財投資這家公司。天下哪裡有這種好事！沒有多久，公司垮了，無數受害人，其中很多是退休人士。我的家族中也有幾位受害者。

我和太太回台後，難免地會經常參加萬，董兩家長輩和親友的聚餐。家族聚餐是很快樂的事情，我最欣慰的是，我岳父早年很嚴厲，對我很少笑臉，可是他卻很疼愛他的外孫。我是「父以子貴」啊，我在岳父心中地位跟著有所提升。家族聚會，有一件事，是我和太太很難忍受的，那就是餐桌上還沒有「公筷母匙」的觀念。不久，我和太太分別在萬董兩家開始推動「公筷母匙」。剛開始，還是有人不適應，我們夫妻連續幾次「溫和提醒」之後，慢慢所有的家族成員聚餐時都「公筷母匙」了。

我第一次回國後的台灣，給了我意想不到的「文化衝擊」。這是我熟悉的台灣嗎？那時整個社會狀態是「緊張忙碌，賺錢」。一個字，就是「拼」。但是很少人在「拼」的同時靜下來，想想看，「拼」的目的何在？生活啊！我深深覺得，我們應該問問自己：我們的生活可以悠閒，幽默一點嗎？能不能學學義大利人的生活方式？

於是，我開始寫了一系列的文章，希望基於我的「義大利體驗」，告訴讀者，生活可以「優雅」。我從第一篇文章「何不笑一笑？」開始，問問我的讀者，生命是個定數，同樣的一生，你要「百米衝刺」，還是「笑看人生」？

接下來我寫了「義大利式嘉年華」，描述了義大利人各式各樣「豐富生命」的活動，諸如嘉年華、化妝舞會、古裝賽馬、葡萄酒大會、乳酪大會、花毯節、古董車遊行、宗教節慶遊行等等。再接著，我感覺我們的社會「仍然缺乏美感」，於是我寫了「五十還是一枝花」，介紹義大利人，特別是女人，如何懂得打扮自己，展現女人的美麗和韻味。再接著我寫了「義大利拉雜事」，介紹了飲食文化的「尾端」產業：「廁所文化」。羅馬人兩千年前就發明了抽水馬桶，我們能否把「廁所」視爲文化展現的一部份？

我的文章陸續發表在聯合報的副刊「繽紛版」和中國時

報的副刊。這是當時三大報（另一個是中央日報）中最多讀者的兩大報。現在的讀者很難理解當時「副刊」的份量。當時沒有網路，電視只有三台（中視、華視、台視），節目很「愛國」。報紙只有三家，而且頁數是限定的，記得只有16頁（政策性節約紙張），其中廣告佔了不少篇幅。報紙的副刊，就成了當時非常重要的，藝文方面的「精神食糧」。副刊的讀者基本上是社會中堅，社會菁英，所以比較能引起注意。當時的聯合報還有海外版，在北美地區的世界日報也有轉載。我的文章能夠「名聲在外」，我頗感意外。

就在此時，我接到一個電話。對方是「躍昇文化事業有限公司」。來電大意是：我們注意你的文章很長一段時間了，很喜歡你的寫作風格，你的文章很符合當前社會需要，希望你把文章彙整出來，我們幫你出一本書。

1988年從義大利回台後首次參加致遠新村耶誕晚會。

接到這電話，我當然「喜出望外」。完全沒有料到竟然有出版社留意到我這個「作家」。意外啊。於是我把我的文章中幾篇特別「義大利風味」的部分，包括「洗個痛快的土耳其浴」，「義大利足球，上帝之腳最瘋狂」，以及齊觀生死的「白骨教堂」（一個由幾百年來天主教神父的骨骸布置的教堂）等文章，收錄起來。由「躍昇」爲我出版了我的第一本書《生活，來點笑料》。

我始終相信，生活可以優雅，生活應該是蘊含情趣。生命有限，應該笑看人生。所以「生活，來點笑料」，就是希望國人慢慢接受「幽默生活，笑看人生」。

我很高興看到，我們的社會一直在進步。1990年時期，沒有「慢活」這個詞。我第二次外放結束，2000年從印尼回台灣之後，發現社會蛻變了。各個機構「簽名和蓋章」都可以並行。樓梯間放鞋櫃和搬家公司之類的小廣告，漸漸消失。聚餐，一定用「公筷母匙」。人們講「慢活」，「樂活」，「把握當下」了。我的文章和書，當然不足以帶動這個蛻變，但是，我十年前文章的呼籲，確實是潮流的方向。

我的出書，是眞正的「無心插柳，柳成蔭」。它竟然熱賣。躍昇文化出版事業公司爲我出版的「生活，來點笑料」，書名很新潮，完全「順應潮流」，它在1992年成爲年度十大最佳散文暢銷書之一。我在美國進修期間（1991-93年），在華府有一次中文書展，竟然有我的這本書。

第一本書，出書成功，銷售良好，後來又增加了幾刷。對我而言，這完全是意外。外交部的同事，有不少作家。他們的作品幾乎都是關於外交政策、外交史、國際法、地緣政治、海洋法等等。我是個「異類」。孤獨的異類。

32.
第一個磨難的十年

我1988年7月從義大利回到台北後，分發在北美事務協調委員會服務。它的簡稱是「北協」。我的職稱是「二等秘書回部辦事」。這是外交部很特別的職稱，意思是「從國外回來，尚未擔任科長的秘書」。我在第一次外放前，也就是薦任科員時期，曾經在北協服務。它是我公職生涯唯一兩度服務的單位。

它的地理位置非常好，離總統府不遠，在博愛路和愛國西路的交會處，對面是早期的警總，右邊是台北地方法院，後面是司法院宿舍，左邊是愛國西路。它是一樓平房，有前後院，面積大約是五十乘五十公尺。據老警衛說它曾是老蔣總統中午休息的處所。後來是周書楷擔任部長時的部長官邸。1980年中美斷交後，中美之間的官方交往終止，改由「白手套」維繫，成立了北協。它的對口單位就是美方的AIT（American Institute in Taiwan，美國在台協會）。它是外交部最好的辦公場所：有庭院花園，停車方便，陽光充足，鬧中取靜。有位軍方退役的便衣警衛，老陳，住在後院個人宿舍，負責下班後的警衛工作。

北協差不多像是俗話說的「鐵打的衙門，流水的官」。這個單位是個「跳板」。大多的長官同仁都是短暫磨練資歷，就高升他就。我第一次在北協兩年之間，秘書長先後是章孝嚴和王肇元。第二次，兩年之間秘書長是朱建一和烏元彥。通常調部服務兩三年後再次外放。我在北協期間，秘書長似乎是特例，差不多「一年一換」，然後再次外放美國。組長以下與我同時在北協服務過的同事，許多後來當了大使，包括夏立言，馮寄台，王維傑，詹秀穎，章文樑等等。

北協是注重英文素質的單位。算是「北美幫」外圍成員。中美之間的公文往來經常需要翻譯成英文轉致美方。雙方如有需要開會討論的議題，通常在北協召開。我第一次在北協的組長是陳敏中。第二次在北協的組長是夏立言。兩位組長的英文都造詣極佳。我的公文英文在此錘鍊，對後來的工作很有助益。陳敏中組長是老煙槍，愛攝影，有個性，律己嚴，不苟言笑，對屬下相當尊重。他是我非常敬佩的長官，英文造詣非常高，是一個被外交部長期忽視的人才。我記得他有一次特別到我座位旁，對我說：「Jason，你這個taken用在這裡，非常好」。在北協，相互的稱呼很「洋氣」。我已經不記得那段英文內容，但是記得陳組長的稱讚。他自視高，標準高，能獲得他的稱讚，我很難忘。

在北協期間，許多我方機構的公文須要知會美方，諸如農委會對動植物進口的管制；軍方演習期間區域內，外國機艦勿進入；重要官方人士赴美等等。因爲經常翻譯公文，我發現一個現象：英文的語意比中文清晰明確。我有一次要把中央標準局的公函翻譯成英文轉給AIT。我仔細地，逐字地，看了不下五遍，依然不能確定公文的確切意思。因爲公文中提到幾家公司，又用了幾個「其」字，其來其去，不知這個「其」到底是指哪一個公司的「其」。於是，我打電話給這個公文的承辦小姐。她回答的很妙：「這公文多年來都是這樣出去的。這是經過科長、處長、主任秘書、局長批過的。你不懂，我也沒辦法」。

這件事讓我一股悶氣，爆發出來。我們國家的公文必須改革。讀讀施政報告，法院判決書，法規，條例，通知，公函，甚至郵局包裹規定，八股文氣，無處不在。一堆「該」啊，「其」啊，「之」啊，不文不白，語意模糊。於是我寫了一篇文章「搞活白話運動」發表在聯合報。大意是：國民黨敗給共產黨原因之一，就是老共用「通俗語言」，而國民黨不懂「百姓的語言」。既然是「公文」，就該是庶民百姓人人都懂的語言。這篇文章，反響很大，很多讀者認同我的觀點，認爲公文必須語意明確，民衆易懂。它被收集在我的第一本書「生活，來點笑料」。多年後，果然，欣見我們的公文有改進，通俗簡明了。

C秘書長和我先前完全不認識。他看起來滿親切，笑臉常開，中文字寫得工整，對同仁也是和顏悅色。我再次回到北協，必須兢兢業業，因爲這是個素質整齊的團隊，我的表現必須優於新進同仁。有了教廷周大使的教訓，我深知必須努力表現，讓長官信賴。有一天忽然供水不順暢，經過水電師傅勘查後評估，是管線老舊，從水塔開始，到室內的廚廁管線以及接合處有幾處鬆脫或裂縫，宜早更換。我向秘書長報告後，同意更換。爲了不影響正常辦公，施工選在週末。整個工程費用大概是一萬多元。當時週六上半天的班。下午一點開始水電師傅來施工，我監工。第二天繼續，由警衛老陳監工。水電師傅是我第一次在北協時就認識，是一位專業又敬業的技術師，信譽很好。星期一上班時，水管暢通，完全功能良好。秘書長對施工結果滿意，但是覺得這個工程一個週末就完成，問我是否收費太高了？我回答，北協以前水電出問題，都是找他維修。他知道必須在週一上班前完工，所以是星期六和星期天不停地工作，及時完成，連同材料，施工，收費應該合理。秘書長淡淡地說了一句話：「喔，你們以前認識？」這句話讓我感覺，他彷佛認爲我給了水電師傅好處。其實我很感謝師傅願意接這個工作，而且拼全力在時限內完工。

秘書長有心開始練高爾夫球，找了一位青年公園的高球教練，每小時600元。秘書長說，高爾夫對外交工作有助益，希望我和新進來的荐任科員李中偉跟著一起練球，三個人一個教練，分攤費用，每人每小時200元。我對高爾夫完全沒有接觸過，也沒有想到要學。但是長官既然開口了，我就參加。於是我們三人每天的午休時間去青年公園跟著教練練習。練了大約半年，秘書長進步比較慢。我和李中偉進步滿快，參加外交部同仁的球敘，我們的成績大致在100到110竿之間。我後來也喜愛上高爾夫，這是「陪長官練球」意外的收穫。

秘書長有一天跟我說，他的父親過世，（聽同事說是少將退役）幾天後出殯。請我到現場招呼弔唁賓客。我當天準時到公祭現場，招呼賓客，公祭結束後，陪同家屬到墓地。也許長官和家屬太忙，竟然沒有人給我一瓶水，也沒有人告訴我接下來要我做什麼。最後，我默默自行回家。事後，未聽到長官一聲「謝謝」。在教廷服務時期周大使把私事當公事辦。回到台灣，竟然又遇上。

到了年終，打考績時刻。秘書長把我叫到他辦公室，跟我說，外交部的傳統，通常下半年到任，長官都是打「乙等」。我是八月到職，理應是乙等，但是他給了我甲等。

我稱謝後退出他辦公室。幾個月後考績發下來，我是「乙等」。他又把我叫到他辦公室，對我解釋說，他打了甲等，可惜到了部內總評，考績會給了我乙等。我覺得此事滿怪異。是這樣嗎？於是我私下問了我的同年又是好友楊夢濤，他是人事處二科科長，主管考績業務。他的回答讓我背脊發涼。夢濤說：「家興啊，根本沒這回事。你的考績，誰都沒動過，一直是乙」。我常笑自己，怎麼常常遇到這樣的長官。不親身體驗，不會相信。

我從進外交部以來，做事態度就是「把事情做好」，沒有想到考績。我進部第一年是在人事處，第二第三年在北協服務。在人事處時碰上了民國七十年的「全國普查」。這是行政院十年一次的重大施政項目。外交部的人事處和禮賓司負責全球我國在國外公職人員，以及所有外國外交人員在台灣人數調查。普查結束，外交部授獎名單中有我，「記小功一次」。在外交部要記功記嘉獎，不容易。按理，我當年的考績應該是「甲等」。但是副處長私下跟我說：「家興啊，你們荐任科員前途無量，今年考績就讓給別人吧」。

我荐任科員三年，都是乙等。教廷五年，四個乙等。回台灣之後第一年，又是乙等，第二年烏元彥接任秘書長我才得到十年來的第二個甲等。好不淒慘！我在外交部的前十年，曾經有「小功一次」的我，竟然只有兩個甲等。再後來我奉派去美國進修，「按習慣」又是兩年乙等。去了馬拉威石大使給了我一個乙等，就是這個「乙等」我完全不能接受，堅決請調。總體來說，我的公職生涯的考績一直到調去印尼之後，才柳暗花明，重見春天。在印尼之前的十四年考績，有十一個「乙等」。其中三個「甲」，分別是周大使，烏元彥，杜稜評的，感謝這三位長官。那麼多個乙等，我是眞的不服氣。在教廷時的同事于國棟，負責電務會計，考績年年都是甲等。他人很好，是很認眞仔細的同事，很同情我的處境，常說考績法是個「惡法」。對於外交部的「考績文化」我很懊惱，憤憤不平。但是又何奈，我只能認命。

回顧第一個十年，我是懵懵懂懂，跌跌撞撞，初生之犢，不知虎。不知道考績是那麼重要。不爭，就落後。落後，就挨打。這是職場很殘酷的現實。

33.
孫山上車

「科長」這個職務是外交生涯第一個必跨的門檻。外交部的傳統，通常進部第九年或第十年升科長。也就是進部之後經過三年歷練，派到國外服務五到六年，然後回台北，一兩年之內升任科長。十年磨成第一劍，這是常態。

我回台北後，我的同年大多順利接了科長職務。其中比較特別的有高碩泰接了北美司第一科科長。這是號稱「天下第一司」的首席科長，通常會兼任「高層」的英文翻譯。王贊禹擔任了連戰省主席的交際科長。徐勉生接了歐洲司的科長。還有許多同年從國外調回來都陸續升了科長。我是遲遲沒有消息。一年過了，又一年，仍舊沒有消息。我們這行，一路向上爬升，「科長」這位子是第一道必須經歷的門檻。部內有幾位長官認識我，但是不在關鍵位置。瞭解升遷作業的同年好友很同情地對我說：「家興兄，很多人想幫你，可是你考績拼不過別人，每次送上去，都被退下來」。

我慢慢理解，外交部的升遷有三大要素，依序是：考績，學歷，背景。我的考績可以說是「一塌糊塗」，第十年才拿到第二個甲等，悽慘到沒法比。學歷，淡江英語系。我太太笑說淡江是她們「一女中，二女中」眼中的「尾巴學校」。在外交部政大外交系，台大，是主流，淡江只能排在「二軍」。背景嘛，沒有。三者皆不足，就慢慢等吧。期盼慢車也會到站。

春去秋來，年復一年。有一天我在外交部走道上遇到了陳士良兄。他晚我一期進部，也晚我約一年在教廷大使館服務，一回台北，很快就接了科長職務。他爲人正派，是我敬重的同事。我跟他短暫聊天時，他冒出一句話安慰我，「萬兄，你再外放一次回來接科長啊」。我頓時楞了幾秒鐘。晃過神來，我發覺自己在同事眼中是個魯蛇loser。淒涼感，油然而生。

眼看後期的同事都升了科長。諸如楊高榮接了檔資處科長，田中光當了台北市長黃大洲的交際科長。我覺得這個門檻既然是「必須跨過」，而我既無背景，考績，學歷又在「後段班」，看來是等不到「關愛的眼神」。我覺得只有靠自己「自力救濟」。我決心毛遂自薦，直接請見次長。

我見到了房金炎次長向他說明來意之前，我簡短提了兩個歷史故事。漢武帝有一次巡視部隊，看到一位軍官，武功高強但是「龍眉皓髮」。就問這他「你頭髮都白了，怎麼還是這個軍階呢」？軍官回答：「高祖好武臣尚小，文景好文臣好武，陛下好武臣已老」。這故事是說，空有武功，生不逢辰也是無奈。我接著說，我今天要「毛遂自薦」。戰國時期，趙國平原君要出使楚國，「聯楚抗秦」，尚缺一名隨行人員。門客毛遂自薦於平原君。平原君問：「你來我門下幾年了」？毛回答：「三年。」平原君說「放在口袋的錐子三年，一定會戳破口袋，你來了三年，我怎麼沒聽人說過你有特別長處啊」？毛遂說了一句名言：「臣乃今日請處囊耳」。我今天來此，就是要請你把我像錐子一樣放進口袋中試試。平原君幸有毛遂，完成了使命。

房次長當然明白我來意。我說我的考績不好，但不表示我能力差。我的同年和後期都已經升任科長，我有信心可以做好科長職務。房次長端詳我幾秒鐘，說「你的話，我聽到了」。然後就結束了晉見。大約兩個月後我接到條法司長謝新平電話。他說：「房次長來電話問我，萬家興這人怎樣？我回答房次長，萬家興這人很不錯，電腦能力也很好」。不久後，我發表擔任檔資處第一科科長。謝司長在教廷大使館時是參事，我是秘書，我們在同一個辦公室相處五年多，他非常瞭解我。我非常感謝他為我「背書」。我也非常敬佩房次長。他與我素不相識，僅憑我請見一面，就願意給我機會。他是外交部少見有擔當的長官。

在檔資處服務期間，處長是許南雄。部內可能有一些人對他有意見。可是，就我所見和我的經驗，許處長非常體恤照顧屬下。我在他手下工作，相處愉快。

我在檔資處期間，很幸運親眼見到了從清朝到現代我國和各國簽訂的條約原件。因為保管這些重要條約原件，就是本科的業務。這些重要歷史文件，經歷了多年的戰亂，幾度遷徙，輾轉到了台灣，非常珍貴。保管這些條約正本有嚴格的規定。保存它們的地方是特殊防火庫房。溫度濕度是恆定的。門禁森嚴，任何人進出要上級核准，要登記，開啟庫房必須由科長以及另一專人共同打開。

我接任科長大約十個月後，本部開始公開甄選科長級候選人，下年度赴美國喬治城大學進修。「選派人員赴美國喬治城大學進修」是我國和喬大合作了多年的培訓中階外交官計畫。每年提供五個名額，給包括外交部，經濟部，新聞局，政大等單位的候選人，到喬大進修兩年碩士學位。這個計畫成效相當好，很多位進修後的同事，後來的表現非常傑出。例如林永樂部長，石定次長等等。這個計畫候選人的資格條件是：擔任過科長，不能超過四十歲，英文程度要達到托福成績550分以上。

我這年三十九歲，我心中渴望赴美進修，充實自己。這是我最後一年，唯一的一次機會。我有些猶豫，最後還是向許處長表示：我很感謝處長厚愛。來到處裡不到一年，遇到這樣的機會，也是我最後一次機會，我想試試。不成功，也沒有遺憾。如果獲選赴美進修，學成後我願意再回檔資處服務。

許處長聽完，一口答應。完全沒問題，他很樂見檔資處能有科長獲選赴美進修。於是我去做準備，通過了英文托福測試，成績是590分，算是不錯的成績。達到了托福的標準，然後參加口試。甄選委員有五位，包括外交部，經濟部，新聞局，學者（好像是趙春山）等單位的代表共同口試。當年因為經濟部，新聞局都沒有推派人選，因此這兩個名額留給外交部。當年本部獲選的，包括楊承達，吳榮泉，和我。後來楊吳兩人就讀喬大的「外交學院」；我就讀「美國政府」，相當於我們的政治系。

許處長得知我獲選後，很高興地恭喜我。然後請我推薦接替人選。我推薦了我的同年，在中南美司的秘書回部吳進木。後來果然吳進木接了我的科長職務。再一年，他也獲甄選去美國愛達荷大學進修。

我原先計畫隻身前往喬治城大學進修。我的前輩好同事也是好友林永樂建議我：「家興啊，人生很短，孩子在成長，還是不要和家人分開比較好」。我於是決定進修的兩年，全家人不要分開兩地。

我在1991年8月赴美國，這是我第一次到美國。我很快地買了一輛新車，豐田Toyota最小型的Tercel車款，價格八千多美元。然後租了離學校開車40分鐘車程，位於馬利蘭州Rockville區一個叫做Bethesda Park大社區內的兩臥室公寓。太太和孩子兩星期之後飛來會合，開始了我們的兩年美國生活。

回顧我進入外交部的十二年，我覺得自己是「孫山」，榜單上最後一名的孫山。我從來不是「主流」，從來不是「出類拔萃」，但是都幸運的掛在榜單末尾。進外交部第十三期，我是最後一名。升科長，差不多也是最後一名。三十九歲參選赴美國進修，也是最後機會獲選。感謝上蒼眷顧我這個「孫山」，讓我當了「好歹還是擠上了末班車」的孫山。

34.
留校察看與倒吃甘蔗

興高采烈地去喬治城大學報到，註冊後，確定了我在「政府系」的學籍。接著得知了好消息和壞消息。好消息是，我在「政府系」主修「美國政府」碩士學位兩學年。本系是和「外交學院」同樣著名的學系，也是全美名列前茅的政治學系。壞消息是，校方對「政府系研究所生」要求很高。必須要有TOEFL（托福）成績在600分以上，以及GRE成績。所謂托福，就是外國學生留學美國的英文能力測試。我在國內甄選階段，被告知托福成績須在550分以上。我國外交部歷年選派到喬大進修「外交學院」碩士的標準，都是550分以上。我是多年來第一個進入「政府系」的學生，我是以590分成績通過甄選。但是註冊後，系裡的行政管理對我說，托福成績600分是最低標準。我只能是「暫時」碩士學位候選人，必須在六個月內完成托福測試600分以上，否則就終止進修碩士的課程。另外，我必須參加GRE考試（Graduate Record Examinations，美國研究生入學考試）。這是必須程序，但是校方不會計較GRE成績。

被告知我只是「暫時」學生，等於是「留校察看」。我只有六個月時間「翻正」。這個突來的壞消息，給我很大心理壓力。萬一我六個月後，沒有成功，將會輟學回台北，「厚顏見江東父老」以及面臨「孩子剛剛安頓下來，又要搬家換學校」的窘境。在喬大的前六個月，我的頭髮快速發白了。爲何？緊張啊。日子很緊張，要應付學校的課程，一堆的書要念，要做筆記，要寫報告，還要分出時間準備托福，聽考古題（測試是聽題再答題），做練習。大約在隔年的一月，也就是入學五個月後，我心懷忐忑，抱著背水一戰的心情，參加校方爲我以及其他學生專門準備的考試。成績很快就公布了，我的成績是630分（相當於後來新制滿分120的109分）。感謝上蒼，我這「孫山」又趕上了車，讓我擺脫「留校察看」的枷鎖。我可以專心念學位了。

我的指導教授是Stephen Wayne，哥倫比亞大學博士，美國學術界研究「美國總統」（American Presidency）的權威學者，也是喬大頂級的著名學者。他出過十二本書，其中「The Road to the White House」（通往白宮之路）是政治系的必讀聖經。他留著短鬍子，經常表情嚴肅，對學生要求嚴格。我上他的課，事前一定要先唸完他上週指定要看的書。因爲，一上課就是根據他的指定功課開始討論，沒有廢話。同學們輪流被點名「盍各言爾志」，申述己見。我經常在講述之後，被他點評，大致是這樣：Jason，你的觀點很好，也很詳細的理解了作者的理念。不過，你的論述不夠堅強，比方說，作者寫這本書，是用了怎樣的方法？他的數據，理論根據什麼？在哪些面向作者和其他學者有不同的想法？我常被他問到額頭冒汗。我每節上他的課都是全神貫注，記下要點，回家後要趕快整理。慢慢地，他對我偶爾會微笑說話，態度也親和得多。

研究生同學不多，也不固定同班，每堂課通常是七八人，很少會十人以上，除非是開放給大學部學生來選課。比較常在同班上課的七八人，除了幾位美國同學，有三位亞洲人。除了我，另外兩位，一位是日本女同學，二十多歲，大家叫她Masako（雅子）。另一位是來自中國大陸社會科學院的女士，名叫師楓燕，年紀大約四十出頭，她是來讀博士學位的，做筆記很厲害。有時下了課我還向她請教剛才不明白的地方。我讀書「不恥下問」，她也很熱心相告。她相當傑出，拿到博士後，被一家美國公司聘用。進修期間我曾請教在喬大任教的林中斌教授。他是研究「中共」和「解放軍」的專家，說話調理分明，是傑出的教授。他告訴我，他的經驗是，讀完一本書之後，把最重要的部分濃縮成幾行字，記在卡片上，便於翻閱，溫習。這對我有不少幫助。

兩年進修我是全勤學生，沒有缺過課。原因是不敢缺課，怕跟不上。對我影響最深的，就是我的指導教授。他是嚴厲的教授。他說喬大政府系畢業的學生，很多會在政界服務。從幕僚做起，基本功夫就是把十分鐘的報告，濃縮成一頁，條理分明的列出來交給首長。長官沒有時間看長篇大論。因此，報告必須精簡扼要。他要求所有交給他的報告不能超過600字，不能超過兩張A4紙。這個嚴格要求對我影響很大。每篇報告都字斟句酌，無贅字，不重複，一開頭就直接點出重點，再視需要做補充說明。這個寫作風格對我影響深遠，我受益良多。

課程中我最弱的一環，就是「政治哲學理論」。思想家，沒有一個東方的，儒法墨沒有一個，全是西方的。柏拉圖、孟德斯鳩、洛克、霍布斯、亞當史密斯、馬克斯等等一長串西方大神，我很難懂他們的心思。尤其是馬克斯我實在讀不通。這門課是勉強過關。

最有感觸的是我的個案研究看三權分立。我的報告得了

A，老師評語非常好。我的報告是：當國會和總統之間就廢止條約發生爭議時，法院如何處理。THE TERMINATION OF TREATY, THE COURT IN A DISPUTE BETWEEN THE PRESIDENT AND CONGRESS, A Case Study of Goldwater v. Carter（1979）。這篇報告的背景是，卡特總統在1978年12月15日宣布廢除1954年簽訂的中美共同防禦條約，承認中共。素以支持中華民國稱著的共和黨參議員高華德（Barry Goldwater）和其他24位國會議員，聯名向華盛頓特區法院控訴卡特總統「未經國會同意」，片面廢除了共同防禦條約，這是侵犯了國會的立法權。於是此案成了法律訴訟案，案號就是Goldwater v. Carter（1979）。我的報告就是根據這個「個案」，討論「國會，行政（總統），和司法」三者的運作。「高華德控告卡特案」，是個很著名的案例。案情經過簡述如下：地方法院受理後，不想介入本案，但國會議員施壓後，做出了「總統廢除共同防禦條約需要參議院同意」的判決。官司接著打，上訴到高等法院。高等法院的判決是：「總統有權終止防禦條約」。最後案子到了最高法院。最高法院是憲法上調解行政和立法之間糾紛的終極機構，有九位大法官。聯邦最高法院的判例，可說是「一槌定音」，全美各州都需遵守，影響非常深遠。因此很多判例都是5：4通過，這意味著最高法院處理的，都是很有爭議的案子。最高法院認爲本案是「政治議題」。因此，不對本案做出判決。

這個「個案」我花了很多時間去圖書館找資料。還調閱了各大報關於卡特總統「廢約」後幾個月內的民意支持度調查，和媒體報導本案頻率。我的結論是：「就本案言，最高法院，歸根結底，是個政治機構，而不是憲法的解釋者」。

我多年來也常回想這個我費了很多心血研究的案子。我的體悟是，三權分立，是美國的政體架構，架構的目的是不使國家崩塌。但是政治，和政客的本質，各國都是相似的。共和黨的參議員高華德控告民主黨總統卡特；地方法院判決有利參議院；高院判決有利總統；1比1，打成平手。然後，最高法院找個理由不處理。這意味什麼？多年後的體悟是，這幾乎是「按照預知的劇本走流程」。國會行政司法三者，各自做好自己角色。這就是美國政治。高度政治性的爭議，倘若做出判決，可能危及「三權分立的結構」。那麼，聯邦最高法院在這樣的權衡之下，會把它以「政治案件」冷處理。更深層次的理解，今天美國國會提議給你提升這個，明天那個，看得眼花撩亂，最後發現行政部門冷處理。這也就是「一套劇本繼續演」，只是舞台上的角色人物，隨著不同年代，稍微更換。這就是政治。

左：作者夫婦在校園。
右：擔任學生會長參加會議。

我的學習，越來越順利，好像「倒吃甘蔗」，對每一門課都比較有自信，能騰出的時間也比較寬裕。所以在一年後，我接任了「喬治城大學台灣同學會」會長。喬大同學會是個很小的團體。歷屆校友在大華府區的，號稱三四十人，實際上會來參加活動的通常不超過二十人。一年大約三四次活動，包括選舉會長，農曆新年參與華府中國城遊行，以及年終聚會等等。

兩年的學習結束，我順利通過畢業考。畢業考，是一整天從上午到傍晚的「開卷」考試，隨你翻書找參考。題目很大，就是幾道申論題。我是最後幾個交卷者之一。交卷後，我頓時解放了，很開心。考試結果如我預期，通過了。指導老師恭喜我，我感謝他。我在離開美國之前特別去向指導老師說再見，並送他一個包好的小禮物，說這是個領帶夾。他欣然接受。

喬大是全美國最古老，1789年天主教辦的大學，畢業證書都是拉丁文。我拿到碩士證書後，到駐美代表處驗證，還做了副本。爲我驗證的是行政組的陳方正秘書。兩年學習，從「留校察看」驚險開始。路，越走越寬；心，越來越安。我的感覺是「苦盡甘來」。難怪俗話說，倒吃甘蔗，漸入佳境。

35.
在美國第一張交通罰單

能夠到喬治城大學進修兩年攻讀碩士學位，是我生涯中非常幸運的事。它是名校。很多人認爲若能學成，就像「鍍了一層金」。我非常珍惜這個機遇。喬治城大學建於1789年，是美國最古老的大學，和天主教有長久淵源。在學術上最著名的是外交學院，企業管理，醫學等領域。它位於美國華盛頓特區一個小山丘上，俯瞰著波多馬克河。建築古典莊重，是美國最美校園之一。這所大學出了很多傑出校友，包括兩位美國總統（詹森，柯林頓），十四位外國元首、許多國家王室成員及世界各國外交官。我國校友也有不少，大多是在政治和外交領域，比較出名的包括宋楚瑜，章孝嚴，胡爲眞，林永樂，黃介正。另外我就讀期間遇到的林中斌，他是教授，專長領域是「中共和解放軍」，任教於外交學院，是很受重視的學者。還有一位陳明豐，他是醫學院交換學者，心臟科權威，後來擔任台大醫院院長。

大約上課三星期後的某一天，我高高興興地開車去學校。就在將要到達校門口時，我後面來了一輛警車，把我攔下來。我聽人說過，警察攔下你時，不要開車門出來，留在位子上，不要被誤認你要掏槍。美國的警察一般都很凶。這位警察倒是滿客氣，問我要駕照。我剛到美國時，是以出國前，在台灣辦的「國際駕照」開車。幾天前去考美國駕照，考試通過後現場拍照，取得駕照。我把駕照交給警察。

他說：「剛才你看到了Stop Sign了嗎？」我說有。他說：「你停車了嗎？」我回答「停了呀。」他說：「No，你沒有停車，你只是減速。你應該要Full Stop，完全停車，然後再開。」警察說完，遞給我一張交通違規罰單。這是我在美國第一張違規罰單。幾天之後我去繳了罰款，75美元。滿心痛。

我上完課，還在想這張罰單的事情。心中很不服氣，我在台灣都沒事，爲何在美國會被開罰單呢？於是我開著車，繞著學校週邊一次，又一次，幾次之後，然後才發現，原來在學校汽車入口這一區，離入口約四五百公尺之內，都是住宅區，都沒有紅綠燈。但是每一個路口，都有Stop Sign。換句話說，每一個路口都要「全停」。我前兩週，就是和台灣開車一樣來來去去，在Stop Sign之前減速，看到左右沒有來車，就開過去。被開罰單後才瞭解，在美國這就是「違規」。先前只是沒有被逮到而已。這張罰單，罰得好！因爲以喬大週邊這麼高密度的Stop Sign，我百分之百遲早會被開罰單。罰得不冤。

這是個「文化衝擊」。被警察攔下來，還不知道出了什麼差錯。完全不知道Stop Sign在美國和在台灣是不一樣的。在台灣，減速，再開，沒人覺得有何不妥。在美國，等著吃罰單吧。七十五美元起跳。

36.
你自己當外科醫生了？

有一天我的左手大拇指不知道被什麼東西刺到了，有一根很細小的刺在大拇指的內側。我用酒精擦拭拇指和針，然後用針把刺挑出來。一切稀鬆平常。沒想到幾天後，拇指週邊腫了起來，形成一個小膿包，有疼痛感覺。看起來好像是上次拔刺的時候，沒有弄乾淨。於是我再次自己動手，挑破膿包，擠出了一點膿和血液。我認爲應該清理乾淨了。可是沒想到，隔幾天傷口附近又起了膿包。我一向不愛看醫生，心想也許過幾天就會好。所以就沒有理它。

我十歲的時候曾經從牛背上摔下來，摔斷了左手肘的關節部位。我父親帶著我跑了幾家醫院，都說我的關節部位是粉碎性骨折，無法醫治，要截肢，以免感染，危及性命。我父親當然不同意截肢。於是回家後，「死馬當活馬醫」，讓一位聽說會治骨折的廣東師傅治療。後來痊癒了，完全沒有後遺症。因爲這個幼時的經驗，長大後我對醫師是有些排斥。「盡信醫，不如無醫」成了我的信念。長大後，接受「進化論」，認爲人類進化百萬年，大自然使人類的體內有「自我免疫」機制。我的信念很快就接受了檢驗。

我的左手拇指幾天後，腫脹到幾乎大了一倍，非常疼痛，痛到幾乎無法入眠。我終於忍不住，去學校的醫務室看門診。喬大的醫學院和醫院都是全美著名，名列前茅。喬大學生是有醫療保險的，不用擔心費用。當天值班的女醫師看了一眼我的左拇指，馬上露出笑意，笑著對我說：「你自己當外科醫師了？」我說「是。」，她說：「你不該自己動手，而且你應該早一點來這裡。」

接著他用酒精清理了我左拇指附近皮膚，然後打了一針，我猜想是很小量的麻醉劑。接著劃開一個切口，擠出來很多膿水。然後擦酒精，包上紗布，套上一個保護拇指的金屬護套。手術完成，過程大約五分鐘，而且一點都不痛。醫師給了我五天療程的抗生素。就這樣，我完全不痛了，兩三天後完全好了。

我又想起大約三十年前，我洗澡時發現腰部有幾個紅點，不痛不養。我不理會它。幾天後開始起泡了，也沒在意，繼續忍著。結果水泡起了好多，痛到無法睡覺。不得已，去了公園路的公保大樓看門診。醫師說：「這是帶狀皰疹，是一種濾過性病毒，通常在病人身體狀況差的時候發生。你最近是不是睡眠不足」？我回答「是」。醫師說：「你應該早一點來門診，對症下藥，很快就痊癒」。果然，傷口敷藥，打針吃藥，幾天後就痊癒了。

這次的「左拇指」和三十年前的「帶狀皰疹」兩次就醫經驗，改變了我對醫學的看法。我開始信任醫師的專業。「知道病因」，是現代醫學的基礎。是細菌還是病毒？先要知道它是什麼，才能找到解方。細菌類，殺菌滅菌。病毒類，研究出疫苗。這是幾千年醫學一步一步積累的知識，也是現代醫學的成就。

我常想起喬大學生衛生中心那位值班女醫師。她看了我的左拇指，就這樣瞄一眼，就知道我「自己當外科醫生」，失敗了，來求救。這就是專業啊。她那一抹神秘的笑，我印象深刻。我的解讀是：「好小子，自作自受了吧？這是專業活，該讓醫師來作」。

新冠病毒肆虐全球，將近兩年了，死了很多人，而且還沒有結束的跡象。全世界人民都處在這個大流行的陰影下。我個人的就醫經驗，讓我相信，面對病毒流行，正確的方法是：「認識病毒，尊重專業，足夠的疫苗，儘早給民眾施打」。

37.
在美國的兩年生活

初到美國，一切新開始，很多事情需要「馬上辦」。很幸運，我在北協的同事章文樑，時任駐美國代表處秘書，他在Rockville的家，是個好社區的townhouse（連棟別墅）。他很慷慨地提供了家裡的地下室供我暫時借住大約十天。

美國社會的優點是「高效率」。我在十天之內，以八千美元買了新車TOYATA的最小車款Tercel。在台灣辦了國際駕照，馬上就可以開車上路，然後我在一個月內考到了汽車駕照。我以每月900美元租定了一間位在Rockville區的一個叫做Bethesda Park大社區內的兩房公寓。兩週後我開著車去機場接太太和孩子，把行李搬進新家。太太孩子都很滿意。接下來，我和太太爲孩子註冊入學住家附近的Garret Park小學。後來得知，難怪代表處同仁多半居住在此區。因爲此區被認爲全美「富裕」地區之一。治安，學區都相當好。

在美國生活，兩件必需品：汽車和錢。汽車，我有了。錢？有點吃緊。外交部給我們進修學員生活費每月1000美元，支付房租後，只剩100元。我在台灣的薪水，因爲進修，只發給本薪台幣三萬出頭，折合美金約一千元。這就是一家四口的每月生活費，相當拮据必須省吃儉用。剛巧華府的「中美協會」Chinese American Society需要人手協助處理業務。我太太在那裡找了一分兼差，她的職稱是Newsletter Editor。另外華府有所「德明中文學校」每個星期六有中文課，許多華人小孩在此學習中文。我的兩個孩子也來學習中文。校長沈葆女士得知萬太太留學英國，又熟悉中國藝術史，於是請萬太太開了一門「中國藝術史」，每週六，兩小時。萬太太很高興學有所用，也很高興兼差能稍微補貼家用。

我和家人每天一起吃早餐和晚餐。通常早餐比較匆忙，因爲孩子要趕校車。校車每天固定時間在定點接送學區內的學童，不敢遲到。晚餐是一家人輕鬆歡聚的時間。大家談談一天學校發生的事情。晚餐通常是我主廚，因爲孩子說我燒的菜比媽媽燒的好吃。孩子最愛吃的一道菜是「紅燒雞腿」。作法很簡單，就是將雞腿，大約十支，稍微油煎後，蔥兩根攔腰切兩段，加入鍋，加醬油，加約小半碗水，小火燜。可以加一顆八角，不要加鹽或糖。水分收乾時，熄火，燜約三分卽可起鍋。孩子們常吃，我常買，因爲所謂的chicken drumstick，雞腿，價廉物美，經濟實惠。假日的時候，會多燒一點菜，偶爾會請那時我認識的單身朋友，一起打牙祭。代表處的白敬仁秘書，在喬大作醫學交流研究的台大醫院心臟科陳明豐醫師都很喜歡我的廚藝。重新回到學生時代，感覺吃什麼都香。

社區內亞洲人不多。鄰居中有一家姓董，來自大陸，和萬太太同姓，他家只有一個孩子叫董彭，英文名叫Paul。董彭非常喜歡往我們家跑，一來就不想回家。Paul和我家兩個孩子經常玩到難捨難分。他媽媽經常來我們家幾次催促，Paul才依依不捨地回家。他不想回家，因爲他是獨子，沒有兄弟姐妹，沒伴很寂寞。

九月中下旬是蘋果收成時節，「採蘋果」是個有趣的活動。蘋果農家會開放讓民眾隨便採。收費二十美元，給每人一個牛皮紙袋子，打開後是個方形，任你裝滿。很多民眾，特別是亞裔，會把紙袋子裝滿到「爆炸」。農莊主人也不以爲意。這是我們家很喜歡的秋季戶外郊遊活動。

手頭不寬裕，一定要省吃儉用。例如多買雞腿，少買雞胸肉。孩子想打牙祭，就去麥當勞，或必勝客，或8.99美元吃到飽早午餐。另外還要學會逛二手店。美國有很多二手店，物件包括服飾，運動用品，廚房用品，家電，書籍，古董，玩具，琳瑯滿目。慢慢挑選，一定可以找到「物美價廉」物件。例如我買了一組二手高爾夫球具和推車，萬太太買了許多廚房用品。我們只住兩年，這些東西離開時通通要賣掉或送人。買二手貨，很划算。

在美國打爾夫，沒有桿弟，要自己背球具或拖車拉球具。窮學生的省錢打球辦法就是不打週末，只打平日。打假日大約25美元；打平日約15美元。進入九月下旬，天氣轉冷，球場還有「Winter Rate」優惠價。有的球場，十美元讓你打一整天。我常和吳榮泉打這類的便宜球場。有一次在冬季，打到手腳冰冷，鐵桿碰到水之後，隔一會再打球，在零下溫度的空氣中，桿頭的水已經結冰了。

在華府最「物超所值」的活動就是「逛博物館」。我們常說的「華府」全名應該是「華盛頓特區」，美利堅合眾國聯邦政府首都所在地。首都有個機構叫「史密森尼學會」Smithsonian Institute。它所屬的十幾個博物館全部免費向全國民眾開放。我和許多美國家長一樣，經常帶著孩子逛博物館。其中最受歡迎的是自然史博物館，費爾美術館，美國歷史博物館，航空與太空博物館，郵政博物館，美國海軍博物館等等，都是開放給民眾免費參觀。另外還有聯邦調查局FBI博物館，美國MINT造幣廠和印鈔廠，這兩個都是定時導覽，民眾可以在開放時段，排在隊伍中，跟著導覽，一邊聽解說一邊參觀。

華府的櫻花節很美，很短。櫻花季節通常在三月到四月之間。櫻花節是紀念1912年日本東京市長贈送美國三千株櫻花樹，作爲友誼長存的象徵。這些櫻花樹被種植在華府的「潮汐湖」Tidal Basin週邊，每年櫻花燦爛綻放，非常美麗。這個櫻花節很容易讓人聯想到荷蘭在1945年贈送加拿大十萬株鬱金香苗，感謝加拿大在二戰期間庇護荷蘭女王，而後有加拿大每年五月的鬱金香節。華府四月的櫻花節和渥太華五月的鬱金香節，被視爲北美洲春天最美麗的花季。

華府的冬天偶爾會有連續大雪，造成交通紊亂，甚至學校停課，生活不便。但是對孩童們來說，能堆雪人，滑雪堆，是難得的歡樂時刻。我們就遇到了一次。

我從1992-93年擔任「喬治城大學台灣同學會」會長。因爲喬大台灣留學生不多，大學部的學生年紀輕又比較忙，所以經常推選外交部的學員爲會長。我的前任是外交學院的吳榮泉，後任是俄國研究的鍾日新。每年主要會務只有三件大事：12月校友聚會聯誼，6月校友聚會選會長，以及農曆新年參加在市區「中國城」舉行的慶祝遊行。在中國城的遊行活動敲鑼打鼓，很熱鬧。我們的隊伍人不多，十幾二十人，但是高舉的紅布條很醒目，因爲它是名校。校友聚會時，常有幾位六十歲以上高齡校友來參加，其中一位我印象深刻的是自稱是「國父孫女」的女士，她有少許廣東腔。她幾十年前拿到喬大博士學位，論文題目是關於孫逸仙的研究。

身爲同學會長，我有機會應邀參加學術機構或基金會舉辦的研討會。我是觀察者，靜靜看大家討論，不發言。議題大多是亞洲，兩岸，人權等等。出席者有代表處的中高階同仁，諸如王豫元組長；美國研究中國學者；大陸學者；當時反對國民黨的海外學者，諸如張旭成，張富美；也有立場偏執政黨的學者趙春山；以及中性立場的林中斌，初露頭角的黃介正；另外還有獨立研究者周谷等人。當時中國大陸剛剛經歷「八九天安門」事件，國際形象很差，大陸學者幾乎一路挨批。當時完全沒有人料到後來的三十年「中國崛起」如此迅猛。

當時駐美國代表處代表是丁懋時。其他我有接觸的同仁包括徐祖慰、鄭天授、鄧申生和王豫元幾位組長，武官李斑，外交部同仁王來生、章文樑、李澄然、李中偉、史亞平、白敬仁等等。丁代表很關心我們幾個外交部的學員，特別安排了一次拜會和午宴與喬大校長等高階主管談雙方學術合作。在座的有代表處鄧申生組長，以及包括我的幾位學員。聖誕節到了，丁代表在官邸晚宴，我們學員和家屬都獲邀出席，我們家的孩子還接到丁夫人贈送的紅包。丁代表夫婦是很親切的長者。

在美國最偉大的一次「遠征」，就是從馬利蘭州開車去佛羅里達州的奧蘭多迪斯奈樂園。這路程單程約一千五百公里，爲了開車安全，來回都中途投宿汽車旅館一晚。我們很幸運，在離迪斯奈樂園十幾分鐘車程的地方，很湊巧地看到有寫中文的旅館，中文叫做牛伯伯HOTEL（英文名字我忘了）投宿了這家旅館，很乾淨舒適，30美元一晚，非常划算。旅館主人是來自台灣的黃先生，他們夫婦兩人經營這家旅館，價廉物美，在迪斯奈樂園附近，很有競爭力，生意很好。

我們買了迪斯奈三天的優惠門票。連續三天從早到晚都在迪斯奈玩各種設施。第一次看到這麼超大型的遊樂場，對美國的迪斯奈這個企業很敬佩。

我最印象深刻的幾件事：

1.停車場地極爲廣大，一望無際，停車地點是以「幾點幾分到達，規定停車區塊」，這樣便於離開時，很快找到自己的車子。園內的交通車一次性疏散幾百名遊客，機動性很強，不會讓遊客等太久。

2.有一個叫做Typhoon Lagoon的玩水區，有「人造海嘯」，每隔幾分鐘會有大浪襲來，一大片人群，瞬間被海浪帶高，再瞬間落下，海浪過去之後，發現已經離位好幾公尺。很刺激。

3.雲霄飛車，這是個驚心動魄的活動。幾度上坡，幾度從高峰墜落，考驗心臟抗激能力。結束時，我和太太都嚇壞了。我回頭看坐在我後面的我家老二，更是嚇壞了。我兒子不見了！我的心，要跳出來了，難道兒子摔出去了？這時，兒子從座位底下冒出頭來，原來他也嚇壞了，閉上眼睛，縮成一團。他那年七歲，至今始終記得這個經驗。長大後，他自己也會笑說：「我那時怎麼那麼膽小」？我們也參觀了附近著名的甘迺迪太空中心。看到了太空梭，太空艙，太空火箭，太空裝備等等，非常驚嘆美國的科技實力。

我「學成」，要「歸國」了。遇到外交部老前輩周谷先生。他當時約六十多歲，學問很紮實，我很尊敬他。他自稱會看相。他對我說：「你四十五歲會發」。我是不信這一套的，姑妄聽之吧。事實證明，周谷前輩把時間提早了一輪，十二年。我回台灣後，又經過一輪磨難，在五十七歲才「修成正果」發表擔任大使。德明中文學校校長沈葆女士，和我太太兩年間成了好朋友。她說，多年來在華府看了許許多多朋友，回台北後，都高升了，很多後來又回到華府服務。他希望我們將來再回華府。

回顧華府學生生活，算是「多彩多姿」。從留校察看，到漸入佳境。騰出雙手後，接了學生會長，參與了一些「會長」能受邀的學術研討會，認識了一些後來在政壇活躍的人物。帶著家人，遊山玩水，和孩子「一起讀書」，享受了闔家共同成長的美好歲月。也就這樣拿到了學位。

記得出國前依慣例，我們幾位學員向五樓部次長辭行，有一位長官，跟我們說了將近一小時話，說他早年如何在美國拿到博士學位，他是每天十幾小時，每週七天，不停地唸書，還說讀書要有方法，暫時不告訴我們，要我們自己體會。回想起來，其實不需要「自苦若此」。「懸樑刺股」讀書，是一種方法；「馬照跑，舞照跳」依照自己節奏唸書，也是一種方法。方法很多，蘿蔔白菜，各有所愛。方法不同，一樣可以完成學業。讀書，作學問，沒有定規。

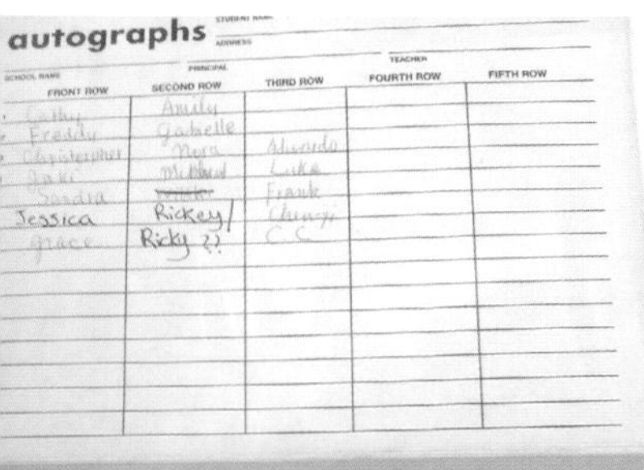

上：四月華府櫻花盛開。
左下：萬振儀一年級同學。
右下：萬太太（左一）帶著中美協會華府菁英訪參議員Paul Simon（右五）。

四、

從「鴻鵠將至」到「發配邊疆」：馬拉威與非洲見聞

（1993-1995）

38.
外放馬拉威：從「鴻鵠將至」到「發配邊疆」

結束了喬大兩年進修，我信心滿滿，一心以為鴻鵠之將至，馬上要接任亮眼的職務。1993年7月從美國進修回來，分在非洲司服務。司長杜稜對我很器重，把計畫中李總統將要訪問南非的專案給我承辦。杜司長是繼楊西崑之後另一個「非洲先生」，經常出訪非洲。

到非洲司剛滿兩個月，很突然地，在杜司長出國期間，人事處發表人事命令，派我去駐馬拉威大使館服務，職稱是一等秘書。眞的是「晴天霹靂」。我完全沒有心理準備。剛剛安頓好家，剛剛安排好兩個孩子就讀北投文化國小四年級和二年級，又要搬家，去遙遠非洲。太太孩子都很懊惱。剛剛安頓好的家，又要來一番折騰。

我當然是非常失望。我進修兩年「美國政府」，這是滿專業的專長。外交部同仁多年來進修的都是「外交」。我是當時唯一讀「美國政府」的中階文官。學成後竟然用在不相干的非洲，令人不解。這樣的「錯放專才」對嗎？另外一個失望是，駐馬拉威的石大使是有名的「難搞」。在外交部，「跟對長官」很重要，值得去追隨一個難搞的長官嗎？

通常本部從喬大進修回來的學員，會接任部內同仁認為比較重要的科長。而我，就這樣被「充軍」，外放邊疆去了。杜司長從國外回來，知道這個人令，很不高興。他打了電話給人事處長林鐘：「你怎麼把我大將調走了？」然而，白紙黑字，木已成舟。我的感覺就是，我老萬就這樣被「私宰」了。滿腔不滿，但是無力回天。

我太太勸我不要去馬拉威，就讓人事處處分吧，就是記過也不怕。我太太爲此還打電話給人事處L姓長官，說我們才剛剛回國，孩子才剛剛完成註冊入學，一切才剛剛從新開始，人事處怎麼就這樣「不近人情」地發表外派？他回答了一句可以列爲外交部經典名言：「八二三炮戰，也要有人當砲灰啊！」

對這個部令，接受？還是不接受？我曾經「天人交戰」。最後我決定接受命令，去非洲服務。原因有兩個。第一、服從命令，還是我的本性。既然服務公職，理應遵守部令。雖然感覺不合理，還是接受吧。第二、我天眞的認爲，應該沒有人比周大使糟糕吧。周大使那麼難搞，我都經歷了。不久後，我就知道「我錯了」。世間就是有「比糟糕更糟糕的人」。

杜稜司長，是我非常敬佩的長官。我初進部時在人事處服務，辦公室在三樓，和非洲司是鄰居。我經常在走道上和當時是副司長的杜司長碰面，但是之前從未同事過。他對我非常器重。當年我是一月到六月在美國，七到十月在非洲司，十一月以後在馬拉威，因此考績是以國內非洲司考評爲主。杜司長考評是「甲等」。進入非洲司之後，我翻閱了許多杜司長往昔經手辦理的檔卷，非常敬佩他很早就預見南非終將轉向，而他很努力地延遲了這一天的到來。

當我決定要去馬拉威服務時，在地下室餐廳遇到前輩韓知義（後來擔任駐汶萊代表）。他聽我說要去石大使手下工作，看著我，搖搖頭，連說了幾個「可惜了，可惜了」。

我在十一月啟程赴任。雖沒有「風蕭蕭兮」的悲涼，但是對人事處這樣「粗暴」的安排，心中是有些埋怨的。到了馬拉威追隨石大使，初始相處還算好，但是慢慢瞭解了他的爲人，一年半之後，我終於忍無可忍，堅決請調。

我爲自己「飛蛾撲火」自投羅網，感到懊悔。多年後，我常想，我應該拒絕這次外派，留在非洲司。雖然會有「申誡」的處分，但是幾年後，可能又是另一番光景。我太太，同事，前輩，這麼多人勸我不要去。而我就是這麼執著地「撲火而去」。這是我生涯中自己犯的錯誤。錯誤的時間，去了錯誤的地方，遇到錯誤的人。而我就是罪犯。大錯啊！

39.
金門823砲戰也要有人去當砲灰啊！

1991年8月我原本規劃隻身前往美國進修，家人留在台灣。前輩學長林永樂極力勸我全家同行，因爲他勸說：「人生短暫，家人不要分離」。於是，我採納了永樂兄的建議。1993年7月我結束美國進修，回到台北。太太和兩個兒子也隨同回來。

全家人回到台灣，花了一個多月，剛剛安頓好住家，爲孩子選擇學校，北投文化國小，老大四年級，老二，二年級。九月初孩子們剛註完冊，穿上新制服，背上新書包，上學去了。就在此時，我發表派令，去駐馬拉威大使館服務。這是個非常大的「意外」，完全沒有心理準備。我太太勸我不要赴任，但是我沒有聽太太的勸告，還是決定接受派遣。

我太太極度挫折下，忍不住拿起電話，打給人事處L長官，抱怨一番。沒想到人事處長官在聽完我太太的話之後，回了一句話：「金門八二三砲戰也要有人去當砲灰啊！」

我太太聽了這句話，驚楞無言，掛上電話。

「八二三砲戰也要有人當去當砲灰啊！」這句話，鐵定可以列入外交部最「奇葩」經典語錄。

說出這句話的人，多年後竟然當了駐南太某國大使。噫！孟子說「勿視其巍巍然，吾何畏彼哉。」翻成白話：「別看他高高在上，我不比他差呀！」

40.
難得的稱讚

1993年7月我取得美國喬治城大學碩士學位，結束了兩年進修，返回外交部，分在非洲司服務。司長杜稜很器重我，指派我協助辦理「李總統訪問南非專案」。九月初，我忽然接到派令：赴馬拉威，一等秘書。當時的人事處長是林鐘。杜司長對這個派令，沒事先徵詢他，很不滿，因爲我正在處理「專案」。但是對已經白紙黑字的派令，杜司長也莫可奈何。

以外交部的傳統，能獲選去喬治城大學進修的條件是：擔任過科長職務，四十歲以下，英文能力符合標準。當時的我躊躇滿志，以爲我下一個職務應該是重要位置。沒有想到是去馬拉威。馬拉威除了是「艱苦地區」，更不巧的是，當時的大使，綽號「石頭」，是有名難處的大使。我太太及幾位朋友都勸我不要赴任。我獨排衆議，決心赴任。我記得當時在外交部地下室餐廳遇到前輩韓知義，他得知我即將啟程在石大使手下服務，連說了幾個：「可惜了，可惜了」。

大使非常自負，極少讚美之詞，但是他對我有些難得的稱讚。到任後，我送了大使我的第一本書《生活，來點笑料》。幾天後，大使對我說，「你的書我看完了，文字很流暢。」大使的「很流暢」，是讚揚。

有一天，大使要我草擬一篇英文公函，給馬國政府，對馬拉威在某個國際場合，未積極支持我國表示遺憾。事後大使對我說：「你用lukewarm這個字，很好。」大使是台大英文系畢業，說我這個英文字用的好，這是高度稱讚。

1994年馬拉威舉行全國大選。這是個「天翻地覆」的選舉。已經執政了三十年的班達總統，在美國爲首的西方「民主人權」大旗下，被迫舉行大選。結果班達下台，穆魯士上台。這次大選，名義上是在聯合國監督下進行。每一個駐馬拉威的大使館，都被聯合國要求，請選派若干使館人員擔任「國際觀察員」。本館的大使和我，兩人，獲得聯合國核發的「觀察員證」。每個觀察員都被指派在投票當天，前往指定的幾個選舉投票地點，觀察選舉過程。

本館分配到的觀察地點約十個，大多位於首都週邊十公里圓周之內。我計畫先走一遍。在投票日前幾天，我開著我的車，Toyota Zace，（台灣稱作瑞獅，高底盤廂型車，這是最適合非洲地形的車種），帶著我的馬拉威男傭，沿著彎彎曲曲，顛簸粗造的泥土路，一個一個地走訪每一個投票所。投票所幾乎都是小學學校，它們沒有路標，沒有街道名稱。學校的教室「極度簡陋」。沒有桌椅，上課席地而坐。通風良好，門窗都是空的，就是牆上開個方洞。幸好有我的馬拉威男傭沿途詢問，請當地居民指點迷津，找到目的地。過程中我標出路線圖，定下了最順暢的路線。

投票當天，我開車載著大使，一路走訪大約十個投票所。它們都是位於落後貧窮的，顛頗鄉間泥土小路之間。一路順暢，大使頗感滿意，偶爾點頭微笑，狀頗欣慰。他知道我已經dry run，實地走過一遍。

大使對我的能力，應該心裡有數。他去拜會馬國政要洽公，出遠門轄區訪問，都會帶我同行。但是日久見人心，我漸漸感覺他不是我願意追隨的長官。工作一年半之後的某一天，我在他辦公室當面告訴他，我堅決請調。

41.
數字會說話

我國駐馬拉威大使的官邸位於首都里郎威Lilongwe的第十區，全國首善之區。馬國首都的規劃，是由南非專家設計。南非早年是由白人統治，勵行「種族隔離」政策。因此馬國首都被「種族隔離」的思維，設計成十幾個區塊。第十區是內閣高官，部長，外國使節，國際組織，醫師，外國專家等等高端人士最多的區，被視爲「特區」。

我國的大使官邸在此區，非常有名。它地位明顯，警衛森嚴，建築相當氣派，美崙美奐，算是著名景點。另外，它還有兩大出名的原因。第一個是，石大使養了大約一百隻鴿子，鴿群飛舞遨翔，相當壯觀。這是首都唯一的鴿群。

養鴿子的主要目的，不是觀賞，而是美食。大使在官邸宴請馬國政要，一定有一道名菜「烤乳鴿」，廣受歡迎。

第二個亮點是花鐘。進入官邸的正門，馬上看到一片綠色草坪。這片綠色草坪，培植起來很不容易。據馬國雇員說，早先在馬國服務的同事，包括蔡明耀，邱玉汕都曾經在大太陽下幫忙栽種。草坪的中央，是精雕細琢的花圃，花圃的中央有一座花做成的鐘面，鐘面上的時針指著9，分針指著12，時間是「九點整」。

爲什麼是九點？不是八點，或十點？我問全館最資深的雇員馮曉虹小姐，她的回答很妙：「你傻啊！九點，就是久點，長長久久一點。懂嗎？」

喔！原來，大使一上任，就希望幹久一點。

馬拉威是「艱苦地區」，較少競爭，在石大使之前，每任大使都留任很久。趙金鏞大使任職十一年（1970-81），之後的馮燿曾當了十年大使（1981-91）。石承仁大使九年（1991-99）。在石大使之後，就沒有任職六年以上的。石大使念茲在茲，想要「久點」。果然很有心，而且有心人終於如願以償。很遺憾石大使之後經過陳錫燦，莊訓鎧兩任大使，馬拉威在2008年變心了。

42.
數字又說話

在駐馬拉威大使館服務期間，應該是1994年，有一天大使帶著我從首都里朗威Lilongwe去南部的桑巴Zomba，馬拉威國會所在地，準備和一位重要的反對黨議員會談。

馬國地形狹長，分爲南，中，北，三個省。建國初期首都位於南部的布朗岱Blantyre，國會也在南部的桑巴。後來在1975年首都遷往中部的里朗威，但是國會仍然留在南部的桑巴，它距離首都兩百多公里。首都和國會之間的道路，是全國最好的公路，道路情況相當於我們早年的省道，開車約三小時。

大使會見反對黨議員，需要謹慎行事。我和大使住進當地最好的旅館後，我立即開始工作。由於大使不方便直接出面，便由我先去接洽，等安排妥當之後，大使才會和那位議員到特定的地方見面。在接洽聯繫期間大使留在旅館裡，等候我向他回報接洽的消息。

那個時代手機還沒有問世，通訊聯絡靠打電話。那個時代沒有聽過「無線電話」。我聯繫安排妥當之後，撥電話到旅館，請旅館接線生轉接給房號324的大使。接線生回覆：「沒有人接聽。」過了一會兒，我請接線生再次轉接。結果還是「沒有人接聽」。

我有要事稟報，不能再等，心中頗爲焦急。忽然靈機一動，大使會不會換了房間？大使忌諱4這個數字；這是大家心知肚明的。我隨即請接線生嘗試一下328房。嘿嘿，接通了。我向大使報告完畢之後，大使忽然問我：「你怎麼知道我住這間房？我剛剛才換房搬進來」。我趕緊回答：「是總機幫我接的。」

三國時代曹操手下有位叫楊修的幕僚，因爲善於觀察曹操心思，又愛賣弄小聰明，被曹操猜忌，最後被曹所殺。「雞肋，食之無味，棄之可惜」，就是這個故事。楊修以「雞肋」，解讀出曹操想退兵，故而提前布署。曹操以楊修「擾亂軍心」殺之。

大使猛然一問，口氣不悅，讓我嚇一跳。幸好，我反應機靈。我可不想當楊修。

43.
風水

風水，會影響一個人的運氣？你信嗎？我的態度是儒家的「子不語」。不談論，不頂撞，不迷信。我的觀察是：很多人相信。年紀大，信的深；官位越大，也信的深。而且還忌諱別人知道。

很多人在乎辦公室的布置。一上任，馬上更換前任的辦公桌座向。講究一點的，窗簾地毯牆上字畫，室內擺設也都除舊佈新。這現象滿常見，算是「人情之常」。你可曾注意到，「常態」的事情，日久成習，可能成爲信仰？

在馬拉威工作期間，有一天看到工友在大使館內的中庭澆水。使館是個四方形的兩層樓建築，中間空地種植了些低矮的闊葉綠色植物，像是百合。我問雇員馮小姐「爲什麼不種些樹」？馮小姐的回答很有意思：「以前有種松柏，松柏長青嘛，可是有一天來了一位高人，和大使說了些話，第二天松柏都挖走了。你知道爲什麼嗎？你看我們這大使館像一座方城，中間種樹，那是什麼？『困』哪，懂了嘛？」

她接著說，樹木移走之後，先是種花。後來發覺戶外的花開的鮮豔，中庭這空間每天日照不足，花不容易種好，於是改種低矮的綠色灌木。開花時，像海芋。就是現在這樣子。

多年後，我先後在諾魯，台中，吐瓦魯，汶萊擔任過主管職務。曾有同事在我上任伊始，問我「要不要調整辦公室擺設」？我的回答都是：「照原來樣子，不要動」。

44.
可以交差了嘛！

馬拉威是南部非洲的內陸小國。在1994年人口九百萬（2021年人口一千九百萬），面積是台灣三倍大。兩國有邦交的四十二年（1966-2008）中，一直是我們忠實的盟邦。在位三十年的班達總統對我國是堅定支持，因此先後有趙金鏞和馮耀曾兩位大使都風平浪靜地當了十年的大使。我在馬國服務的時候，這位石大使作風迥異前人。做了不少積極的改變。

大使很喜歡在週末發電報。我經常在星期六清晨六點接到大使的電話。電話的那一端傳來：「有個電報很急，你來一下吧。」於是，我趕到大使官邸，擬稿。長官屬下，兩個臭皮匠，一陣推敲，兩番三次的「稿來稿去」，終於一篇洋洋灑灑的電報就此「稿定」。那時候駐馬拉威大使館還沒使用電腦打字，公文和電報都是手寫的。寫完了，大使在末尾簽上大名某某某謹呈，某月某日，正好都是星期六或日，也就是「假日」。通常這個時候，已到了下午一點。

大使的努力沒有白費。國內長官知道了他的辛勞。有一次大使飛往南非出席由部長主持的「非洲地區會報」。返回館裡之後，非常得意地向大家提起部長在會報中的一句話：「XX兄，你週末都辦公，在那裡拼命啊！」

馬國社會封閉，在1994年，當時沒有電視，全國只有一份小報。發行量大約三千份，版面大約是我們報紙的一半尺寸，內容很有限。大使有點石成金的本事，常在報上找出有價值的消息，指示我馬上電報報回去。因此，許多消息，例如「得薩地區飢荒，六人餓死」，「南部某地區發生霍亂，數十人感染」，「某地區議員過世」等等新聞，都用電報報回國內。我有一次委婉地建議：「這類電報送到地域司，就存檔了，不會做爲政策參考的」。沒想到，大使臉色一變，當場糾正：「這就是大使和秘書眼界不同的地方。要報啊，當然要報！」

擬好了這類的電報和公函，大使幾乎不看內容，就簽個名，送「發」。這個作法好比「霰彈槍打鳥」，只要是政情，總有一件會屬於「重要政情」，可以保證「萬無一失」。可惜我當時眼界還低，參悟不透。

大使的「勤政」，終於得到回報。在年終總檢討的時候，對著全體同仁，很欣慰地，帶點浙江鄉音地說：「看嘛！今年我們這個館，發了四百七十六個電報，一千兩百多個文，可一（以）了嘛」。他很驕傲地掃瞄在座同仁：「這個工作量，可以交差了嘛！」

45.
至少年四年沒問題了嘛！

1994年5月馬拉威大選變天之後，大使召集全館同仁，請大家儘快集思廣益，想一想，有什麼新計畫適合援助新政府。同事們各抒己見，但沒有具體結論。過了幾天又召開會議，這次會議大使表明了他的心意，也決定了下個階段的援助：在馬國北部首府姆祖祖興建醫院，也就是後來的Muzuzu Central Hospital。

興建醫院，當然是個好計畫，只是它的金額龐大，需要國內高層專案核准。這個專案呈報的理由，是「馬拉威新政府甫告成立，亟需推動民生建設。興建姆祖祖醫院，爲新政府施政重要優先項目。馬國亟盼我國援助興建，本案攸關兩國邦誼」。行政院連院長是有氣度能授權的長官。鑒於本案關係著兩國邦交，沒有派專家來馬拉威實地考察，直接就核准了。國內同意這個「興建姆祖祖醫院計畫」，分四年執行，逐年撥款興建，總金額1200萬美元。接著大使和馬方簽了興建姆祖祖醫院計畫。

關於醫院選址的問題，我曾請教德國大使館的秘書。他說，馬國政府曾向德國請求在姆祖祖興建醫院，但是德國專家評估後，德國政府沒有同意。因爲從效益考量，興建姆祖祖醫院，不如加強北部省現有的醫療衛生所功能。原因是：馬國北中南三個省，北部人口只佔全國人口十分之一，而且醫師稀缺。興建醫院，需要後續配套，不符合效益。石大使對我轉述德國使館的意見，不太高興。

關於「興建過程誰來監督？」這個環節，也有小插曲。英國和馬拉威是宗主國關係，有一家英國的工程公司很快得知這個計畫，希望包攬工程，或最少負責設計和監工。英方的說詞是，有英國工程公司當第三者，可以監督進度，控制預算。但是石大使沒有採納這個建議。最後結果是：由馬拉威的公共工程部負責爲馬拉威的衛生部興建姆祖祖醫院。這個「預算左手交給右手」的安排，後來出現了延期施工，和增加預算。

這個計畫拖了將近三年，到1998年初施工興建，2000年底完工，然後移交馬國正式啟用。醫院蓋好了，但是接下來發現，醫生護士不夠，醫療設備不足，於是馬國又向我國求助，我國同意派遣醫療團。2001年2月吳子丹次長和馬國財長Aleke Banda簽約，同意派遣10至15名的醫療團，常駐姆祖祖醫院，2002年屏東基督教醫院團隊前往馬拉威服務。

我在1995年7月調派印尼服務。姆祖祖醫院案，我只參與了最初的簽約階段。後來的延期施工，增加預算，派遣醫療團都是從新聞報導得知。在我參與的部分，最難忘的瞬間是，大使和馬方簽完約，帶著我返回使館的時候，在座車裡很得意的說：「這個約一簽，至少四年沒有問題了嘛！」

我解讀「四年沒問題」這句話，大概是：一個計畫，分成四年，逐年撥款，至少可以維持四年邦交？大使說的沒錯，直到他1999年離任，醫院還沒有完成。

46.
解鈴竟是吹哨人

在馬拉威服務期間，1994年初，使館裡的C參事休假赴美國探親，由我代理他的業務。參事對我說，所有的業務均已處理完畢，只有一件「待辦案件」，就是關於馬拉威農業官員赴台灣受訓的案子。

我檢視這個案子時，發現了一個不大不小的問題。位於桃園的土地改革所開了一個爲期六週的國際訓練班，邀請友邦國家年輕的農業官員學習台灣的土改經驗。馬拉威的候選人，已經呈報外交部非洲司，等待答覆。我在檔卷中發現呈報的候選人資格不符。候選人資格最少要「大專畢業」，但是馬拉威這位M先生，只有高中畢業。

原因出在參事把M君的學歷「Cambridge College」誤以爲是Cambridge University，英國的劍橋大學，而把M君列爲馬國三位候選人的首位，並推薦他參訓。在馬拉威幾乎所有稱做「College」的學校，都是高中，而且多是簡陋的私立學校。我爲了愼重，打了電話到報名表上塡寫的Cambridge College，赫然發現這個學校已不存在了。

我再請M君本人來大使館，當面詢問，確認M君是農業部低階職員，從Cambridge College高中畢業。他本人從農業部得知這個受訓機會，也知道自己資格不夠好，但是希望試試機會，而據C參事告知他，獲選的機會很大。

我聽了大吃一驚。這個錯誤不小。我們國家花錢出機票、供吃住、給零用金，生活費，培訓的目的是訓練出，未來友邦主管農業政策的中高階官員。很顯然，把經費花在這個人選，沒有「錢花在刀口上」，是個錯誤的投資。根據我的專業和良知，我認為應該把名額給其他人選。

妙事接著發生。在我發現這個「錯誤」的當天，台北來了電報，說M君已經獲選，請大使館代購機票，協助他赴台受訓。我不想「糊塗官打糊塗百姓」，一路錯下去，於是把經過呈報大使，並建議取消馬拉威參訓人選。

大使刀法熟練，說「你負責處理」，但未做明確指示。我於是打電話回非洲司請求指示。司裡承辦同仁回答說，將呈報長官，明日答覆。

第二天答覆回來了，出乎我意料。非洲司承辦人說，他首先詢問了土地改革所。土改所回答：「各國學員的名冊、名牌已做好了，課程教室、住宿房間也排定了。預算都花下去了，現在怎能抽掉學員？這樣做，明年會砍預算」。

非洲司長官對於已經發出的核准電報，不願意自我否定。同時對本館未能明察於先，而在「弓在弦上」之際，提出尷尬請求，甚為惱火。非洲司認為這是本館作業失誤。我把以上情形報大使，大使的回答也是非常經典：「問題是你提出來的，你自己解決」。

在歐美先進國家有所謂「吹哨人」（whistle blower），就是把機構內部的弊端提出來，警示大家注意，並予糾正。這樣的吹哨人通常會受到保護、獎勵，甚至被視為「無名英雄」。我原以為我吹響了哨子，會有良性反應。我錯了。我的長官石大使、本館的直接上司非洲司、土地改革所，全部都怪罪我。直到此時我才發覺「大事不妙」，因爲就是我，不是別人，闖了禍。這眞是我公職生涯中遇到的最大諷刺。

看來「解鈴還需繫鈴人」。公務員幹了多年，我也練就了一些基本功。很快，我找到了解決之道。我向非洲司以及大使報告：「M君雖然資格略微不足，但他是現任馬國農業部承辦土地相關事務基層官員，具有發展潛力。他學習我國土改經驗，應有助於馬國農業政策發展。建議仍予同意參訓」。大使和非洲司長官「欣然同意」我的建議。

於是M君依照既定程期赴台參訓。這個結果皆大歡喜，船過水無痕，一切回到原點。沒有人失誤，沒有人受罰，看起來是「全贏」的結果，每個人都歡歡喜喜，一團和氣。

隔天，馬拉威的M君來使館取走了機票和裝在信封裡的美金零用金。當他離開使館大門時，我從我二樓辦公室向下看著他的背影，忍不住自嘲：「這傢伙不知道自己多麼幸運。爲了他的案子，這幾天電話和電報已經繞地球幾圈了，一路給他綠燈。竟然連吹哨人老萬，都不得不給他開綠燈」。我又一次深層次體會了官僚文化的現象。

參事休假回來後，我猶豫是否要告訴他這個「繞了一圈，回到原點」的案子。想了一下，還是據實簡報。參事是個隨和的人，我們是好同事。他聽了，沒有責怪我看公文挑出毛病，但是問了一句很妙的話：「老闆怎麼說？有怪我嗎？」

參事的反應，我能理解。他和大使年資差不多，和大使關係緊張，很擔心被責罵。我回答參事：「大使完全沒有怪你，他怪我」。說完，我和參事兩人哈哈笑起來。

47.
從務實滑向務虛

外交部從它的前身清朝的「總理事務衙門」1861成立以來，到今天已經一百六十年。這期間幾乎都是在「艱苦奮戰」。

1971退出聯合國，中華民國的席位被中共取代。我國被迫開始推動「務實外交」。當時蔣經國主政下的「務實外交」，重點在「促進與世界各國在經貿文化等方面的合作」。1979年美國和我國斷交，承認中共。我國外交更加困難。從1990年代開始大約有十幾年光景，駐外同仁的工作有相當比重投入了「重返聯合國」的「戰略目標」。隨著兩岸實力的此消彼長，以及對岸「大國崛起」國際現實，這個戰略目標進行的結果，是可以預期的：身撞牆壁，心生苦悶。

外交難以突破。於是許多館處的年度績效考核，慢慢轉向「和駐在國簽了多少協議，發了多少電報，公文」等等可以「量化」的數字統計。外交部似乎也難以避免地認同了這個趨勢。官僚體制之下，很自然產生了「上有政策，下有對策」的文化現象。

我在馬拉威兩年，在石大使的積極運作下，我國和馬拉威簽訂了中華民國與馬拉威「航空合作協定」，「避免雙重課稅協定」，和「司法互助協定」，三個協議。簽訂這些協議，其實不困難。我國是馬拉威主要援助國之一，我們提出的合作案，馬方都是高度配合。每次我方把協議草約送達馬國政府，很快就獲得馬方同意。每次簽完協議，大使都相當欣喜。大功一件，先電報呈報，再以外交郵袋呈報約本正本。

這些協議，其實功效只是「形式」上的心裡安慰。我國與馬拉威沒有航線連接，何需航空協定？沒有直接投資，何來雙重避稅？沒有國人會到馬拉威躲避司法制裁，何需司法互助，相互引渡？

維繫了四十二年的邦交，最終還是走到終點。2008年1月15日馬拉威變心了，承認中共。上面提到的三個協議，從生效到終止，最終證明只是擺設。

48.
「唾面自乾」現代版

我在馬拉威服務期間（1993.10-95.08）的首長是S大使。他是我四十年公務生涯中與我最「八字不合」的長官。我曾嘗試列舉他的良好風範，答案是：無。他也是我公職生涯中唯一一次當面對長官直說，我無法追隨，堅決求去的長官。

大使脾氣陰陽，愛罵人，激動時，罵得口沫橫飛。有一天大使在他二樓辦公室的迴廊大聲咆哮，責罵L秘書。高分貝的咆哮，全大使館的人都聽見了。大使館是個方形的兩層樓格局，中間是一個中庭。外交部同仁在二樓，新聞組，武官組在一樓。大使罵聲響亮，大家都沒敢出辦公室，而是隔著辦公室，豎耳傾聽。被罵的L秘書站的直挺，一聲不吭。大致的內容是罵他爲何每個月報帳都要延遲，屢次告誡都不當回事。暴風雨之後，大使罵完了。返回辦公室，砰！一聲猛烈的關門聲。

L秘書安靜地走回他的辦公室。我和另一位同事過來關心，安慰他說：「別放在心上」。L秘書回答了一句非常經典的話，令我難忘：「大使的口水好臭！」

唐朝武則天稱帝時期（史稱武周，在位15年）有位宰相婁師德勸他即將出任代州刺使的弟弟，要他「唾面自乾」，逆來順受，寬容忍讓。這位L秘書能夠逆來順受，寬容忍讓，確實有過人之處。他曾兩度和我同事，我們同事情誼相當好。他個性溫和，做事負責，負責財務會計和電報，雖然偶爾「慢半拍」，但很仔細，是個很好的同事。多年後證明他很受長官信賴。他雖被罵得狗血淋頭，當年的考績是甲等。

「大使的口水好臭」，這句話，使我想到老蔣總統。被老蔣罵得越凶，甚至挨老蔣枴杖的軍政官員，升官越快。職場奇妙現象，有意思吧。

49.
文化衝擊：下雨

我在1993年11月從台北啟程去馬拉威，中途在南非約翰尼斯堡停留五天，主要目的是在南非訂購一輛汽車，供日後需要。駐南非大使館的季韻聲秘書，我的同期同學，陪同我去一家豐田汽車經銷公司選車。就在展示間和經銷商一起看車時，忽然一陣歡呼，店裡的南非銷售員一群人衝到戶外。我一時不知發生了什麼，稍後才明白，是下雨了。他們一大夥人見到下雨，狂奔到雨中，手舞足蹈，興奮無比。這是我第一次體驗到，這世界竟然有人這麼喜歡下雨。這是我在非洲的第一個「文化衝擊」。

我小的時候，不喜歡下雨。因爲下雨時，媽媽會不准孩子們出去，怕弄髒衣服，沒得換洗。下雨對台灣長大的人來說，絕對不是一件歡天喜地的事。

在非洲住了一陣子，慢慢瞭解水的珍貴。雨水是上蒼的恩賜。在雨中本地人可以盡情洗頭洗澡，嘻耍打鬧。他們興奮，因爲水源稀少。整個非洲，大部分地區都是缺乏水資源的。馬拉威這個內陸國，沒有大河，只有小溪，水量不多，每年有幾個月的旱季。旱季時更是水源奇缺，動物，植物，人類，都受到影響。

我親眼見到馬拉威人在幾乎乾涸的小河溝，離水一公尺的沙地上，挖出一個坑。過了十幾分鐘河溝裡的水慢慢滲進坑內，然後水桶裝水，頂在頭上，帶回家。這是很原始但有效的過濾方法。

歷史上大乾旱，會造成飢荒戰亂瘟疫，甚至王朝覆滅。古代帝王也會在大旱災時，向上蒼祈雨，普降甘霖。我們現在很少遇到缺水限水，但是我們必須瞭解，人類現有的淡水資源是不足的。節約用水！

50.
黑暗大陸

時間是1993年的12月，南半球的夏季。晚餐後，我們一家四口在屋外的長廊陽台上乘涼。忽然間，停電了。在馬拉威停電是常事，但是極少在我們居住的第十區。因爲第十區是馬拉威的首善之區，住戶都是馬國內閣部長高官，外國使節，外國專家等等菁英階層。我抬頭一望，猜想整個第十區都停電了，因爲一片漆黑。這是我在馬拉威第一次遇到的停電。

那種漆黑的程度，是我從來不曾經驗過的。那是完完全全的黑夜，幾乎沒有任何人造的光源，就像我們的老祖宗山頂洞人經歷過的一樣。沒有月光，除了天空少許星光，我看不見任何東西，看不到身旁的太太和孩子，伸手不見五指，整個世界是一片漆黑。

黑暗中的眼睛似乎是多餘的，一切只能靠聽覺和觸覺。當視覺休假時，觸覺和聽覺變的格外敏銳。我彷彿回到了原始人時代，靠著最原始的本能反應來適應這種黑暗。我聽到蛙叫蟲鳴和遠處的狗吠，以及我們自家的兩條狗靠向我身邊時搖尾巴的振動聲。我也聽到風吹院中竹叢的聲音。

黑暗中，兩個孩子不約而同地擠向我身邊。兩隻小手緊緊地抓住我的手掌。我知道左邊是11歲的老大，右邊是9歲的老二。老二的旁邊是我太太，因爲飄來洗髮精的味道。老二從小怕黑，他的另一隻手想必正緊握著我太太的手。孩子們從來沒有經歷過這樣的黑夜，緊緊地靠著我。忽然間我覺得自己很偉大，好像山大王有衆小嘍嘍擁戴。他們在恐懼中有我這個靠山，我是很陶醉。我緊握兩隻小手說：「我小的時候，書上說非洲是『黑暗大陸』。現在你們懂了吧？我們正在非洲，沒有電的晚上，就是黑暗大陸」。黑暗中太太發出冷笑：「你還眞會編啊！還不快去找蠟燭。」

我想機會難得，難得一家人手牽手這麼親密地連在一起，而且我也沒有把握能很快摸索到蠟燭和打火機，於是我建議「再坐一會兒吧」。這回小兒子坐在我雙腿上，不嫌我鬍子多刺了。大約過了半小時，電來了。重見光明，孩子們鬆開手，不要老爸了。老二說：「剛剛好恐怖唷，我好像看到樹那邊有黑黑的在動。」

這是我第一次體驗另類的「黑暗大陸」，非常深刻。這個經驗使我聯想到遠久以前的人類祖先。我們是大自然的一部份；觸摸也是一種重要的親情。生活在文明世界太久，我們已經很難體會這樣的經驗。

51.
我在馬拉威的家

我在馬拉威的家是我至今住過面積最大的住宅。它是個由鐵絲網和樹叢圍繞的方形，正面長85公尺，深度65公尺，總面積相當台灣的1670坪，包括主建築，涼台，前院，後院，車庫，後院角落裡兩個傭人房。前院有許多大樹，最明顯的是一棵高大的芒果樹，樹幹上吊著鞦韆。車庫旁有籃球架。後院有曬衣架、菜園、小水池。這是個很大的生活空間。它位於全國首善之區，首都的第十區，我家正面的大門是唯一出入口，前面是一條雙線道柏油馬路。對面住的是馬拉威高官，右邊鄰居是歐盟大使，左邊是在馬拉威班達農學院擔任客座教授的德國農業專家，後面鄰居是聯合國難民署官員。這個居家環境，非常寬廣舒適，又有狗相伴，是我公餘之暇紓壓的避風港，是孩子快樂童年的遊樂場。

前院的芒果樹，樹齡應該超過三十年，在馬拉威無污染環境成長爲參天大樹，超過三層樓高，這棵芒果樹有許多故事。到了芒果季節，滿樹都是芒果。這種芒果是綠色果皮，大小介於我國的土芒果和愛文芒果之間。它每年約產幾百顆芒果。我的傭人在芒果季節時，每天爬樹摘下幾十顆芒果。我吃不完就把一半的量給傭人。有一天我看到傭人在大門口擺地攤，賣起芒果。我吃了一驚，這樣太損我的形象，我告訴他芒果可以送，不可以賣。

我把剛摘的芒果，放在室內幾天後，熟度剛剛好的時候，切開來吃。非洲芒果的風味，綠皮黃肉，纖維水分都適度，甜度適中，非常好吃。因爲芒果源源不絕，太好吃。所以我一天早中晚三餐，飯後都吃芒果。連續一個多月之後，出狀況了。我發現皮膚發癢，癢不可遏。於是去看醫師。醫師認爲是過敏。在左手腕皮膚劃開很細小的切口，嘗試了幾個測劑後，認定是芒果引發過敏。我隨後立卽斷食芒果，果然皮膚不再發癢。從此之後，我對芒果產生了「愛恨交織」的情感，只能「淺嚐卽止」。

芒果樹旁有一棵樹，高約三公尺，漸漸枯萎，後來發現樹幹中有一個洞，裡面不知何時住了一群蜜蜂。我家老二有一天，心血來潮，用棍子去捅蜜蜂窩。慘劇發生了。我和太太聽到「救命啊」的慘叫聲，然後看到兒子抱頭鼠竄，逃進屋內。他從那時起，他再也不敢再碰蜜蜂窩。

初到馬拉威養的三隻狗。孩子和狗一樣興奮。

振儀（第二排最右邊）和班級同學。

前院的右側有個籃球架，老大非常愛打籃球，孩子們常在院子裡打籃球。左側有一排樹木，其中有一棵酪梨樹，和芒果樹。這棵芒果樹和前院正中間的芒果樹不同，比較矮小，果實是圓形，外皮是淡黃色。

主建築就是一層的平房，起居作息處所，室內總面積大約170坪。它包括三間臥房，其中包括我和太太的主臥室，兩個孩子睡的臥室，和一間招待客人的臥室。此外還有客廳；餐廳；儲藏室。主臥室有個很特別的設計，就是有個內牆，圍牆之內有個小游泳池。可以直接從主臥室推開落地窗，去游泳。而沒有人看得到，非常隱密。

後院有一塊地是種作物的，主要是種玉米，蔬菜。佣人很喜歡種玉米，因爲這是他們的主食，收成時會分給他們。有晾曬衣物的繩架，日照充足，很方便晾曬東西。有一小小蓄水池，因爲老舊，會漏水。聽人說鵝警覺性高，可以防小偷防蛇，所以向農技團借了兩隻鵝來養。我把小蓄水池用水泥補漏，蓄水，給鵝玩水。沒有料到，水中的鵝固然美麗，他們一旦離開小水池，眞的成了大笨鵝，會到處亂逛，踩壞農作，把蔬菜園搞的一塌糊塗。小池容不了大鵝，我很不得已，把兩隻鵝送還農技團。

整個首都的規劃是早期實行「種族隔離」政策的南非人設計。後院有一個傭人區，有兩個房間供兩家傭人居住。兩家之間有共用的衛浴設備。有水電供應，居住情況比起鄉下好得多。通常外國人的家裡有兩個男傭。一個是負責室內的清潔打掃，廚房當助手。另一個男傭負責室外的庭院清潔，照顧植物。兩位男傭的太太則在傭人區的屋裡照顧自家孩子和日常生活。

住在馬拉威的深宅大院，有傭人負責內外的瑣碎事務。家居生活很悠閒，步調很慢。當時的馬拉威沒有電視。我們看的中文報紙，聯合報和中國時報，是兩週後才經由外交郵袋寄到，精神生活相當匱乏，所以各家都會交換看錄影帶，打發寂寞時光。

有一天一個歐洲人模樣男子停留在我們家大門口，打量我們家。我太太走向前，問他有什麼事嗎？他回答，他是荷蘭外交官，幾年前曾經住過這間房子。很喜歡，這次有機會來馬拉威，特別回來看看，回憶美好歲月。

確實，這個房子給了荷蘭人美好回憶，也同樣給了我們一家人美好的回憶。特別是對孩子，這是個舒適的遊樂場。生活空間大，有狗陪著玩耍，有游泳池，藍天白雲，假日還有許多有趣的郊外旅行、爬山、釣魚、擠牛奶等等快樂時光。美好的童年就在這裡。很多年後孩子還跟我說，很想回馬拉威看看，那裡有美好的童年記憶。

52.
我家的狗：布魯特斯

我從小喜歡狗，愛訓練狗。狗必須聽命主人，這是我多年心得。狗是從狼演化而來。狼是有階級之分的物種。狗的基因裡，主人就是領袖。所有我養過的狗都是有教養的狗。我在1993年10月到馬拉威服務。很快地買了兩隻狗來看家，一公一母。公狗叫「小虎」黃黑相間的狗毛像老虎。母狗叫「小黃」，是著名的非洲犬種「羅得西亞脊背犬」，背脊上有一長條明顯縱線。經過我的訓練，兩隻狗很快就擔任了護院看家的警衛，以及陪孩子們玩耍的玩伴。

就在此時有一位美國農業專家調往阿根廷工作，全家要離開馬拉威，就決定把他家的拉不拉多犬送給愛狗，懂狗的人。國際婦女會成員中有位來自席賽爾的女士，她是我太太的朋友。她向狗主人推薦我是最合適人選。

我和這位老美素不相識。他割愛送狗的原因只有一個：他有兩個男孩和我家兩個男孩年紀相當，都就讀同一所學校。他希望把狗交給「能夠陪狗玩耍的人家」。老美離開馬拉威那天早晨，把狗送來，對我說：「它叫Brutus，布魯特斯，是一隻訓練過的狗，三歲大，很喜歡和孩子玩耍。」我向他保證，一定會善待它。我和老美唯一的一次見面，不到三分鐘，沒有交換名片，就握手再見。我相信愛狗的人，有種默契，不需要言語。

布魯特斯是隻雄壯的狗。全身黑色的短剛毛，乾淨有光澤。濕潤的黑鼻子下緊閉著大嘴。它看來有點緊張，迷惑地看著我。我對他微笑，蹲下身，緩緩靠近它，然後摸著它的頭，輕聲對它說，「這是你的新家」。它便後肢著地前肢挺地，坐下，輕搖尾巴。這是我和布魯特斯的第一次接觸，它是一隻有訓練的狗。幾天後，狗熟悉了我這個新主人，我才抱著它站上磅秤，然後減掉我的體重，得知它體重45公斤。這是我養過最大最重的狗。

布魯特斯來了之後，和小虎發生了「江山與美人」的爭奪戰。體型較小的小虎，原來獨當一面遨遊庭院。現在來了巨型入侵者，硬拼拼不過，就隨處撒尿「宣示主權」。兩隻公狗除了新來後到的「誰當老大」的問題，還有三角關係的問題。小黃小虎本是情侶，闖入武松型的俊漢，母狗芳心大亂，公狗則醋性大發。慘劇終於發生。某天下午太太孩子一陣驚叫，我衝出屋外，看見布魯特斯緊咬小虎的脖子不放，血從頸部汨汨流出來。我上前猛打布魯特斯的頭，它才鬆開。經過這次「狗咬狗」，我知道這樣下去，會狗鬥不止，於是把小黃小虎送給農技團，家中只留一隻狗。從此布魯特斯就三「犬」寵愛在一身。

送走了小黃小虎，我牽著布魯特斯巡視「國界」。它是個六十五公尺乘八十五公尺的家園，四週的邊界是樹叢和鐵絲網。左鄰是德國農業教授，右鄰是歐盟大使，後面鄰居是聯合國難民署官員。巡視一圈後，我告訴布魯特斯：「從今以後，這塊土地交給你保護了」。它似乎很滿意，搖搖尾巴，坐著，忠心地看著我。

不久，我為布魯特斯訂做了一個木造狗屋。沒想到狗仔不肯住。他那厚重的身體加上它的抗拒，怎麼也推不進狗屋，枉費我一番苦心。我又爲它買了一張馬拉威人做的竹編沙發椅。這一回，它樂了，很興奮地跳上去，躺著。它的身體和尾巴正好占滿椅面，一顆大狗頭靠在扶手上。從此我們把這張椅子放在前院陽台，當成布魯特斯的專用寶座，睡床，兼瞭望台。

每天晚餐之後，我親自餵食。通常是大半鍋米飯加上牛骨、內臟、小魚乾、剩菜、湯，湊成一整鍋。它這一天一餐的量差不多是我們一家四口的量。餵食之前，它總是端正地坐在飯鍋前，一直搖尾巴，看著我。直到我說「吃」，它才開動。它不像一般的狗，見到食物就迫不及待搶食。有一天，我決心測試一下它的忍功。在餵食時一直不下達「吃」的口令，它就一直乾巴巴望著我，粗大的尾巴一直搖，掃起了塵沙，我仍不作聲。只見它口水直流，滴在地上，大約五六分鐘後，孩子都怪我太狠心，我才說「吃」。經過這次測試，我更加敬重這隻「坐吃有相」的狗。

布魯特斯的世界只有三件最關心的大事：主人，入侵者，其它的狗。它隨時留意我們一家四口的一舉一動。我們只要推門走出屋外，它立刻亦步亦趨。所有入侵者，它都會主動驅離。看到鴿子，烏群，或大鳥，尖嘴鶴等等鳥類到院中覓食，或水池喝水，他都會像野牛般衝過去，嚇走入侵者。看到其它的狗，它是「男女有別」。女狗一律歡迎，還喜歡聞屁股。男狗一律不理睬。

當訪客的車子開進大門，它就全神貫注，吼叫幾聲，走近訪客身邊猛嗅，同時注意主人如何接待客人。客人來過兩三次後，它就知道要不要吼叫，要不要搖尾巴。許多人知道我們「家有猛犬」，一定要主人在旁邊才肯下車。水電粉刷工人一定要我們把狗拴好才肯工作。美國駐馬拉威大使的夫人因爲第一次來的時候被狗嚇了一跳，以後每次來都會請萬太太「把布魯特斯拴好啊」。

前院養了兩隻觀賞雞，是同事馮小姐送的。她說我們家有大樹大院子，適合養。在非洲稱爲「觀賞雞」，其實是一種不太會飛的鳥，比鴿子大，羽毛多彩漂亮，尾羽很長。白天像雞一樣，在院中覓食，晚上棲身樹枝。某天早晨，我發現一隻雞不見了，地上散落一些羽毛。隔了幾天，另外一隻也不見了。我推斷一定是一種會爬樹的野獸來過。爲了「擒兇」，我把原本晚上專責守衛內牆，保護臥室讓家人睡得安穩的布魯特斯「外派」到戶外庭院。

幾天後的清晨，我一推開門，布魯特斯就特別興奮地向我搖尾巴。黑傭告訴我，院中有一隻動物屍體。我走近一看，生平第一次見到這種動物。它外型像貓又像狐，前爪非常長，約兩公分，像是會挖洞也會爬樹，尾巴很長，尖嘴利齒。後來查了書籍，可能是mongoose科的獴鼬。這是體型不大但很凶猛的肉食動物。布魯特斯能把它咬死，而沒有受什麼傷，眞是神勇，眞像是傑克倫敦筆下叫「白牙」的狼犬：勇猛，冷靜，忠誠。

布魯特斯愛玩耍。我十歲大的老二是它第一玩伴。最愛完的遊戲是「躲貓貓」，跑給布魯特斯追，然後爬上內牆，向著狗仔反方向跳下去，快速躲起來。不管他躲在儲藏室，雞舍，樹叢，樹上，或是大紙箱，布魯特斯都會找到。第二個遊戲是，跳車子。我的車是豐田廂型車，和台灣的「瑞獅」同款。布魯特斯一跳就跳上前車蓋，再一跳就上了車頂。俯瞰大地，好不威風。第三個遊戲是，出其不意地把布魯特斯推到游泳池。沒想到布魯特斯非常愛游泳。原來拉布拉多犬就是會在水中咬回獵物的尋回犬。第四個遊戲是在園中草地丟飛盤，讓布魯特斯追接。它身手矯健，常常跳躍幾公尺去咬飛盤，命中率是「十拿九穩」。因爲太投入，每一個飛盤都被它咬得齒洞累累。老大喜歡用生的大骨頭引誘布魯特斯。他把骨頭放在樹幹的分叉的地方，讓它跳起來咬。最後把骨頭放在布魯特斯跳高的極限之外，讓它自己想辦法。布魯特斯爲了啃骨頭，後來也變聰明了，它會先衝跑，跳上樹幹，再跳高搶骨頭。

在馬拉威工作近兩年，我被調派到印尼服務。外交部派來接我的同事C秘書，希望繼續接著住這個房子。全家人最關心的是「布魯特斯怎麼辦」？想了許多方案，最後我問了接我工作的同事，是否願意接下這隻狗，他回覆願意。於是我決定：「不要讓布魯特斯再換環境，就留在原地，保守這塊土地」。就讓布魯特斯當一次主人，迎接未來的屋主吧。

離開馬拉威不久，我的後院鄰居曾來電子郵件說，C秘書不愛狗，不常餵狗。布魯特斯可憐，沒有人餵它，常跑到後院籬笆向我的鄰居搖尾巴討食物。後來布魯特斯被C秘書送給一個韓國人去養。又過了一年，我得知當年把布魯特斯交給我的老美又回馬拉威了。他的第一件事就是打聽布魯特斯的下落。聽說這位老美爲了再看到布魯特斯，刻意申請再次到馬拉威服務。我很高興三年多之後布魯特斯又回到了原始的主人身邊。這是個美好的結局。

回想我們全家離開馬拉威那天，唯一的不捨就是這隻可愛的狗仔。送行的朋友說我運氣好，才來不到兩年就「遠離非洲」。我笑笑，謝謝他們祝福。我沒有說出我內心的感傷。因爲他們不會理解我們全家人會對一隻狗依依不捨，而且因爲不能帶它一起走，心懷歉疚。

53.
郵差不會來按鈴

我在馬拉威有一個驚奇發現：馬拉威有郵局，但是沒有送信郵差。

所有的政府機構，學校，外國大使館，國際機構，公司行號，以及個人的「地址」通通是「P.O.BOX xxxx」。所有國際和國內的信件，包裹，掛號信都是寄到郵局的「郵政信箱xxx號碼」。收取信件，由個人本人或代理人帶著信箱號碼的鑰匙，打開信箱，領取信件包裹。所有的寄出去的信件包裹，也是要到郵局辦理，或到郵局裡面的郵筒投寄。

郵局成了郵件的集散中心，但是沒有郵差傳遞。換句話說，人人都是郵差，你就是郵差。這個現象早在百年前的殖民時代就存在。但是，爲何會如此呢？我深入鄉間，探詢答案。

馬國人民百分之九十是鄉村農民，全國文盲高達百分之七十。馬國人民多少還有一點「游牧」天性，沒有永遠的地址。雨季的時候住這裡，旱季可能另覓水源而遷移，但是遷移的範圍不大。他們的房屋非常簡陋，家當稀少，遷移起來，牽掛很少。中國人蓋的「家」多少有「傳家」的念頭。馬國人民「因陋就簡」沒那麼講究。四面泥巴牆加上兩片茅草編織的屋頂就可以是一個家。因陋就簡的結果是，大約台幣兩千元可以蓋一個簡陋的家。聚落，村落，以及小鎮並沒有街道，門牌號碼。文盲多，寫信的動機，動力都有限。這些當地文化，習慣，以及行政上的多重因素，造成「地址」被「某市的第幾號郵政信箱」取代。鄉間老百姓收信，收包裹，可能是酋長，教堂，或小雜貨鋪的郵政信箱。

「沒有郵差」的另一個現象是，街名路名對一般人沒有太大意義。許多馬國人民不知道每天經過的道路叫什麼名字。要說明地點，會說「首都旅館右邊第幾個路口」，或大樹下賣草席的路口」，等等以路上的主要路標，來輔助說明。

馬拉威人認爲「郵政信箱」是個不錯的服務，個人自己開自己信箱取信件，既方便，又保護隱私。多年前的台灣，信箱常會被各類廣告折扣卷塞滿。民衆等掛號信的時候，擔心郵差不按時來按鈴。

到了馬拉威，重返自然。郵件自取，不會有郵差來按鈴。

54.
馬拉威庶民生存三寶：水，材火，玉米糕

在馬拉威的外國人，大多有一個共同的目的：協助馬拉威人走出貧窮。看到馬拉威人每個家庭平均有五六個孩子，看著他們的樹林逐漸消失，看他們「只等老天下雨」，我們這些外國人憂心忡忡。他們倒是一派樂天，順其自然。

「民以食爲天」這句話在馬拉威格外眞確。馬拉威農民占人口百分之九十，鄉間百姓窮其一生都在爲「吃」打拼。住行育樂是次要的。他們維生的三大法寶是：水、材火、玉米糕。他們用三塊石頭堆成爐子，木材生火，用小鍋裝水，水溫上升後，把玉米粉慢慢放進熱水中，不停的攪拌，煮成糕狀的玉米糊，然後等它冷卻，即可食用，這個食物叫做Sima，西馬，類似我們的碗粿。西馬配著小魚乾，蔬菜，一鍋西馬一家人吃飽一餐。一日兩餐，日子就這麼過了。

許多鄉下地區沒有自來水，沒有電。水，要從深水井，河邊，湖邊等低窪地方取來。常見到馬國婦女頭上頂著一桶水，步行一兩公里回家。這一桶水，來之不易，他們用水相當節省。我有一次深入鄉下，一位老翁用一個小鐵罐從水桶中盛水給我喝。我非常感謝他慷慨好客，但是我忍住渴，婉謝他的好意。因爲我知道水的珍貴，也怕不適應這樣的水。我常看到當地人在河邊或湖邊等水源旁，挖一個坑，讓水漸漸滲入坑中。坑中積夠了水，再用鐵桶盛裝。這個省事方便的過濾程序很原始，但是有效。

木材是許多鄉下家庭主要的燃料。因爲缺電，生火燒飯全靠木材。家家需要木材，馬拉威的森林也漸漸消失，能砍伐的樹木已經稀少。馬拉威的山丘，喬木極少，多是灌木，而且常見斧痕。馬國人民是有環保觀念的。他們砍樹，讓樹木不要長太高，而是橫著長。這樣比較容易砍樹枝，而且不會傷及主幹。因爲樹木經常被砍掉枝葉，顯不出「綠意盎然」，有點老樹枯枝的感覺。

玉米粉，是玉米粒磨碎做成的。馬拉威的玉米，多是白色，不甜，很硬，是主食。種植玉米很單純，雨季前翻一下土，灑下種子，然後就等待下雨，等待收成。他們樂天到不願深耕，不施肥，不除蟲，偶爾澆水，一切「看天吃飯」。雨順風調的話，可以豐收，吃飽肚子。久旱不雨的話，就靠外國救濟。

二十多年前我在馬拉威時，馬國人民可謂「極度貧窮」。我國農技團在馬拉威幾十年，協助發展農業，大致績效良好。可是整個馬拉威還是不見起色。今天的馬拉威仍然是世界最貧窮國家之一。爲什麼？我也常問自己。爲什麼百分之五十以上的人一天就是忙著頂一桶水，砍幾支樹枝，做一鍋西馬。生活就是爲水，木材，西馬三件大事奮鬥。

55.
我家鑰匙可能在你家？

鑰匙掉了怎麼辦？配一把新的啊！話是這麼說，但是在馬拉威鑰匙掉了，有故事。在馬拉威期間，有一天我的園丁不小心把儲藏室的鑰匙掉入火堆中。找到時，已經是一團變形的金屬塊。這支鑰匙很重要，因爲儲藏室裡面放了很多工具和「後勤用品」。在馬拉威百貨稀缺，各種工具，備用餐具，乾貨，日用品，食品等，這些有礙觀瞻的雜物都堆放在此。我和園丁各有一把。儲藏室緊鄰主臥室，對隱私和安全也是重要屏障。因此，我需要趕緊去配一把鑰匙。

首先，我帶著原版鑰匙去鑰匙店。店員說，他們的店只管「配鑰」，不賣原料，叫我先去買一支外型和「原版」相似的「原料」再回頭到它們店裡配打。這是我第一次瞭解，馬拉威這樣的國家「分工」竟這麼細。

接著，我去了幾家五金行買「原料」。店員的回答都相同：「這是Union公司製造的，要去Union公司買。」熱心一點的店員還告訴我，這支鑰匙的編號是：M32，不必配打，可以直接向Union公司買一把就行。

我找到了Union公司的代理商，他的回答很妙；「這一型號鑰匙已經不生產了，連模子也沒有了。」我問他：「那麼我該去哪裡配呢？」他回答；「不知道，你可以去露天市場碰運氣，也許有人正好有這樣的鑰匙」。所謂的「露天市場」就是馬拉威唯一的「跳蚤市場」。裡面有各式各樣地攤，一般外國人比較有興趣的東西大致是：木雕，石雕，象牙製品，羅得西亞舊時代硬幣等等。露天市場只有白天營業。我去碰運氣，大太陽底下，逛了半天，一無所獲。（註：Rhodesia，白人統治時期的國名。黑人執政後1980年改名爲津巴布威。）

這麼折騰了幾天，我才瞭解，一把小小鑰匙可以這麼傷腦筋。失望之餘，我打算按照鑰匙模樣描繪出來，寄回台北，請家人代配一把，再寄過來。就在此時，腦筋急轉彎，既然這種鑰匙是從前大批量打造的，也許其它馬拉威的朋友家中，正巧有那麼一把？

感謝這個突然的靈感。我四處向里郎威的同胞拜託。終於，三天後，我的同事馮小姐從她家一大串備用鑰匙中找到了一支編號M32的鑰匙。我差點喜極而泣。

我完全沒有想到，我家失落的鑰匙，竟然從別人家中找到同型號的鑰匙。照這麼說，任何人都可能有我家的鑰匙？嘿嘿，答案：「正是如此」。馬拉威的「鑰匙傳奇」眞奇妙，你家的鑰匙遺失了，竟然可以從鄰居備用鑰匙借用。這個「馬拉威偏方」，解決了我的問題，但是仔細想想，不覺心驚肉跳，細思極恐。

56.
我有一把手槍

我到馬拉威服務之後，一位將要離任的同事，把他的一把左輪手槍連同150發子彈以600美元賣給我。他向我解釋，這把手槍是多年前我國大使館武官經過馬拉威政府特許，取得從南非進口許可，以及馬拉威政府核發的使用執照。鑒於於馬拉威治安情況日漸惡化，有一把手槍可以有效防衛家園。他還說，萬一碰到歹徒闖入，對空開槍可以立刻把歹徒嚇走。

治安確實在惡化。馬拉威的治安，從1993年底開始鬆動。執政了30年的班達總統靠著情治系統管控人民的機制，在美國等西方國家的鼓吹「民主」風潮下，搖搖欲墜。1994年5月大選變天之後，原有情治系統崩潰，治安迅速惡化。外國人在馬拉威時時有危險。因爲貧窮的飢民，以及鄰國的莫桑比克和桑比亞都有內亂，部分難民流入馬拉威，其中許多難民有槍械，常聽聞有夜間持槍搶劫的事件。而外國人，是歹徒的第一目標。

有了槍，心中多了點安全感。但是否就更安心了呢？不一定。雖然說以手槍對付歹徒，對空鳴槍，通常就能阻嚇歹徒。但是遇到一夥歹徒持槍搶劫，還是凶多吉少，非常危險。馬拉威的警察效率不佳，外國人普遍對治安擔憂。

除了外在的擔憂，還有一部份是來自我們自家。在馬拉威我聽過幾樁手槍的槍擊事件，都是誤觸手槍，造成傷亡。

其中一件尤其驚悚，那就是孩子學校一位印度裔同學，在家裡客廳玩他爸爸的手槍，不小心誤觸扳機，把爸爸打死了。這件事在外國居民社交圈引起很大震撼。因爲多數外國人，是家中有手槍的，誰都怕這樣的意外。

那個失手打死爸爸的孩子很可能是基於好奇，去玩手槍，釀成悲劇。我擁有手槍之後，時時想到這個意外事件。所以一直非常謹愼處理它。我決心不讓孩子知道我有一把槍。我把手槍和子彈分開來放置。手槍放在主臥室衣櫃的頂端角落，需要墊椅子站上去才能摸到。子彈盒放在我的衣櫥最深處，用一件衣服包住。這兩個藏匿點應該是只有我才能摸得到。我有手槍的事，太太知道，但是放在哪裡，每天晚上上膛，早上退子彈的事，我沒讓太太瞭解，怕她擔心。

我每天睡覺前會把手槍上膛六發子彈，然後放在我床邊的小矮櫃，順手就能摸到。我的構想是，萬一有動靜，我們家的狗會狂吠，我只需要30秒鐘，就可以醒來，拿著手槍，保護家人。一夜無話，天亮了，我又趕緊把手槍退膛，卸下子彈，然後槍彈各自歸位。

手槍和子彈必須分開隱藏，這是我的原則，一定要最大程度避免意外。年輕當兵受訓時就遇到同一排的兵以爲是空膛，扣動扳機，碰！一聲，把全連官兵嚇壞了。幸好槍口朝天沒有傷到人，只見連長衝向小兵，一陣猛拳毆打。連長是嚇壞了的直覺反應。因爲出人命，連長一生就毀了。

日子一天一天平安度過。這期間我也幾次想把手槍拿出來到野外試射。但是我還是克制住了這個衝動。因爲我這麼做，很可能會讓孩子知道這把手槍的存在。

當我收到調派印尼的派令後，我計畫如何處理這把槍。

我在首都里朗威最高檔超市的廣告欄，貼了小紙條；「外交人員離任，出讓合法手槍，電話xxx」。很快有一位印度商人來找我，看了我的槍和文件，馬上同意購買。在非洲的印度人好比是在東南亞的華人，他們很會做生意，富有，低調，機警，隨時保持危機感。馬拉威的治安不好，是他們的隱憂，所以擁有合法槍枝是他們非常期待的事。

我沒有賺錢的想法，很坦白告訴他，這把槍是我前任同事以六百美元賣給我的，我出價七百美元。印度人素來以「討價還價」聞名，他毫不猶豫，立即同意，直接拿出七百美元現金，成交。

我們家在馬拉威時期，沒有需要用到手槍。老天保佑，備而不用，是幸運。我們全家到了印尼之後，我才告訴太太孩子，我們家在馬拉威時，曾經有一把手槍，我每晚上睡前上膛，隔天清晨卸下子彈。天天如此。他們瞪大眼睛露出不可置信的眼神。眞的？

57.
馬拉威的愛滋病

我在馬拉威服務時期，馬國是全世界最落後國家之一。當時除了貧窮，另有一個可怕的社會問題：愛滋病HIV帶原者高達人口的百分之二十五，每四個人就有一個HIV帶原者。在首都的外國人大多數是來馬拉威從事援助工作，包括外交使館，農業，醫療，教育，公共衛生，工程建設等等。面對這個可怕的情況，外國人社團的共識是：千萬不要生病住院，不要輸血。

我們台灣同胞每個週末會去里朗威高爾夫球場打球，常常會遇到一個現象：噫？平常幫我背球袋的桿弟怎麼今天沒來？你常聽到：「死了」。那時候馬國平均壽命竟然不到四十歲。馬國愛滋病患的高比例極為可怕，馬國政府很著急，於是向各國求助。我國是少數積極響應的國家。我國有志工團體和以屏東基督教醫院為主的醫師護士，到馬拉威做醫療和公共衛生的服務。

馬拉威政府在防治愛滋病傳播，做了許多努力，主要在三個方面。首先深入偏鄉，向鄉村民眾推廣教育，防治愛滋病首要是做避孕，使用保險套，不要相信巫醫巫術。其次是對血液的篩檢，避免輸血造成感染。然後就是增加醫療設備和推廣「雞尾酒醫療法」之類的新醫療技術。

我曾經和早期在馬拉威服務過的前輩蔡顯榮談到馬拉威的醫療衛生。他說當年曾經因病住院，在馬拉威的醫院輸血急救。竟然平安無事，沒有感染，眞是老天保佑。

二十多年過去了。馬拉威的愛滋病大致得到了控制。從1990年代的占人口25%下降到2020年的10%。國民平均壽命從40歲提升到60多歲。雖然馬拉威仍然是世界最落後國家之一，但是在愛滋病的防治方面，相比於其它非洲國家，績效相當不錯。

58.
黑馬王子

我在馬拉威服務期間，居住在馬拉威的國人，除了大使館、農技團人員之外，寥寥可數，不超過十戶人家。其中有一位許小姐，她是我國籍護士，早年曾經有機會派到菲律賓進修護理學，在那裡遇到馬拉威籍的醫科學生。後來兩人結婚，她隨先生回馬拉威。先生在Blantyre布蘭岱的醫院擔任醫師，她是布蘭岱醫院的護士。再後來，她的先生升任醫院院長，她升任護理長。布蘭岱醫院在馬國相當於我們的台大醫院，有頂級尊榮。夫妻兩人都是名人。

布蘭岱離首都里郎威Lilongwe，兩百多公里，許小姐大約每兩三個月會開車來首都里朗威洽公。我第一次見到她，是在本館雇員馮小姐家。馮小姐的故事，將來會介紹。今天談談許小姐與我初次見面的有趣故事。

許小姐說，她在年輕時候，有人給她算命，說她未來的先生，會是個高大，富有，有地位的白馬王子。後來她到菲律賓進修護理學的時候，遇到了一位馬拉威在菲律賓學醫的年輕人。這位馬拉威人成了醫師，和許小姐相戀，結婚，然後兩人來到了馬拉威。她先生後來擔任醫生，主任，院長。而她也從護士升到護理長。許小姐很幽默的說：「算命的說的全部應驗了。高大，富有，有地位，通通都對，唯一的誤差，我先生是黑馬王子！」

59.
權勇好可憐！

駐馬拉威大使館的雇員馮曉虹小姐，是個傳奇。她的父親馮致遠是早年大使館的新聞主任，當時馬國尚未遷都，大使館在南部的布朗岱Blantyre，大使是馮耀曾。馮小姐隨著父母來到馬拉威，在馬國就讀以英語教學的馬拉威大學。畢業後遇到了在馬拉威工作的韓國籍工程師權勇。兩人相戀相愛結婚，育有一子一女。家中有大花園，游泳池，還有幾隻狗。當時在馬拉威的韓國人約兩百人，大多從事工程，煙草，餐廳等行業。權勇和馮小姐後來因爲子女讀完高中，考慮到孩子教育問題，於是全家移民美國，目前住在加州。

馮小姐大學畢業後，到大使館擔任雇員。大使館很高興有她這樣背景的同事，此外，使館待遇比一般民間機構優厚，所以馮小姐一直在使館服務。久而久之，成了「活字典」，疑難雜症都找她。她能力強，熟悉馬國人情世故，態度謙和，長官同仁都喜歡她。

她很幸運有兩個貴人。第一個就是她的丈夫權勇。這位韓國朋友，非常疼愛太太。另一位，是她們家的廚師。廚師是馬拉威黑人，原本是馮小姐父親家裡的男僕，被馮媽媽訓練成馬拉威最好的廚師，各種南北口味的中華美食，水餃包子等麵食，通通有模有樣。馮小姐的父親調回台北後，這位廚師就繼續留任「馮府大廚師」。馮小姐有先生和廚師分勞，可以說「家事很少操心」。

這位權勇，沒有韓國「大男人」氣概，對太太溫順。他太太沒學韓國話，他倒是學了簡單的中國話。馮小姐說，她懷孕害喜，權勇也出現害喜現象。韓國男女地位有別，這一點可以從韓國婦女的口中驗證。我們都非常喜歡權勇，可是韓國婦女提到權勇，口徑一致說：「權勇好可憐！」

60.
我的飯呢？

我剛到馬拉威就請同事介紹了兩位男傭來我家工作。一位負責室內，另一位負責戶外前後庭院。兩位男傭帶著他們的太太和孩子住在我們家後院角落的傭人區。雇傭工資是每月150Kwacha夸洽，大約折合50美元（當時1美元約兌換3夸洽，2021年竟然匯率變成1：809）。我第一個感覺是工資太低了，於是給男傭的工資提高爲200夸洽。我提高啟用工資，是希望男傭能夠持續在我家工作，不要跳槽。

不久後，友人轉告我說，「你這樣調高工資，是破壞行情」。附近有一些住戶的男傭向他們的主人抱怨，要求比照我們家，提高工資。我這時才瞭解我提高傭人工資，竟然會因爲鄰居傭人攀比，而被抱怨。

我們家的米是吃不完的。原因是每個月我們的農技團會送來50公斤裝的食米一大袋。我國農技團在稻作技術享譽非洲。稻米的生產技術高明，使馬國農民收入提升，生活改善，這是非常明顯的績效，馬國政府以及農民都非常感激。我國農技團在馬拉威南北各地有許多示範稻田，生產的稻米，禁止買賣，怕影響市場行情。所以農技團在示範田生產的稻米就分送使館同仁。我們家因爲食米充足，所以告知男傭每天煮飯多煮一兩杯米。每天晚餐後剩下的飯，就會分給男傭，讓他帶回他的家，給家人吃。

有一陣子，農技團提供的食米，一時青黃不接，我們於是在新米還沒有送來之前，要男傭煮飯時減少一杯米，就這樣每天給男傭的飯暫停了。一天晚上男傭在結束工作，要返回他的家之前，羞怯微笑地對我說：「我的飯呢？」我趕緊解釋，這是暫時的缺貨，過幾天就恢復正常。兩三天之後果然恢復常態。主僕皆歡。

男傭這句「我的飯呢？」是我生涯中遇到的非常經典名言之一。我忽然想起，第一次外放羅馬時，大使周書楷就說過「善門難開」。他說，一旦開了善門，再關門，怨聲四起。從友人傳話，說我「調高工資是破壞行情」，到男傭羞怯地對我說「我的飯呢？」都讓我想起一句俗話：「一頓飯養一個恩人；一千頓飯養一個仇人」。這句話很生動地描繪人性：當善心的給予成了習慣，收受者可能會視爲當然。

61.
萬太太的世紀首航

1993年我到馬拉威工作。馬拉威是個窮國，沒有什麼娛樂活動。當地的外國人大致只有兩種娛樂活動：高爾夫、釣魚。我愛釣魚，所以不久就認識了當地各國釣友。他們平常週末在馬拉威湖中開遊艇釣魚，每月辦一次釣魚比賽。爲了參加他們的釣魚活動，我需要向釣友預約遊艇的船位，請有遊艇的朋友保留位子。但是不久我就發現，這些釣友圈子很小，大多是自己有遊艇，不喜歡像我這樣的「游擊隊」臨時插花。我於是興起一個「釣魚不求人」的念頭，希望能有一艘二手的小遊艇。

馬拉威有個非常大的湖，叫「馬拉威湖」。湖的面積有27,000平方公里，當地漁民認爲這個湖就是海，因爲天氣壞的時候，驚濤駭浪，有如大海。離首都里郎威120公里的小鎮沙力馬，有馬國陸軍官校；湖邊是度假勝地，有一個高級旅館和遊艇碼頭。大約在1994年初，我在這裡遇到了一位名叫約翰的南非白人。他對南非前途悲觀，於是變賣了家產，帶著太太和一個十歲大的男孩，開了旅行車，拖了一艘遊艇，離開南非，深入非洲內陸，希望找到適合定居的地方。他們在「碼頭」住了一個多月，和我成了朋友。後來，他們決定離開馬拉威，由於拖著遊艇行動不便，希望把遊艇賣掉。經過他們幾次拜託，我用七千美元買下他這艘十八呎長，有一個45匹馬力馬達的遊艇。我這麼做，一則是幫助朋友；一則是了卻宿願。而我太太對這個「騷包」行爲，極爲惱火。

我太太和大兒子對釣魚沒興趣。但是小兒子卻有乃父之風，喜歡釣魚。買了遊艇後，大約每兩週假日的清晨，我把小兒子從床上挖起來，帶著食物飲料，開車前往沙力馬度假營地，請工人從船塢拖出遊艇，推到湖邊，然後把遊艇從拖架上鬆開，滑入水中，然後，戴上帽子和太陽眼鏡，發動馬達，駛向湖心。通常「出海」的日子，都是藍天白雲，風和日麗。父子同遊，乘風破浪，那是一種千金難買的喜悅。船行半小時後，湖邊的營地、村落慢慢消失在地平線，再向前十幾公里，就到了一群小島。這些島嶼是鳥類保護區，島上有許多鳥，沒有居民。我在離小島五十公尺處，水深十幾公尺的地方下錨。船身定位好了，抽出釣竿，鉤上魚餌。通常魚餌是蚯蚓、或是切成小塊的蝦仁。拋出魚線後，灑下用白米飯混合著紅色魚粉做成的誘餌。很快地，魚群聞香而至。

釣魚的過程中，我們偶爾會從船頭跳下水，到湖裡游泳，或戴上蛙鏡浮潛，欣賞下方的魚群。餓了，從冰桶裡拿出三明治、啤酒、水果，吃喝一番。累了，鑽進船艙裡，小睡片刻。通常我們會釣到幾十條魚，但是只帶回家十幾條比較大的魚。因爲各國釣友都遵守一個原則：釣到十幾公分長的小魚，馬上順手放回湖裡。馬拉威湖裡常見的魚叫做「強波」Chambo魚，外型很像我們的吳郭魚，大約半公斤到一公斤重，拉力很強，味道鮮美，是釣友的最愛。

經過兩個月的「海釣」，每次都有斬獲，再加上小兒子幫腔吹噓，終於使我太太和大兒子心動，同意和我們一起去湖中釣魚。我非常高興，全家人能同船出遊，我這作船長的，有機會「驕其妻小」，自然是欣喜若狂。那是一個星期天。我們準備妥當，在上午八點出發。一路上，我格外興奮，因為以前只有「半家人」，這次是「全家人」同遊，可以說是我們全家的「世紀首航」。

一如往常，開了一個半小時的車之後，到達沙力馬，推出遊艇，滑入水中，發動馬達，乘風破浪，駛向湖心。航程中我一面手握駕駛盤，一面向太太簡報，「遠方黑點是村落的茅屋」、「遙遠的對岸是莫三比克」、「湖裡可以釣到三十公斤重的鯰魚」。太太頻頻點頭。看來她似乎很高興。當天節目差不多是按表操課：到達湖中群島，熄火，下錨，灑誘餌，每人一支釣竿開始釣魚，和孩子跳入湖中游泳，浮潛，吃自備的午餐，喝啤酒，船艙內休息，吹吹自己神勇的釣魚經驗，講幾個只能換得太太兒子一聲乾笑的笑話，然後，日影西斜，收拾家當，發動馬達，啟錨，回航。

回程的途中，颳起陣風，我們逆風而行。我忽然發現儀表板上面的油箱指示針偏低，心頭一驚。檢查了油路，沒有漏油現象，趕緊減速，把速度降到最省油的「巡航速度」。我預估可能差兩公升汽油。我一面思索為何會油量不足，一面思索如何把壞消息告訴家人。

時間一秒一分的過去，越來越接近湖岸，慘劇終於發生。在離岸邊一公里左右，引擎發出斷斷續續的隆隆聲，然後熄火，油沒了。我向家人解釋，因為多跑了幾個小島，航程比平常遠，乘客比平常多兩人，而且回程是逆風，所以平常一定夠的油量今天變得油料不足。我請大家不要驚慌，慢慢想辦法。

失去了動力的遊艇開始隨風漂泊。由於傍晚的風力漸強，搖晃的比較厲害，太太臉上笑容頓失，斜躺在艙內。眼看著就要到岸，就是動彈不得。此時才知道，一公里有多遠，兩公升汽油有多重要，終於體會了「有錢難買早知道」。我當下立即做了幾個應變措施。首先，把黃色夾克脫下，大力揮舞，希望有其他的船能看到我們。可惜，遠方曾有幾艘遊艇，高速航行，返回碼頭，也許因爲距離太遠，也許因爲天色漸暗，對方大概沒有注意到我們。隨後，我請太太穿上救生衣；船上只有她游泳有問題。然後，我請大家清點現有的食物飲料和禦寒衣物，做最壞的打算，熬到明天早上，等待救援。

太陽終究落下了地平線，大家的心情也隨之沉落。晚風吹起寒意，我在思索如何度過這個漫漫長夜。白天那種喜悅得意的情緒，已經灰飛湮滅，眼前面對的是太太的苦瓜臉，和孩子們無助的沉默。

幾個小時過去了。大約在晚上八點多，岸邊有了一些動靜。我們全神貫注，看到許多漁民划著兩艘小木船，划向我們這裡。感謝上帝，救兵來了。我向他們說明，沒有汽油了，請他們把我們的遊艇拖回碼頭。他們回答，好。但是不要急，先等他們下好網，再來處理我們的問題。原來他們並不是來救我們的，而是晚上出來撒網捕魚的。又是一個小時過去了，他們在附近水域放妥許許多多的魚網，然後要求付他們工資，才願意拖我們的船。我當然一口答應。

漁民把我們拖回他們的村落的岸邊，不肯直接拖回碼頭，因爲那樣會多划一兩公里。岸邊沒有加油站，沒有商店。我只得向湖濱別墅的主人求助，幸好有一位願意從他庫存的油桶抽五公升汽油賣給我。我拎著五公升汽油，登上遊艇，加油，發動馬達，載著家人緩緩地行駛，避開漁民撒在水中的魚網，駛回碼頭。到了碼頭，趕緊請人召集五六名工人，把遊艇從水中拉上岸，再推回船塢。

當我們收拾妥當，全家人坐進汽車，準備駛向回家的公路時，已經是晚上十一點。食物飲料都已經吃喝光了，沒有商店，無處補充，大家此時是忍飢耐渴，歸心似箭。孩子累了，很快就在後座睡著了。我用眼角餘光偷瞄前座的太太，他一臉怒氣，看來她一個星期之內不會原諒我。

半夜開車在馬拉威是一件危險的事。一路上老天保佑，沒遇到歹徒攔路打劫，也沒遭遇爆胎之類的意外，回想今天本來應該是個「其樂融融」闔家歡樂的日子。沒想到第一次帶太太遊湖，「萬太太的世紀首航」，竟然是如此狼狽。

回到家門，已經過了半夜十二點，嚴格的說，已經「又是新的一天」。黑傭很高興地跑來開門，想必他因為我們晚歸而睡不著。我們的愛犬，名叫「布魯特斯」的黑色拉不拉多狗，見到我們，格外的興奮，尾巴搖得異常地猛烈。回家的感覺眞好。黑傭和狗仔的熱烈歡迎，撫慰了我的挫折感。回眸一瞥，我看到太座的眼中有火，臉上有霜，我心想她這一輩子都會記住她的「世紀首航」。這次湖上驚魂，全家人陷入恐慌，都因我一時任性。我很懊悔。對這艘讓我驚魂的遊艇，感覺「不可原諒」。當下對它做了一個判決：明天，天一亮，就登廣告，賣掉它！

62.
馬拉威大選的感想

我服務駐馬拉威大使館期間，1993.11-95.08，發生最重大的事件就是1994年5月的馬拉威大選。選舉結果：在位三十年，1964-94，自封「終身總統」的班達總統Kamuzu Banda連任失敗下台，僅獲得33.44%選票。聯合民主陣線United Democratic Front,UDF的穆魯西Bakili Muluzi獲得47.15%選票，當選總統。得票率第三的，18.89%，是美國支持的「人權鬥士」，民主聯盟黨Alliance for Democracy, AFORD的齊哈納Chakufwa Chihana。穆魯西擔任總統以及連任後，兩度因爲國家團結考量，邀請齊哈納擔任「第二副總統」。我在二十年前寫了一篇文章：「馬拉威大選的聯想」，刊登於外交部通訊2002年6月號，細述了這次大選的前因後果。

二十多年來，親眼看到全世界各地的民主發展和所謂「顏色革命」，我對「民主」這個「神聖的價值」，有了不同的觀點。我認爲「民主」不能脫離「民爲本」這個儒家幾千年來崇尚的高貴本質。我的思想轉變，來自於我對馬拉威大選中我感受到的「風潮」以及觀察了二十多年來世界各國的選舉。

1992年我在美國素以外交政治學著名的喬治城大學進修「美國政府」碩士學位。觀察美國大選，是必修功課之一。尋求連任的老布希總統，曾經在海灣戰爭中獲得92%極高的民意支持度，竟然輸給了柯林頓。當時美國的「風潮」就是Change，要「改變」。共和黨的前總統雷根已經幹了八年，老布希接著幹了四年。共和黨連續執政了12年，美國民眾覺得該換人做了。這是時代的「風潮」，沛然難禦。

風潮，是選舉的第一關鍵因素。在美國，「要改變」是風潮。在非洲、拉丁美洲、東歐、中東等地區，「風潮」的發動機是「民主」。一旦「民主」成了在野勢力的選舉主軸，雖然事後證明只是口號，只要大旗揮舞，就是啟動了巨大的神力，juggernaut，泰山崩塌式的碾壓，無堅不摧。

1994年4月26日南非大選，實行了46年「種族主義」的南非白人政權交給了黑人的「ANC非洲民族議會」。這是可以預見的結果。民主，算人頭，當然應該黑人執政。

就在同一個時期，馬拉威也是「山雨欲來風滿樓」。執政已經30年的班達總統在西方壓力下舉行大選。當時班達總統仍然掌握著黨政軍警和情治力量（所謂的「少年先鋒隊」，類似我們早年的警總），媒體，財政等等的絕對優勢，認爲有機會一搏，因此同意舉行大選。我很低調地參加了許多場反對黨UDF在全國各地的的造勢活動。我看到群衆自發性的衆集到廣場，穿著黃色（UDF的顏色）的衣服帽子，歇斯底里的跟著台上的主持人呼喊「U-D-F，U-D-F」，震天動地，氣勢如虹。選前一天，我和大使對選情的預判一致，呈報台北電報：「反對黨氣勢如虹，將贏得大選」。

馬拉威有民主選舉了。但是二十多年後，它仍然是世界最落後國家之一。南非民主了，但是近三十年來，經濟停滯，治安敗壞，早年移民南非的台灣人，陸續回來台灣了。

回頭看看，1990年代之後，東歐，中東「顏色革命」蔚然成風。「茉莉花革命」，「阿拉伯之春」風起雲湧。近年我國的「太陽花」，香港的「反送中」，每一個運動都是「民主人權大旗揮舞」。

站上了「民主人權」的制高點，形勢丕變，「若決江河，沛然莫之能禦」。然而，很多人會問：然後呢？

推翻舊政權，新秩序能更好嗎？古今中外很多人都曾發出同樣的疑問。民主，被視爲普世價值，但是實踐它，只是完成了「形式」。民主選舉需要「內涵」來鞏固。手握權力的決策者，從高層的國家元首到基層的村里長，如果不能「以民爲本」，以民衆的立益爲優先，民主是缺乏內涵的。

我贊同儒家的理論：「民爲本，本固邦寧」；「民爲貴，社稷次之，君爲輕」。民主，人民作主選出來的領袖，施政作爲不能忘記初心，不能偏離「以民爲本」的執政理念。回顧中外歷史，這個「民主的本質在於民本」的認知，很少眞正落實。可惜，可嘆。

63.
馬拉威的「決裂」

1993年11月我懷著忐忑之心上任，向駐馬拉威石大使報到。剛開始石大使很高興我的到任。我送給石大使我的第一本著作「生活，來點笑料」。幾天後大使說，我的文章「流暢」。我草擬過幾篇給馬拉威政府的英文稿，石大使覺得我「堪用」，對我還算滿意。大使交代我的第一個難辦的差事，就是叫我去「調解」他和「僑領」陳大權的緊張關係。陳大權先生可能和石大使有多年宿怨，聽說曾經寫信回台灣控告石大使的「不法行為」。在石大使的觀點，這是「刁民誣告」。這些恩恩怨怨，我剛剛到任，完全不瞭解。但是有一點確定的是，石大使很怕陳大權，急於結束和陳先生的糾纏。我和陳先生幾次交談中，感覺陳先生在台灣有一些情治體系的朋友。我一次又一次去陳大權家，帶著禮物，本著「怨憤宜解不宜結」的信念去和陳先生夫婦溝通。多次溝通後，終於陳先生表示：萬兄你跑了這麼多趟，我看你人很實在。我姑且相信石大使的誠意。你回去告訴大使，這事就算了結了。今後我和大使館「井水不犯河水」。不過我奉勸你一句話，石大使這個人，你要「特別小心」。石大使很高興我的努力使他和陳先生的「結」化掉了。從那以後，陳大權不再「找麻煩」，大家相安無事。大家都知道石大使與陳有個人恩怨。因此，大使館，農技團和僑界大家都和陳大權保持距離。

我最終決心求去。這個「求去」之心，不是憑空而來，它是日漸萌生。我來馬拉威之前認爲周書楷大使是我遇到的糟糕大使，應該不會有比周大使差的大使了。比較了兩者，我不得不說周比石好很多。

周大使的缺點，老早就有許多文章描述。大致是：脾氣暴躁，拍桌摔門，罵人口不擇言，不尊重屬下。然而他還是有一些優點。周大使從來不遲到，很準時。沒有官架子，不會讓人開車門，提公事包。打考績很乾脆，只有甲乙等，只有兩個分數：89和79。周大使有「反省」之心，這是他和石大使最大差異。我和周大使唯一的一次「翻臉」，是在他的辦公室，當他罵我罵的過頭了，我就很不客氣對他說「大使，如果你認爲我不適任，就調我回去吧」。第二天一大早，大使在我辦公室門口，對著我說「萬秘書，換來換去，都一樣，你好好幹吧」。我的解讀，大使對自己昨天的情緒失控，做了反省。每年打考績，我和絕大多數同事一樣，都會塡滿「工作項目欄」，說自己這一年做了多少事。我每年都是塡滿寫滿，但是還是年年乙等。連續三年乙等之後，我生氣了。第四年，我只寫了兩個字：「總務」。周大使知道我生氣了。那一年考績，我甲等。

在我離開羅馬返國前，周大使特別請我在羅馬一家很高級的餐廳爲我餞行，點了海鮮和活龍蝦，就是我們兩人。他對我說「我很少請人在這家餐廳，也很少點龍蝦」。我感覺到他對我的工作是認可的。後來我回台北後，聽同事于國棟說「周大使說萬秘書人不錯」。周大使打我五年考績四個乙等。我雖然感覺不公平，但不是很怨他。原因是當時其他四位同事，項士揆公使，謝新平參事，陳士良和于國棟兩位秘書，都很優秀。五個人中，要有兩個乙等，確實難打。

我曾努力想一些石大使的「好」。想了又想，竟然是「沒有」。我和石大使「決裂」的時刻，是1995年四五月間。當我收到考績，得知是乙等之後，我覺得不公平，完全不能接受。我1993年11月到任馬拉威，當年考績是非洲司長杜稜考評的，雖然我只在非洲司服務三個多月，杜司長給我打甲等。在馬拉威一年多來，處理政務，陪大使拜會財政部，簽協議，去南部國會會晤議員，低調聯繫反對黨，參與聯合國觀察團觀察馬拉威大選，準確預判大選結果，每週分析馬國政情呈報國內，經常星期六早晨六點就被叫到官邸擬稿電報，陪大使南北各地轄訪，甚至調解大使私人恩怨，哪一件作的不好？

我終於向石大使攤牌。我和他有段精彩經典的對話。我說，「是人，都會不平則鳴。我今天要不平則鳴」。我說，我完全沒想到會被派來馬拉威，馬拉威不是我想來的地方。很多人也勸我不要來，杜司長很器重我，應該留在非洲司。但是我還是懷著「投效之心」來到馬拉威。石大使自認很幽默的回答：「馬拉威也不是我想要來的啊」！我接著細數一年多來我的工作績效。我說，我的工作績效不錯。他又回答說；「你認爲你做得好，我認爲不好啊」！話說到這樣，沒有轉圜，也沒有必要再談下去。我就說：「大使這樣講，那就另請高明吧」。

石大使的傲慢口氣，使我確信，他比周大使差很多，也笨很多，完全不懂「知人善任」。坐上去，「官威」就來了。當長官能這樣幹，那麼找個打鐵匠嘛！

本館三個館員，秦春夫參事承辦農技團業務，我一等秘書承辦政務，林栢欽三等秘書承辦會計電報，三個人中的甲乙等配額是兩個甲等，一個乙等。我生氣的原因是，三個人之中有一個會被打乙等，我絕不可能第三名啊！後來得知石大使給秦參事和我都打乙等。辦會計電報的林秘書甲等。這更讓我生氣。馬拉威這種偏遠艱苦地區，長官還這麼不體恤下屬，實在不值得留戀。

本地雇員馮曉虹小姐得知我和大使爭論之後，來安慰我說：「知道嗎？他爲什麼打你乙？立威啊！我以前在馮（耀曾）大使時代，每年考績都是甲等，石大使剛到的第一年給我一個乙，之後，每年都是甲等。他給館員第一年打乙等，就是要立威。你若聽話，明年給你甲等」。我說，這不是訓練狗，訓練奴才嗎？

馮小姐笑而不語。

總結我在馬拉威一年九個月體驗，石大使是我四十年公務生涯遇到的最「八字不合」的長官。我駐外生涯的前兩位長官都是年近七旬，都不尊重屬下。我投效外交工作的「壯志豪情」嚴重磨損。回想起來，教廷和馬拉威兩處大使館歲月，可以說是「誤我青春」，怎一個「慘」字了得啊！

左：我國正式宣佈援建姆祖祖醫院。左起：馬拉威財長班達，石大使，萬秘書，馬國財政部秘書長。
右：馬拉威總統穆魯士訪問我國，大使陪同，使館同仁在機場送行。

64.
樹移死，人移活

我初到馬拉威時，當年度的「非洲區域會報」在南非舉行。大使出席會議之後，特別停留數日，親自在約翰尼斯堡採買使館所需的公務用品。大使返任後不久從南非寄來了兩件包裹，裡面是兩部電腦。大使指示我檢測電腦。我測試後，很吃驚。兩部電腦的C槽內竟然都有舊檔案。這是二手電腦啊！我把情形報告大使，大使很氣憤，脫口而出：「這個張老闆」！稍後又說，「看看功能怎樣，能用就用吧」。我按照包裹上的電話號碼，打電話給張老闆。大致的內容是：「我們使館這麼支持台灣同胞的生意，買你的電腦，你怎麼給我們二手貨」？對方很耐心聽完我的抱怨，然後緩緩回答：「我這樣回答你吧，大使向我買的，不止電腦。明白了嘛」？

我國駐馬拉威農技團成員最多的時候高達40人，總部在首都里郎威，另有派駐在馬國各地五個據點，當時是所有駐外農技團編制最大者。大使喜歡農技團的產品，農技團的許宗霖團長經常應大使「公務應酬之需」提供服務。此外大使還很喜歡「轄訪」，去視察離首都兩三百公里之外的農技團據點。有一次我陪同大使視察北部的Muzuzu和最北邊的Karonga兩處農技團據點。出發前幾天大使請許團長告知北部同仁他的行程，另外提到馬國政要愛吃烤鴨。我們在北部據點有幾位技術員養鴨子自用。回程的時候，大使坐車後車箱裝滿了蔬菜水果以及包裝緊密的冷凍鴨子。

在馬國服務期間，爲配合馬拉威政府的招商活動，我國民間經貿協會組織了許多台灣廠商在馬拉威舉辦「台灣商品展」。展品都是我國九零年代的主要商品，包括自行車、摩托車、服飾、鞋子、餐廚用品、茶葉、玩具、家電產品等等，琳瑯滿目。商展結束之後，幾乎所有展品都不運回台灣，留給大使館。大使指示這些展品全部存放官邸，於是動用了農技團小卡車運了很多趟，才完成裝卸。過了不久，這些展品全部不知所終。

幾乎每個星期六不到清晨六點鐘，我家電話會響起。電話那一頭傳來大使自認幽默的語氣：「再晚十分鐘，你就去打球囉。有個電報很急，你過來一下吧。」我於是匆匆梳洗果腹之後，開車到大使官邸報到。大使口述大要，我草擬電報。當時外館的電報和公文全部是手寫的。幾番討論，確定了電報內容，我一字一字地清稿謄寫，完成巨作。大使在電報最後簽上：XXX，X月X日。接下來，我趕往大使館，把電報交給主管電務的林栢欽秘書拍發，大功告成。回到家，通常大約是下午一點鐘，第一件事：喝水。非常口渴。因爲大使沒有準備一杯水給我。

有一次我家電話故障了。星期六清晨六點多，林栢欽秘書開車到我家大門口按喇叭。傭人開了門，林秘書進屋對我說：「大使打你家電話不通，就打電話給我。他叫你趕快去官邸，有急電要發」。大使這樣的「緊迫盯人」讓我有「窒息」之感。他自以爲幽默的「再晚十分鐘你就去打球囉」，我聽起來格外刺耳。這是「以整人爲樂啊」！

興建姆祖祖醫院案，是我對大使認知的轉折點。「興建醫院」是馬拉威向多個援助國開口的要求。各個援助國也都瞭解這是個大錢坑，所以都是謹慎回應。唯獨我國是「積極主動」。我先前的文章：「至少四年沒問題了嘛！馬拉威的姆祖祖醫院」，說明了大使的心思。他以「邦交」爲由說服國內撥鉅款興建。這個計畫有許多可能的「坑」，包括「拖延施工，增加預算」，以及「醫院完成後，可能額外要求我方支援醫療團」這些顧慮（後來事實證明，都發生了），他還是一路走下去。這時我已經深深感覺，我不想追隨了，時候到了。

我記得是在1995年五月某日上午，我懷著些許解脫之感進了大使辦公室，對大使說：「大使，我已經打報告給人事處，請求調職」。

人事處出奇迅速地發表了我的新派令：調駐印尼代表處。這是個C區調到C區的「平調」。對大使算是「館員正常調動」，讓他不會太尷尬；對我是解脫。到了印尼，我感覺「可以呼吸」了，世界海闊天空。俗話說：「樹移死，人移活」。樹木天天移植，長不好。但是人移了，陽光空氣水都變了，活了。印尼近五年的歲月，是我公職生涯「濃墨重彩」，值得記載的一段歷練。

65.
維多利亞瀑布、辛巴威掠影

1994年辛巴威觀光局推出了一個國際優惠觀光活動，招攬世界各國觀光客。這是爲期七天的套裝行程，包括來回機票，旅館住宿含早餐，以及在地旅遊行程。

從馬拉威首都的來回套裝行程很優惠，於是我休假十天，帶著家人參加旅行團。

我們從里朗威搭乘辛巴威航空的飛機到達辛巴威首都哈拉瑞（Harare），住宿一晚，隔天搭乘國內線飛機去七百公里之外的維多利亞瀑布度假區，這是此行的最重要景點。抵達後，我們住進全球知名的「象丘旅館」（Elephant Hill Hotel）。來此的各國觀光客，都是完全放鬆的慢活，享受世外桃源的無憂無慮。人人彬彬有禮。食物精美可口。我有精彩的四個景點記憶。維多利亞瀑布，「黃給」國家公園，桑比西河，高爾夫球場。

維多利亞瀑布是世界第三大瀑布（前兩名是Iguazu Falls和 Niagara Falls）。它是桑比西河流經辛巴威和桑比亞兩國交界的巨大鴻溝，產生的奇觀。從辛巴威這個方向看，對面的桑比西河寬廣的河面突然在斷崖處奔騰直下，非常壯觀。巨大的瀑布瞬間傾洩，聲音澎湃，水氣繚繞。在辛巴威這邊，是沿著步道平視遠觀瀑布。向下看，是幾百公尺的深淵。對岸是桑比亞，有個著名城市利文斯頓，Livingstone，是紀念兩百年前英國探險家而命名的城市。

離瀑布區不遠，有Hwange「黃給」國家公園，也是野生動物保護區。導遊大清早，天剛亮就載著觀光客去看獅子獵食，因爲導遊說，清晨時段是野生動物覓食的時刻。我們這一車包括我們家，共有七八位觀光客。我們遠遠地看到一群獅子捕捉到一頭有頭角的動物，可能是野牛，正在很高的長草後面搶食獵物。導遊說，我們很幸運，剛好看到獅子獵食。

套裝行程中還有一個活動是，搭船遊逛桑比西河。它位於維多利亞瀑布的下游，河流平緩的河段。全程來回約兩小時，主要是觀看兩岸風景。水岸綠意盎然。悠遊的野生動物，水中的河馬，象群，很有非洲風味。

另外一個自費活動，是打高爾夫球。不遠千里來到這個著名度假地，怎能錯過這個特殊的球場？旅館本身有18洞的高爾夫球場。房客打球友優待。我租了球桿，穿著運動鞋，就下場了。一般球場會要求球友穿高爾夫鞋下場打球。這個球場很友善，只要是運動鞋就好。最特殊的是它名字是「象丘」，沒有看到象，但是在球道上有許多紅屁股的狒狒，和野豬。它們完全不怕人，也不會打擾人，大家相安無事。人獸和平相處。

三天後我們返回首都哈拉瑞Harare，停留兩晚。在這個城市我看到許多白人和印度人經營的小商店，公司，和小企業。這是個相當進步的城市，基礎建設良好，早年白人奠定了很好的基礎（白人執政時期國名是羅得西亞），城市規劃很像南非。我在哈拉瑞做了兩件事：拷貝一份我的遊艇的鑰匙，因爲在馬拉威無法配到這種鑰匙。另外一件事，就是跟著導遊帶團去參觀寶石工廠。工廠規模不是非常大，但是生產很多已經切割打磨，晶瑩剔透的寶石裸石。原因是辛巴威礦產豐富，黑人人工低廉，從事切割，打磨的成本低。寶石銷售到南非和世界各大城市。主要生產的寶石有Amethyst紫水晶，garnet石榴石，iolite堇青石（顏色類似藍寶石），yellow beryl金綠柱石，aquamarine海水藍寶石等比較便宜的寶石，以及高檔的emerald祖母綠。我買了一些便宜的裸石，價格大約只要台灣的五分之一，甚至十分之一。

我早年在青年服務中心上過三個月的寶石鑑定課程，對寶石有一些瞭解。老師是著名的吳照明先生。對於鑽石，祖母綠，翡翠這樣的高價寶石，我不敢碰。但是對於次一級的寶石，很喜歡收藏。這次買寶石是我很得意的一次採買。後來在印尼服務期間，把一些裸石去金店加工，做成首飾項鍊，太太很喜歡。

第七天上午搭機飛回里朗威，結束假期。我們一直很喜歡辛巴威。印象中它是另一個南非。多年後，看到辛巴威通貨膨脹到幾百萬元買一個麵包。眞糟糕，可惜啊！

一家人攝於維多利亞瀑布。

船遊桑比西河。

66.
南部非洲國家為何殺象？

我在1980年進入外交部服務後，曾住在外交部北投宿舍「致遠新村」。在村中我看到許多早年在非洲服務過的前輩家中有很大的象牙。1993年我到非洲服務時，象牙已經列為違禁品。從1990年一月開始國際保護瀕危動植物公約生效，這其中關於「象群總量控制」在非洲是有爭議的。亞洲人，特別是陸港台華人，中東富豪等，喜歡象牙。世界各國，包括歐美中國大陸台灣香港等地區都陸續禁止了象牙的交易。非洲象盜獵濫殺的情況有很大改善，象隻總數也逐漸回升到目前的大約415,000隻。然而許多非洲南部的國家，包括南非，辛巴威，波茲瓦那，馬拉威，桑比亞等國仍然偶爾會通過法令准許撲殺特定數量的象隻，稱之為「Elephant culling」，象群數量管控。為什麼？

我先前堅決反對殺象。殺象是很殘忍的。通常都是政府通過法令獵殺特定數量的象，比方說300隻，由專業人士在國家公園動物保護區，選定象群。然後一次性，全部大小公母老幼全面撲殺。為什麼趕盡殺絕？因為象有記憶，有情緒，又長壽，如果存活的象有被人類滅殺的記憶，這樣產生的後遺症，對象群，對人類都不好。

在馬拉威居住兩年，我修正了我的觀點。原因是我瞭解非洲旱季很長，一隻成年象平均三噸多重，每天吃掉的綠葉樹草，喝掉的水都是大量的。象群多了，自然壓縮了其它草食動物的食物來源。特別是在旱季，食物稀缺，多一隻象的結果，可能減少幾百隻小型草食動物。因此當象群數量危及其它物種時，撲殺成了「不得不」的手段。

世界保護動物，環保生態學者，幾乎一面倒地反對殺象。那麼有什麼替代方案呢？大致有三類：避孕，手術節育，遷移象群到低密度地區。這三個方案，執行起來，困難又燒錢，也不能保證高效。這個「保護動物」的高調，政治正確，是經濟富裕的歐美國家的認知。但是這個理想，在非洲「窒礙難行」。非洲象龐大又重，進行節育，閹割都很困難。另外，「低密度」區域已經很少，象群能轉移的空間漸漸減少，再說，要轉移非洲象，無法用驅趕，而要麻醉後，用大吊具，大卡車運送。非洲國家大多經濟落後，國家百廢待舉，人民的溫飽需求是優先，動物保護不算是優先施政項目，難有龐大經費用在這方面。

住過非洲，瞭解非洲旱季缺水的情況，會逐漸接受以殺象控制總量的政策。南部非洲國家幾乎都有Elephant culling，殺象措施。馬拉威就是其中之一。殺掉的象，肉做爲食物，象牙可以出售，象皮做加工原料。象牙在政府的特定銷售店，公開販售，發給收據。我曾經去過政府經營的象牙銷售站，出售的象牙沒有經過處理，顏色泛黃。我沒有買，原因是，買了，也無法攜帶回國。

我住過非洲後，能理解Elephant culling，撲殺象群的背後理由。就事論事，國際上的認知是「殺象不人道」，但是在非洲實地的情況是「多保留一隻象，意味著幾百幾千隻小動物面臨生存危機」。

一個銅板，有兩個面。在非洲，故事是另一種說法。可惜國際規則輪不到非洲當地人來定。我有很深的感慨：世界上有很多規則是由一群「局外人」制訂的。

67.
天涯海角：好望角

1994年的12月下旬，我趁著聖誕新年假期帶著太太孩子，一家四人去南非的開普敦度假一週。當時駐馬拉威農技團許宗霖團長的兒子在開普敦有個小公寓，暫時空著，沒有人住。因此許團長把公寓鑰匙交給我，歡迎我和家人進住這個公寓。到了開普敦，我租了一輛車，開車旅遊。開始了一個星期的快樂假期。當時我國駐開普敦總領事楊榮藻得知我到了開普敦，很熱情地請我們吃了一頓飯，還邀請我打了一場高爾夫。

我們一家人參觀了開普敦市政廳，博物館。去了鴕鳥園，騎鴕鳥，踩鴕鳥蛋。開車逛了桌山（Table Mountain），參訪了一家葡萄酒莊。還參加搭乘渡船去羅本島（Robben Island）的半日遊。這個羅本島週邊礁岩上，海豹成群，空氣中味道有點臭。它曾經是關押政治犯的小島，南非前總統曼德拉（Nelson Mandela）的27年牢獄生涯中有18年在此島度過。現在它已經列爲世界文化遺產。

在郊外的山丘地區的溪流旁，有一些鱒魚養殖場，開放遊客付費釣魚。釣上來的鱒魚不能放回水裡，要秤重量收費，然後由釣客帶回。我開車和家人到山區鱒魚農場釣魚。鱒魚體型不很大，但是很貪吃，而且拉力很大，很能享受釣魚的手感。鱒魚算是比較「笨」的魚種。我不覺想起奧地利音樂家舒伯特的「鱒魚」那首歌：「清澈的河水中，鱒魚慢慢游，漁夫難得逞。一會兒漁夫把水弄渾了，鱒魚最終還是忍不住誘餌。可憐的魚，一吃就上鉤，小命休矣」。釣鱒魚的手感很猛，很過癮，需要和鱒魚搏鬥一陣子，才能拉上岸。我家老二和我一樣愛釣魚，釣一次鱒魚，孩子就上癮了。他意猶未盡，隔天我們又去釣了一次，帶回不少鱒魚回來加菜。

我在好望角和孩子合影。

南半球的12月是夏天。我們在印度洋海邊游泳，水溫適當，非常舒適。隔天我們到大西洋的海邊游泳，猛然發覺海水明顯比較冷。兩個大洋水溫有差，交會之處就是好望角。我們最難忘的是到了有「非洲之角」之稱的好望角Cape of Good Hope。它是整個非洲的「天涯海角」。兩洋相會之處，海水顏色深淺不同，範圍極廣，比台灣東北角的金瓜石海岸壯觀。兩個大洋，洋流的水溫不同，帶來魚群，造就了開普敦週邊海域成爲重要魚場。開普敦也就成了我國漁船在印度洋和大西洋的重要漁業基地。空中的氣溫不同，帶來終年不斷的風。多風就少蟲害，適合葡萄生長，造就了開普敦成爲著名的葡萄酒產地。它的招牌葡萄酒就叫做Two Oceans，「兩洋」。開普敦產的紅酒和白酒都非常爽口。

氣候良好，風景優美，魚產豐富，盛產蔬果葡萄。開普敦是上天賜予的寶地，是天涯海角的一個樂園。

搭船去羅奔島。

五、

印尼：濃墨重彩的新生
（1995-2000）

68.
印尼重生：濃墨重彩的四年半公職生涯

俗話說「樹移死，人移活」。樹不斷挖起來，再重新種，一定活不久。人換個環境，又是新的天地，海闊天空。對我而言，確實如此。我告別馬拉威後，在1995年8月到印尼服務，2000年1月調回台北。在印尼四年半公職期間，是我一生中濃墨重彩的時段。以下是這段期間我公務方面簡要的大事紀要。

這期間我面談過三千多對我國男子，和他們去印尼迎娶的「印尼新娘」。我親眼見到我們底層民衆的求偶需求，也理解印尼新娘對我們社會的貢獻。我退休後，遊走台灣各個角落，看到的印尼新娘都是吃苦耐勞，相夫教子。她們的第二代也良好地成長爲台灣新一代的新血。於是我要寫「印尼新娘」，希望我們的社會更加體認「印尼新娘」的貢獻。

我處理過兩次空難事件，分別是1997年9月26日的「棉蘭空難」，和同年12月19日的「巨港空難」。兩次空難都是全體遇難，無一生還，旅客中都有我國公民。有關「棉蘭空難」分別記錄在我的「故事69：印尼棉蘭空難（1）霾害」到「故事73：印尼棉蘭空難（5）經驗總結」。五篇文章，敍述空難的原因，經過，善後，以及漫長的交涉理賠。另一件是「巨港空難」。它是一架新加坡航空子公司Silk Air在印尼蘇門答臘的巨港，墜入河中的災難事件。記錄在「故事76：巨港空難」。「棉蘭空難」處理過程，被亞太司列爲處理災難事件的參考範例。

我處理過幾件國人在印尼死亡案件。其中有兩件格外悲傷。「故事74：你剛才不怕嗎？」我親手掀開蓋在屍體的白被單，檢視死者致死的傷痕，再回報外交部。在「故事75：沉默的船長太太」，我協助來印尼雅加達再轉往峇里島，處理漁船丈夫的沉默女士，陪著她捧著丈夫骨灰到機場搭機回國。沒有人樂意接手死亡案件；我經常是這類案件的「第一人選」，因爲我心中沒有「忌諱」。我從不推辭檢視遺體。因爲我覺得國人「客死異鄉」，已經很慘了，身爲駐外人員我有責任協助家屬善後。

我協助過許多人。其中最「奇葩」的一件是在「故事81：「這麼說，妳已經死了」？這是個「幫助落難母女」的故事。有一位我們國籍的女士，冒用印尼華人身份，「非法居留」了十年，和已有家室華人男士生下了女兒，但是一直沒有身份。曾經幾度來代表處求助，都沒有解救方案，因爲

左：駐印尼代表陸寶蓀夫婦與萬副組長夫婦，國慶酒會。
右：這位長者於凹達先生曾在印尼護照遺竊，我緊急協助得以順利回國。後來才知道他是著名書法家。

代表處承辦同仁認爲她「非法居留」是「咎由自取」，代表處是「無能爲力」。這位母親在女兒快要六歲時，來拜託我想辦法，幫她們無助的母女回台灣。我研擬出解救方案，幫她們回到了台灣。這個女兒現在應該三十多歲了。

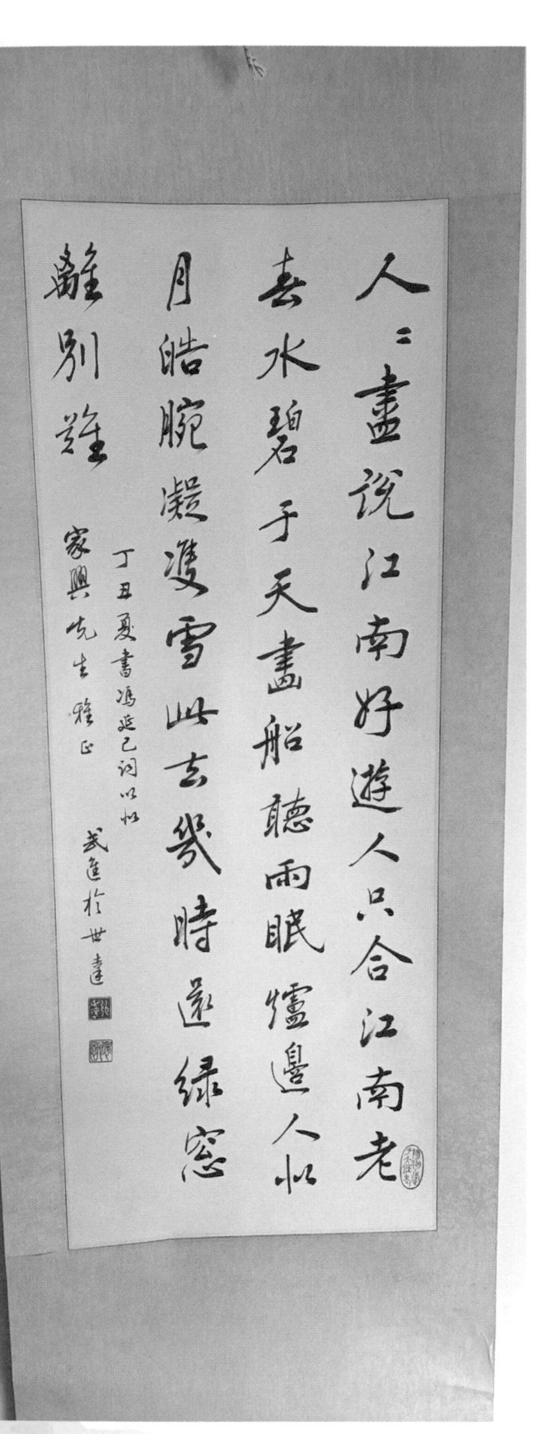

書法家於世達送我的墨寶。

我遇到很多件台胞對國內領務措施的抱怨。其中最具代表性的事件就是「故事80：護照小風波」。我們的領事事務局高調地推出了「MRP護照」，認爲它是「先進國家的象徵」，爲了機場通關機器判讀，護照的厚度是一定的，嚴格規定從此不准「護照加頁」。這又是一個，「不知民間疾苦」的措施。果然出問題了。先進國家，遊走各國大多是「免簽證」。我們在1990年代，幾乎只要出國，就需要辦簽證。所以很快就用盡了護照空白頁，需要「加頁」以便申請各國簽證之用。「不准加頁」的規定，引發了一位急於前往馬來西亞和越南洽談商務的印尼台商，暴跳如雷，大鬧代表處。這位台商的發怒，有理。我安撫了他，也回報領務局我願意負責任，爲這位台商「加頁」。出乎我意料，領務局長官回答「絕對不可以！」我感覺本部的領務局經常遠離民意，訂定法規，缺乏「從人民需要」的角度思考。這是一個活生生例子，我記錄了這段故事。領事事務局後來，做了許多調整。

在「故事79：印尼華人」我寫下我對世世代代在印尼已經生活了幾百年的華裔印尼人的觀察和同情。

我從小受父母教誨，做人要「心懷善念」。我相信「助人爲快樂之本」。有一天早晨來印尼旅遊的「於」姓一家人，趕到代表處，緊急求助。時年七十多歲的於世達先生和家人來印尼旅遊。在行程結束，準備搭機回國當天，在進用早餐時，於老先生隨身包被竊，裡面有護照。全家人預定搭乘下午兩點的華航班機回台北。由於當時於老伯哮喘發作，亟需回台就醫，必須搭上本日班機，時間緊迫，請求協助。下午兩點的班機，應該在中午十二點以前到機場。從代表處到機場，考慮到塞車，預計要一小時半。他們趕來代表處已經十點鐘了。只剩下不到三十分鐘的處理時間。我瞭解已經來不及核發新護照，於是，和同事以最快速度製作了「臨時入境函」給於老先生。隨即他們全家趕赴機場，搭上了飛機。

後來我收到於老伯寄來的感謝信，字體非常漂亮。信封內還附了一幅字。我這時才知道於世達老先生是知名書法家。他的行書非常有韻味，堪比溥儒。蠅頭小楷尤其有名。他的書法在中央圖書館，以及各大圖書館都有收藏。另外在中國大陸的書法界也有很多收藏者。江蘇的常熟和武進兩處文物館收藏有他六十多件書法作品。我因爲此事和他結緣，實在是老天眷顧我的安排。

除了以上的主要案件，另一件非常重大的事件就是1998年五月的「五月暴亂」。這是驚動國際社會，造成在位32年的蘇哈托總統黯然下台的重大災難事件。我在故事82，專題紀錄那個驚險的一週。

印尼四年半的公務生涯中，我有五次考績，都是甲等。期間四次受到獎勵，得到五次「嘉獎」，而且獲得「模範公務員」的殊榮。我經歷了兩任代表：陸寶蓀和林水吉，他們兩位都非常器重我。公職生涯中，能獲得長官的信任和器重，就是無比欣慰的成就。我在馬拉威的悶氣，終於在印尼暢然抒解。這是我公職生涯非常忙碌，但是非常愉快的時光。

離開馬拉威，從此海闊天空。我常想歷史上好多「士爲知己者死」的故事，也有很多「主人寬厚，僕從重義」的佳話。爲何，爲何還是有這麼多愛耍官威，不體恤下屬的長官？我不解。我只能說這樣的人，「何其蠢也」！

69.
印尼棉蘭空難（1）霾害

以下連續五篇文章，是對1997年9月26日「印尼棉蘭空難」的回顧。這是印尼史上最嚴重的空難，也是我在印尼服務五年期間最重大兩大災難事件之一。（另一件，是1998年的「五月暴亂」）回顧災難，會攪亂情緒。多年來，我從不主動打開這段記憶。現在爲了回憶錄，我翻開這段歷史。先談談這個空難的遠因：霾害。它造成大區域的煙霧，煙霧造成能見度低，導致飛機撞山。

印尼是個地域寬廣的國家，東西長約五千公里，南北約兩千公里，涵蓋三個時區。大小島嶼有一萬七千多個，土地面積約兩百萬平方公里，合併涵蓋的海域約有一千萬平方公里。人口兩億八千萬，位處赤道附近，終年炎熱多雨，稻作可以一年三熟，天然資然非常豐富，是上帝眷顧的國家。不過它也有兩個難以抗拒的天然災害：火山，霾害。火山爆發頻率偏高，而且經常引發地震。霾害，不但危害印尼全國，還會殃及鄰國。

霾害，產生的主因是印尼加里曼丹的熱帶雨林「野火悶燒」。世界第三大島婆羅洲（格林蘭，幾內亞分居一二名），約76萬平方公里，比整個法國加比利時荷蘭還大，它分屬印尼，馬來西亞和汶萊三國。印尼佔最大面積，稱之爲「加里曼丹」，這個區域，基本上是「熱帶雨林」，植被密佈。在加里曼丹有非常豐富的泥煤（peat），它位於淺層地表，甚至暴露地面。遇到長期乾旱時，非常容易引發大面積森林火災。另外由於有地表和地下泥煤的助燃，林火會引起持續悶燒的黑煙。除非有持續的大雨，幾乎無法熄滅。一旦黑煙持續幾週，就造成整個東南亞地區。特別是印尼、馬來西亞、汶萊、新加坡，甚至菲律賓。越南、泰國空氣嚴重污染。這種煙害稱之「霾害」（haze）。霾害嚴重時，印尼及鄰近國家停止上課，人人戴口罩，甚至飛機停飛。更嚴重時，會發飛航和交通事故。

印尼的霾害，是一種「空氣污染」，基本上是自然災害，由於印尼行政效率及防災能力不足，非常難以克服。這是印尼政府頭疼問題，也是鄰國經常抱怨的議題。霾害，對我國民眾而言，有點陌生。但是對東南亞國家是個災難。它產生的有害煙霧會引發很多呼吸道疾病，擾亂交通，甚至飛航事故。1997年9月26日在印尼蘇門答臘北部發生的「棉蘭空難」就是其一。

聯合報
UNITED DAILY NEWS
中華民國八十六年九月二十七日 星期六

印航霾霧中墜機 6台灣旅客罹難

機上234人全部喪生 班機飛抵棉蘭進場時衝入樹叢斷裂起火 我駐印尼代表處協助善後

40萬師生今罷課程

棉蘭空難聯合報01。

70.
印尼棉蘭空難（2）現場

地獄景象

1997年9月26日下午一架印尼鷹航（GARUDA）編號GA-152，從雅加達飛往蘇門答臘北部棉蘭的定期國內班機，在距離機場30公里的山區失事墜毀。機上222名乘客和12名機組人員，共234人全部罹難。除了印尼國籍，罹難的外國旅客28人，國籍包括美日英義法馬來西亞等，以及我國籍罹難者6人。姓氏包括：鄧許王陳蔡邱。這次空難是印尼史上最大空難之一，也是印尼史上單一飛機最嚴重空難。

根據後來的調查報告，失事原因有二：1、飛機駕駛和機場塔台的對話，指令發生誤解，轉錯彎而撞山。2、霾害嚴重，能見度僅有幾百公尺，以致於發現錯誤時，來不及反應。

「能見度低」，對於印尼來說，並不罕見。因爲印尼的加里曼丹，也就是俗稱的婆羅洲，經常發生大面積的森林火災。這個區域在赤道附近，廣被熱帶雨林，植被茂密，資源豐富，而且地表有大量的褐煤，又稱泥碳（peat）。一旦遇到乾旱，泥碳很容易引發火苗的「悶燒」。大面積的悶燒，而且在許多地方同時發生，會持續很久，幾乎是無法撲滅。最後通常是靠老天下雨來解救。也因爲這個天然災害，除了印尼本土，鄰近的馬來西亞，新加坡，汶萊每隔幾年就會受到所謂的「霾害」，民眾需要戴口罩，飛航安全也受到威脅。這次空難主因之一，就是「霾害」，造成能見度低，導致飛機撞山。

事故發生，震驚世界。我國駐印尼代表處當天下午立即召開緊急應變會議。最先構想是由服務組長次日搭乘第一班飛機前往棉蘭，然後由副代表率領經濟，僑務組同仁第二批趕往棉蘭。會中服務組長表示：次日搬家公司要來搬家。陸代表於是指派當時是副組長的我，趕緊準備，明天早晨出發。

爲了儘速進入狀況，陸代表同意我的建議，也指派本地雇員華小姐陪同前往。華小姐是印尼籍華裔，棉蘭人，熟悉棉蘭僑界商界事務，她是最佳人選。去棉蘭算公出，機票住宿公費支付，事情結束後，可以休假探望家人。但是華小姐堅持不答應。原因不肯說，但是大家都明白：危險。當時霾害相當嚴重，許多去棉蘭的班機，都因能見度低，只有幾百公尺，無法起飛降落。陸代表很尊重屬下，於是就是我一人前往。

第二天，因爲棉蘭機場的能見度低，無法起降飛機，飛往棉蘭的班機整天都在等待天氣改善。代表處的本地雇員一直與航空公司保持聯繫，瞭解最新狀況，而我在代表處一直處於「待命」狀態。當天下午，從台灣趕來的罹難者家屬，趕抵雅加達，住進市中心的「地平線」旅館，準備搭乘最近的一班飛機去失事現場。這個旅館叫Horizon Hotel，是台灣旅客常住的旅館。聽說原因之一是它的發音和閩南語「給你爽」很接近。我趕往旅館和家屬們會晤。我國籍罹難者6人，來了家屬約三十人。每個人的焦急，寫在臉上。沒有笑容，只有愁眉苦臉。我能做的就是，陪著家屬們一起擔憂，透過代表處訊息，向家屬簡報近況。等待了將近20小時，終於確定了起飛時間：凌晨（28日）四點左右。原因是棉蘭機場只有清晨這個時段，空氣和能見度最好，可以勉強起降。我和家屬們在半夜登機，清晨平安抵達棉蘭。

抵達棉蘭之後，直接趕往印尼警方規範的「現場」。這個現場，並不是飛機撞山的第一現場，而是離第一現場最近的棉蘭醫院。失事現場在山區，非常難到達，警方劃定了管制區，只有救難人員可以進出。罹難者的遺體被陸續送到棉蘭醫院。醫院本身的太平間，無法容納大量遺體，於是數百個殘缺的遺體，和破碎的屍塊就依到達時間，排放在院區的空地，草地，走廊。棉蘭處於赤道附近，全年溫度約攝氏30度，炎熱潮濕。

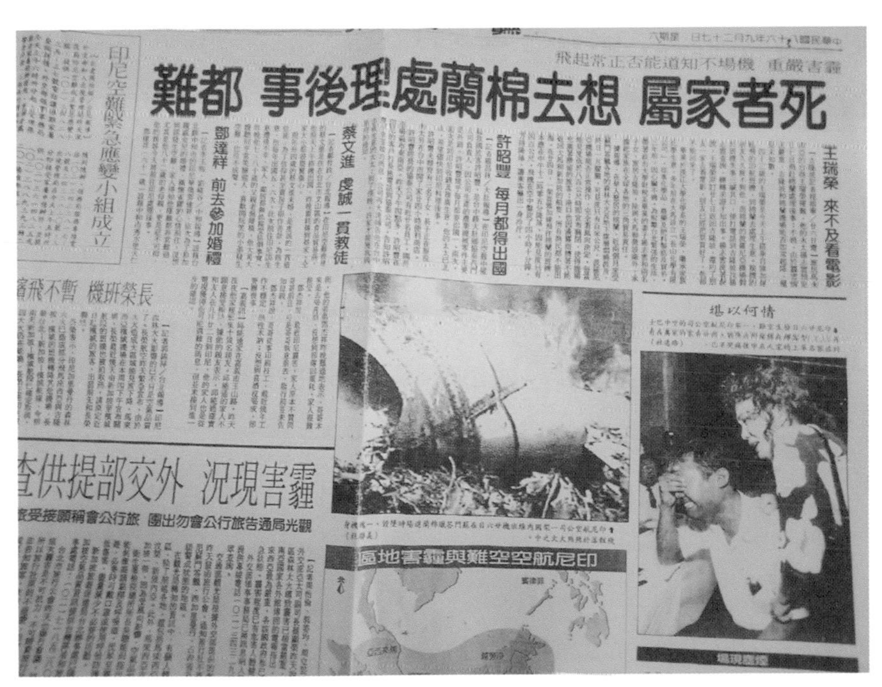

中華民國八十六年九月二十七日 星期六

霾害嚴重 機場不知道能否正常起飛

死者家屬 想去棉蘭處理後事 都難

王瑞榮 來不及看電影

許昭豐 每月都得出國

蔡文進 虔誠一貫教徒

鄧達祥 前去參加婚禮

印尼空難緊急應變小組成立

長榮班機 暫不飛

霾害現況 外交部提供查

觀光局通告旅行公會 勿出團 旅行公會稱願接受

情何以堪

印尼航空空難與霾害地區

棉蘭空難聯合報02。

警方在醫院外圍約400公尺的地方，設立了指揮所，過濾閒雜人員。只有家屬和相關人員才可以從指揮所進入院區認屍，而且通通要戴上口罩。各地趕來的家屬們在炎熱的陽光下，悲傷焦急地來回尋找親人，從穿著，配件，身材特徵，證件，遺物等等資訊辨認屍體。我陪同家屬在院區空地來回辨識，再辨識，然後確認。我國的六名罹難者，有一位頭顱和身體分開了，花費了許多時間找到，復合。其他五位大致完整。大約兩個小時，完成了遺體的辨認。我們比許多印尼家屬稍快完成認屍，主要原因是罹難者都隨身攜帶護照，以及身分證。

這天棉蘭下了一場小雨。下雨，產生兩個影響：1、雨水把霧霾沖淡了，飛機航班恢復正常。2、雨水落在遺體上，造成大量屍體腐爛發臭。整個院區空地，是個露天大停屍間。斷肢殘臂，衣衫襤褸，景象極度悲慘。到處瀰漫著透徹心肺的惡臭。這是人間地獄。

幸虧有印尼棉蘭留台同學會非常熱心地幫我們安排了旅館，交通以及協調火化事宜。他們幫了非常大的忙。多年來我們僑務工作成效，在突發危機時發揮了極大助力。

第一天的工作，認屍完成。大家返回旅館。我洗澡，換衣服之後仍然感覺肺部吐出的空氣有股異味，久久不散。

71.
棉蘭空難（3）善後：
死亡證明／火化／出境

認屍完成後，隔天（9月29日）緊接著是一連串的急事。

中午時分，代表處的張永郎副代表和經濟組長陳永乾，僑務組長莊明坤等人抵達棉蘭。他們在離開現場約400公尺印尼警方安排的臨時指揮中心待命。他們趕來，一方面表達對罹難台商和家屬的關切，另一方面，是擔心台灣媒體批評代表處不積極救災。他們三人，不進入驗屍區，而是在臨時指揮中心待命，應付來自國內記者的電話採訪。代表處只有我一人進入驗屍區。因爲接下來的工作，包括開具死亡證明，驗證，接洽火葬場，火化，骨灰出境，這些都是領務專業，和他們業務無直接關聯。

代表處的大陣仗，體現了對災難的關心，也顯示了媒體的力量。在這期間我也接過幾個記者的越洋電話，包括當時很有名的記者裔式敏。

我的任務首先是協調印尼官方開具印尼文死亡證明，名字要和護照相符。然後我在印尼文的死亡證明空白處直接以中文驗證這份死亡證明。大意是：「茲證明國人XXX死於1997年9月26日印尼棉蘭空難。證明人：駐印尼代表處服務組副組長萬XX，於空難現場，中華民國八十六年九月XX日」，然後蓋上代表處驗證的章戳。

我這麼做，是有意的。我向家屬解釋，死亡證明，非常重要。它涉及未來國內戶籍除戶，財產，繼承，撫卹，喪葬補助，保險理賠等等問題。世界各國對死亡證明都是非常嚴謹。通常流程是：印尼官方證明—我國駐印尼代表處驗證—然後攜回國內，成爲正式證明文件。我深切瞭解，家屬來印尼的辛苦，所以我簡化了「死亡證明送雅加達駐印尼代表處驗證」這個程序。直接在驗屍現場就驗證了死亡證明。家屬可以攜帶它回台處理。如果需要多份死亡證明，可以持這份正本在台灣的外交部和各辦事處申請副本。因爲我的簽字式樣，外交部有存底，可以在台灣就近確認「簽名屬實」。

爲了強化這張死亡證明的眞實性，減少不必要困擾，我刻意的加註「於空難現場」五個字。這種驗證文字不符合外交部的習慣和傳統，算是「異常」。我不知道有無前例，但我相信，一定非常罕見。

接下來，就是遺體火化問題。印尼是回教國家，回教葬禮是死者要在兩天之內下葬，印尼籍回教徒死者大致沒有火化的問題。但是有28位外籍罹難者以及部分印尼華人，幾乎全部需要火化。主因是遺體曝曬多日，已經腐臭，極爲困難裝棺，而且航空公司也不太願意接手。棉蘭的火葬設備稀少，幾十具遺體，一時之間造成大塞車。火葬設備不夠用，不容易很快安排到時間。

我們幸虧有棉蘭留台同學會的熱心幫助，洽妥棉蘭的印度教社團，將少數排期後面的遺體以印度教的火葬儀式完成火化。整體來說，我們比其他國家罹難者更早完成火化，讓家屬們得以盡快離開這個傷心地。

十月一日六位罹難者的家屬們同班飛機回台灣（桃園機

場有迎靈儀式），我和雇員同事送機。我向機場移民官說明這些人都是棉蘭空難死者的家屬，希望移民官尊重死者，不檢驗骨灰甕。移民官表示理解，沒有檢查就放行。這是悲傷無語的一天。

72.
棉蘭空難（4）理賠：包山包海的外交部

悲痛之後馬上面臨的是「理賠」。金額多少？這是家屬關心的焦點。印尼政府的立場是：這是印尼鷹航（GARUDA，老鷹，又稱鷹航）和罹難者家屬之間的問題，政府不介入。鷹航的立場是：這個航班是從雅加達飛往棉蘭，屬於印尼的「國內航線」，依照國內航線的賠償標準是，每位死者家屬獲得理賠相當於40萬元台幣。這個理賠金額，擺平了大部分的印尼死者家屬。但是外國籍死者家屬是絕對不同意的。賠償金額度，究竟多少？遲遲談不攏，不能解決。

國內外交部受到立委壓力，希望代表處盡快，盡量高額度，向鷹航交涉。我於是向駐印尼的美國，德國，義大利等國領事官請教，他們是如何向鷹航索賠。很意外，他們都回覆：這是航空公司，保險公司，和家屬之間的民事糾紛，大使館不介入。以上的說法，台北方面是絕對不認同的。因爲台灣已經進入「民意高漲」的時代。外交部要求代表處：繼續「力洽」最高額度理賠。我國的外館業務繁雜，相較於許多國家，可以說是「包山包海」，而且使命必達。

鷹航的立場一直很堅持，按照國內航空事故賠償：40萬台幣。代表處經過內部討論，沙盤推演，研擬出的立場是：雖然它是印尼國內航班，但是機票是從台北開出，台灣旅客的機票是台北到棉蘭，在雅加達轉機，它啟始就是個國際旅程，僅在雅加達轉機，這個航班應該被視爲「國際航線的延伸」，應該以國際航線標準理賠。雙方對於賠償金額無交集，四個多月過去了，到了隔年1998年二月鷹航依舊堅持立場。後來得知鷹航已經陸陸續續和外國籍死者家屬個別達成了協議，雙方不得洩露賠償金額。我決定主動出擊，安排了一些家屬代表，媒體記者到鷹航總公司抗議，施壓。鷹航態度開始鬆動，同意我方「國際航線的延伸」這個觀點，但是賠償額度還是談不攏。

1998年2月16日台灣發生了驚悚的「大園空難」。華航編號676班機從印尼峇里島飛台北在接近桃園機場時發生空難意外，機上196人全部罹難，包括中央銀行總裁許遠東。這個空難的理賠是720萬台幣，創下我國空難理賠最高紀錄。在棉蘭空難之後經將近半年，印尼鷹航內部開始認眞思考如何儘早結束本案。我和家屬代表再次前往鷹航公司，終於獲得鷹航同意比照「大園空難」，賠償罹難的台灣旅客家屬每人金額，相當於台幣720萬元，以結束本案。

棉蘭空難理賠案，經過印尼鷹航先後同意我方的「國際航線的延伸」這個立場，以及「按照我國空難理賠標準」兩個訴求，最終達成協議。家屬們經過半年的冗長焦慮，對於台幣720萬，當時台灣的最高理賠額度，表示同意。我以及代表處的同仁經過漫長的交涉，能獲得這樣的結果，如釋重負。

73.
印尼棉蘭空難（5）經驗總結

棉蘭空難，是我外交生涯中最悲傷痛苦的記憶。親臨現場，陪同罹難者家屬從兩百多個殘缺的遺體中，逐個認屍，那些畫面我一直不願意回想。近日寫回憶錄，不得不攪動思緒。1997年9月26日棉蘭空難發生後，經過「處理後事」，「理賠交涉」，「確定理賠金額」到結案，歷時半年多。我總結這次難忘的經歷，有下列六個感想。

一、人的一生中，總會出現一些「意想不到」。每一個「意想不到」都是老天給的磨練。磨練，使人成長，成熟。原先代表處決定，派去處理這次空難的第一人選是服務組長。他說當天要搬家，於是陸代表改派我這個副組長遞補上陣。我是「臨危聽命」地接受。經過這次經驗，陸代表對我頗爲看重，相中了我處理災難案件。就在同年12月19日在印尼蘇門答臘的巨港，又發生一次空難，那是新加坡航空旗下的子公司「勝安」（Silk Air）空難事故，機上104人全部罹難，包括一位王姓台商。這次空難，沒有討論，直接指派我去。隔年1998年五月印尼發生了舉世震驚的「五月暴亂」，陸代表也是第一時間指派我去雅加達機場，緊急協助避難的國人和僑胞。

二、做好一件事，需要團隊合作。細心盡力是基本功。這次空難處理整體來說：沒有媒體負面報導和評論；過程中家屬幾乎沒有抱怨；對於理賠金額表示滿意；外交部沒有被批評。事後亞太司把本案處理經過列爲轄區內日後災難案件的參考範例。這是許許多多參與者的共同協作。棉蘭留台同學會出力最多。代表處陸代表，張永郎副代表，尹新垣組長，邱福松秘書和同仁，楊高榮組長和同仁，僑務組長莊明坤，經濟組長陳永乾，提供後勤支援及第一時間呈報台北最新動態，以及應付媒體追問。另外，印尼警方，棉蘭醫院醫衛人員，雅加達機場移民官員，都富有同理心，給予熱心協助。此外，家屬也是充分配合。大災難之下，只有無間的團隊協作，才有可能把苦難降到最低。

三、同理心，是精神力量。在現場認屍，驗證死亡證明，和移送火化的三天（9月28，29，30）是最悲慘難忘的一段日子。人間地獄的景象加上極度難忍的腐臭，那個畫面和味道，回想起來心有餘悸。就是這樣的環境下，我陪同家屬來來回回，一遍又一遍的檢視遺體，搜尋遺物，然後確認。支持我不懼不畏的是「同理心」。也是這個同理心，使我在驗證印尼文的死亡證明時，閃過一個念頭，在驗證文字結尾處，「證明人：萬某某，年月日」之間，刻意加註了「於空難現場」五個字。我相信這個作法，相比傳統的文件驗證，一定很奇特。我相信這五個字，能強化文件的眞實性，減少罹難者家屬日後處理戶籍，財產，保險之類事情的困擾。

四、時間是偉大力量。時間，在這次的交涉中，是個神奇的關鍵因素。空難發生的理賠交涉，前面四個月完全沒有進展。任憑我們說破嘴，鷹航始終堅持「按國內航線賠償」，毫不退讓。但是，時間，這個偉大的無形力量，起了作用。在事故發生近半年的時候，鷹航高層立場改變，同意了我方的索賠額度。我不能確定什麼原因，促成這個大轉變。印尼政府？國際壓力？國內壓力？還是鷹航希望盡快從空難陰影走出來。懸而不決的賠償問題，是靠著時間，世間最好的藥方，解開了一直談不攏的結。

五、我相信「人在做，天在看」。棉蘭空難一年後的年底，我接到亞太司同事林瑞坪的電話，大意是：今年的考績會剛剛結束，我獲選爲八十八年度「模範公務員」之一。理由是1997年的「棉蘭空難」和1998年的「五月暴亂」兩次災難事件處理妥善。我很意外，駐印尼代表處沒有提報啊！依照外交部慣例，是由部內各單位以及各駐外館處提報人選，由全體考績委員遴選出五位，其中部內三人，外館二人。當年的其他四位獲選者是：董國猷，黃志芳，劉志攻，于德勝。我被提名，後來得知，是亞太司主動提報的。

六、賠償金看人性。罹難者中有一位，他的妻子是結婚不久的印尼新娘。她和先生的結婚程序還在進行中，還沒有完成在我國的戶籍登記，法律上尚未成爲罹難者的妻子。這樣的身份，牽涉到理賠補償，很尷尬。聽說死者家屬考慮「打發」她，不承認她合法妻子地位。我只是「聽聞」，完全不敢置喙。自古清官難斷家務事啊！

這次空難經驗，對我而言是非常重大的磨練。從中我感悟了許多事情。古人說「聽君一席話，勝讀十年書」。我覺得全程處理一次空難事件，就是「經一事，長一智」。這次經驗，讓我對人情世故有了更深層次的體悟。

74.
你剛才不怕嗎？

在印尼服務期間某天駐印尼代表處接到印尼警方通知：有一位男子在雅加達市中心區被刺殺重傷，送往xx醫院後，不治身亡。根據死者身上的護照顯示，為我國籍，請代表處儘速通知死者家屬前來處理後事。警方正在緝捕在逃嫌犯。

遇到命案，都是緊急大案。陸代表指示：服務組儘速妥善處理，組長和我承辦本案。我首先根據印尼警方所報的護照資料查出死者是我國籍陳姓男子。他是辦理「印尼新娘」的仲介業者，曾多次來過代表處辦理文件驗證，我略有印象。我隨即詢問正在代表處洽公的印尼華裔婚姻仲介同業，是否有人認識死者。死亡的消息傳播得很快。從印尼仲介同業口中得知，這位陳先生，經常往來台灣和雅加達辦理婚姻仲介。遇害的原因據說是身懷現金，被歹徒盯上遭到搶劫，他奮力抵抗，被歹徒刺傷，失血過多，送醫不治。

組長和我隨即趕往醫院看死者。死者被放在醫院隱密的角落走廊上一張病床上。床上覆蓋著白色床單。四下無人，氣氛陰森。走到病床前，大約五六公尺，組長停下腳步。於是我說：「我來吧」。我走到床沿，掀開床單，看到死者臉面，確實是陳先生。接著我掀開死者的上衣衣角，看到：「右腹部有個傷口，瘀血已乾，傷口頗深，寬度約四公分，應是利刃所傷」。隨後組長和我趕回代表處寫電報，把死者遇害及印尼警方通報情形，以及剛才勘驗傷口的細節，呈報外交部。在回程途中，組長問我「你剛才不怕嗎？」，我搖搖頭。

接下來是一個接一個緊湊程序。外交部接到代表處的電報後，通知家屬前來善後。我去雅加達機場接死者家屬。她是死者的妹妹，年近四十，不良於行，需持枴杖緩行。我陪她去殯儀館看死者，然後安排火化。她住的旅館是華人開的，很忌諱和死亡相關的事物。於是我先陪她把骨灰放在華人的廟裡，再陪她回旅館。隔天上午我去旅館接她，把完成驗證的死亡證明交給她，然後陪她去捧骨灰。之後，我載她去機場，搭機回國。我因爲有公務通行證，特別送她到機場內的檢查點，然後向移民官說，他手中是哥哥的骨灰，請尊重死者，不要檢查。移民官給予通融，沒有檢查隨身行李。她搭機回國，這案子告一段落。

後來據印尼警方通報，已經抓到了兇手，經過偵訊，法辦，已經入獄。這位陳先生客死異鄉，非常不幸。我在印尼期間，處理過五件死亡案件。沒有人樂意接手死亡案件，因爲過程都很悲傷。但是遇上了「國人客死異鄉」這種事，就是義無反顧，全力以赴。

多年後我常想到組長問我的「你剛才不怕嗎？」我仔細回想，當年的那個當下，我是「心中沒有怕，或不怕的念頭」。心中無念，何來怕不怕？

75.
沉默的船長太太

在1998年某一天一艘在印尼海域作業的我國漁船發生事故。船長徐先生被印尼籍水手殺死，漁船停泊在印尼峇里島海港。兇嫌已經在押，進入司法程序，船公司正在處裡後續問題。國內來電報，說徐船長的太太將搭機經雅加達轉往峇里島善後，請代表處積極協助。陸代表指示由我在雅加達協助轉機和照料。另外指派黃裕豐秘書趕赴峇里島聯繫船公司以及協助徐太太在峇里島的善後事宜。

在雅加達機場我接到了徐太太。她是個樸素沉默的中年婦人，臉色凝重。接到她之後，我陪同她走向印尼國內航線的櫃臺報到，辦理轉機去峇里島。辦完了手續，我陪她坐在國內線的候機室，等待稍後飛往峇里島的班機。這是個非常「漫長」尷尬的等待。從接到她開始，她一語不發，不說話，也不回答我的問話。她看來心事重重，而我也不知如何安慰她。我向她解釋未來一段日子裡有一件事，一定要注意的，那就是「死亡證明的文件驗證」。因爲它是關係到戶籍、保險、理賠、遺產等問題最重要的文件。我向她說明如何請漁船公司在峇里島的代理人辦理死亡證明、火化證明，然後先傳眞給代表處，我們先幫忙翻譯成中文，等他回雅加達當天帶著正本，到代表處驗證，然後立卽搭下一班飛機回台灣。這些代表處驗證後的文件是在台灣要辦理除戶、補助、理賠等手續必備的文件。看她一語不發，我有點著急，怕她不明白，再次問她：「聽懂了我的意思嗎？」她終於點了頭。然後，我說：「我就坐在妳身旁，不打擾妳，妳如果需要什麼，告訴我」。我和她一直坐到登機，誰都沒開口說話。

三天後徐太太處裡完丈夫的後事，帶著死亡證明文件來代表處驗證。我協助她以「最速件」完成驗證，然後陪著她去殯儀館取徐船長的骨灰罈（因爲徐太太投宿的旅館不同意攜帶骨灰入內），接著送徐太太去雅加達國際機場搭機回台灣。印尼司機開車去機場的路上，我坐在徐太太旁邊。徐太太抱著骨灰罍，默默不語。我對她說：「我也曾經喪失親人，我瞭解妳的悲痛，如果妳想哭，就哭，不要壓抑。我就在妳旁邊。」過了一會，她開始低聲哭泣，一直持續到機場，我安靜地坐著，沒有開口出聲。在海關安檢櫃臺時，我向安檢官員表明身份，說我是使館人員，護送一位遇難台灣漁船船長的家屬，她手中捧著丈夫的骨灰，請給予方便。安檢官打量我和徐太太後，沒有檢查，就讓徐太太通過。徐太太通過安檢後，捧著骨灰，遙遙看著我，向我鞠了一個躬。仍然沒有說一句話。她是我一生至今接觸過最沉默的人。

幾個月後，我很意外地收到徐太太寄來的一張謝卡。她說現在已經接受事實，開始另一段人生。她特別要感謝的是，在帶著丈夫回家的路上，有個熱心的人默默陪著，走完最後一段傷心的路。

76.
印尼巨港空難

1997年12月19日下午新加坡航空公司旗下的子公司Silk Air勝安航空，185號班機直接墜毀於印尼蘇門答臘南部的巨港市（Palembang）附近的木西（Musi River）河中。機上104人無人生還。出事的班機上有97名乘客和7名機組人員。97名乘客中有46名新加坡人、23名印尼人、10名馬來西亞人、5名美國人，其他還有法國、德國、英國、日本、奧地利、印度、澳大利亞等國旅客，以及一位王姓台商。

這個航班是印尼雅加達到新加坡的定期航班。失事原因，初期的結論是「原因不明」。因爲，所有的證據都無法證明失事原因：天氣晴空萬里，新飛機，剛剛完成定期保養，駕駛飛行記錄良好又資深，黑盒子在失事之前沒有記錄。因爲無法確定原因，又鑑於飛機猛烈撞擊河面，造成極度破碎，於是有人推測是駕駛自殺。「原因不明」的說法，公衆無法接受。於是繼續調查，歷經七年，包括美國和印尼專家的調查團排除了機長自殺的推測。最終結論是：波音737客機液壓系統中作爲啟動方向舵的油閥有瑕疵，導致飛機失控墜毀。

空難發生後，駐印尼代表處立即指派我搭機於當晚趕抵巨港。隔天，華文報紙曾報導，最先抵達的外國領事官是台灣的。由於飛機是直接俯衝進入河流，機體支離破碎，而且木西河的水流湍急，雖有印尼海軍的蛙人潛水搜救，可惜河底淤泥厚達幾公尺，能見度極低，搜救極度困難，而且危險。當天稍後我國駐新加坡代表處的秘書林暉程以及王姓台商的妻子也抵達。

新加坡勝安航空安排了中型巴士載家屬前往失事地點，那是離巨港市中心十幾公里的木西河岸不知名某地。隨後我和王太太，林暉程秘書以及其它多位家屬搭乘小艇到達失事水域，看著寬廣湍急的河面，心中茫然，無功而返。回到岸邊繼續焦急無助地等待小艇送來從水底打撈上來的遺物。同行的還有手持鈴鐺的和尚在誦經招魂，身後家屬們雙手合十，默默祈禱。所有打撈上來的物件都是極度破碎，沒有一片是完整的衣物或遺體。一直到傍晚，打撈沒有什麼進展。我隨同罹難者王先生家屬，從新加坡趕來的林秘書，以及其它家屬默默搭乘勝安航空安排的車返回旅館。

空難後第三天，新加坡武裝部隊派遣直昇機，搜救艇，潛水搜救員，趕到失事現場的水域打撈。只打撈到少許飛機殘骸的金屬碎片，破碎衣服等等，無法辨識，效果有限。到了傍晚，還是沒有什麼大進展。家屬們憂傷的返回旅館。

再隔天，除了飛機部分殘骸，破碎衣物，行李箱碎片，少許小塊無法識別的屍塊，情況依舊沒有大進展。於是，勝安航空宣布：

1. 飛機可能在空中就爆炸，打撈到的都是碎片，沒有大塊的飛機殘骸。
2. 只有少數破碎屍塊，沒有完整遺體，無法識別。
3. 木西河水深湍急，而且淤泥厚度幾公尺，搜救非常困難且危險。
4. 印尼及新加坡軍方均已盡力，後續將繼續打撈，但估計成效有限。

5.鑑於無法尋獲個別遺體，勝安航空規劃近期內在失事地點舉行集體合葬及公祭儀式。

搜尋暫時告一段落。對於勝安航空，這是無可奈何的決定，家屬們沒有異議。於是各自黯然返回。後續的發展包括：

印尼巨港空難我和駐新加坡代表處的林暉程秘書是各國領事官中最早抵達現場者。

一、1997年12月30日新加坡政府爲勝安空難舉行全國追悼會。莊嚴肅穆的追悼在體育館舉行。共有9000多人出席，除了家屬，還包括吳作棟總理，內閣資政李光耀和副總理李顯龍。

二、1998年1月19日，勝安空難合葬儀式在印尼巨港公墓舉行並樹立紀念碑。共有1500人出席葬禮，包括500多位罹難者的親屬，九大宗教領袖也列席禱告誦經，以及印尼交通部長哈嚴托、新航集團主席丹那巴南，新加坡前交通部長馬寶山、各國外交使節代表等。

三、罹難者家屬最後都接受勝安航空公司每位罹難者20萬新幣的賠償，不對勝安提出法律訴訟。

這次空難是悲慘的，飛機旅客都成了碎片沉入河底。我在巨港停留四天，有個感想。就搜救的層面來說，幾乎是「一無所獲」。在善後方面，家屬對勝安航空沒有太多責難。原因是勝安航空團隊表現了新加坡人特別強大的組織能力。巨港是個中小城市，沒有一家旅館足夠容納幾百位罹難者的家屬，所以家屬是分別住在好多家旅館。勝安團隊在安排旅館，每天早晨幾點幾分抵達旅館，搭乘哪一輛巴士，每天向家屬簡報搜救進度，隔天的集合時間地點，注意事項，等等細節都做得相當到位。這些後勤的細節，可以說「有條不紊」，讓家屬悲傷之餘，稍感安慰。

總結這次災難，我的心得是：災難發生之後，有條不紊的後勤協調，細節安排，至關重要。家屬終究會接受喪失親人的事實，但是如何處理善後，這個過程，家屬點滴在心。

77.
台北今夜冷清清

我在印尼服務期間，時間是1998年吧？在一個大約五六百人歡聚的晚會上，酒過三巡，大會司儀鼓勵大家踴躍上台唱卡拉OK。這是當時印尼台商聚餐時很流行的時尚。

陸續幾位唱完後，有一位台商男士上台，唱了一首歌，「台北今夜冷清清」。唱得眞的很棒，音色渾厚，唱腔哀怨，感情融入，非常有味道。

唱完了，全場竟然很少人鼓掌。我坐的這一桌，賓客們以狐疑的眼光，相互對看，沒有鼓掌。

爲什麼？因爲那個場合，是印尼台商會主辦的民間慶祝中華民國國慶的晚宴餐會。這首歌「台北今夜冷清清」讓我不知道要不要拍手鼓掌。

78.
印尼新娘

在印尼服務近五年，「面談印尼新娘」是我工作中，重要的一部份。「印尼新娘」，泛指嫁給台灣男子的印尼女子。1960年代就有，但爲數不多。1980到2000年是高峰期，大多是經由婚姻仲介，大約每年平均2000至3000位印尼新娘與台灣男子成婚。2000年之後「越南新娘」熱潮興起，逐漸取代了「印尼新娘」。

「印尼新娘」基本上是男女婚嫁的供需現象。台灣男子大多數是農民，漁民，礦工，清潔隊員，工廠作業員，基層受薪員工，以及身心有輕度殘障等等。他們在台灣大多是經濟弱勢，擇偶不易。這是台灣長期存在的社會問題。

印尼女子大多數是來自印尼最大島加里曼丹的坤甸（Pontianak）和三口洋（Singkawang）的客家華人。這地區是印尼貧困的省分，基礎建設落後，華人比例高。華人父母都希望子女出人頭地。留在家鄉就業困難，前景艱辛，所以孩子長大後，大多轉往雅加達，泗水等大城市謀生。有一部分女子則選擇遠嫁台灣，改變命運。這些新娘全部都是自願嫁給台灣夫君，大多會客家話，很容易適應台灣生活。

有需求，有供應，於是就有仲介。一般的行情是台幣三十萬，包辦了台灣男子去印尼來回機票，找對象，簡單婚禮，付給女方家庭聘金，辦理結婚文件等等。

在完成婚姻的過程中，有一個必須的環節，叫做「結婚面談」。也就是男女雙方的結婚文件送到駐印尼代表處之後，排定一個「面談時間」，男女雙方當事人在代表處的面談室，由代表處的秘書檢視結婚文件是否齊備，並且一定要問雙方「是否合意結婚？」幾乎沒有例外，都是「合意結婚，沒有強迫」。面談之後，走行政流程，文件驗證，然後，到台灣完成婚姻登記。這個「面談制度」被視爲「必須」，因爲它是防止「假結婚」，以及防止「一女多嫁」，保護台灣男子的必要程序。

我在駐印尼代表處服務期間曾經面談過兩千多對即將完成婚姻登記成爲夫妻的台灣男子和印尼女子。在1995到99年是印尼新娘高峰期，我曾經最多每天上午面談30對男女，幾乎沒有時間上廁所。我瞭解這些印尼新娘對台灣的貢獻。絕大多數印尼新娘都會華語，是賢妻良母，勤勞持家，孝順公婆，教育子女。她們也分擔家計，打工養家。他們對台灣社會的貢獻，常常被忽視了。我面談過的兩千多對男女，都是兩情相悅的男婚女嫁。這背後，當然有故事。我就舉兩個代表性的案例。

我曾經面談一位準備結婚的男女，男的患有腦性麻痺，行動不便，女子年約二十，面貌清秀。男子的父親一路陪著孩子來印尼相親。我問女子：「妳願意嫁給他嗎？」女孩回答，願意。結束了面談，男子的父親向我鞠躬，說道；「謝謝副組長。我老了，孩子不能一直照顧下去，有個人接著照顧，我才能放心走啊。」

我還面談過一對男女。男子面部有一大塊明顯的紅色胎記，鄉下務農，不愛與外界來往。女子面貌姣好，身體健康。男女雙方都願意結婚。我問女子：「將來到台灣，妳不怕生活辛苦嗎？」女子回答：「再苦也不會比我家鄉苦。我們那裡許多人家都有女兒嫁到台灣，後來家庭環境都慢慢好了。」

我看到她們的身影在農村，在傳統市場，在小吃店，在公司工廠，在服務業，她們都是認真敬業。我也看到她們的下一代，健康活潑，充滿陽光，許多已經在學校，公司商場，慢慢茁壯。

我對印尼新娘充滿敬意，她們默默耕耘，吃苦耐勞。印尼新娘和她們的丈夫以及下一代，是一道美麗的風景線。只是我們未曾留意。

79.
印尼的華人

我從非洲馬拉威調到印尼雅加達的第一週，感想是：華人好多。我第一個服務的外館是在義大利羅馬，當地華人不多。第二個外館是馬拉威，華人寥寥無幾。到了印尼雅加達，到處見到華人。大企業，商場百貨，零售餐飲，服飾金飾，市場小店，各行各業處處見到華人，其中許多都是店主小老闆。這個現象和在歐洲非洲的華人非常不同。

印尼的華人數量超過一千萬，在東南亞國家中排名第一。可是只佔印尼全國兩億多人口的5%，無法成爲選舉中的「關鍵少數」。印尼華人在經濟上佔有優勢，但是在政治上處於劣勢。主因是印尼政府在許多方面，諸如軍隊，警察，行政官僚體系，限制華人的參與。

印尼和中國交流，淵遠流長。鄭和下南洋曾經到過今天的中爪哇三寶壟，它今天仍有香火鼎盛的鄭和廟。李光耀的回憶錄中提到他的祖先從印尼搭船移居新加坡。華人在印尼歷史最少有六百年，數量龐大。

印尼政府1960年代推行「印尼化」，禁止華文，華語，要求華人姓氏改爲印尼姓氏。華人通常都有中文姓名，但是他們護照上的印尼文名字和中文名字在發音上相去甚遠。他們不得已改爲印尼名字，其中是有玄機的。他們把家族的姓隱藏在印尼姓名中。例如，姓林，或姓李，改名爲Halim, Salim, Liman等等。姓陳，改爲Tandi，

Tando，Tanwijaya，Tanato等等。姓黃，改爲Widjaya，Winata，姓蘇的改爲Susilo，Susanto，Sutiono等等。家族姓氏，是文化的根。從印尼華人的印尼文姓名，可以理解幾百年來印尼華人在異鄉生存，所展現的韌性。

從商是絕大多數華人的生活途徑。因爲其它的通道，諸如國防，警察，政府機構等等管道很窄，前途受限。華人經商致富在印尼是非常普遍。富有的華人企業需要政治力量作靠山，需要軍警保護。於是就有許多財團與政府軍警的人脈關係，許多花錢保平安，花錢擺平糾紛，花錢打通關節這類的事情。

印尼對於外資投資土地，不動產限制很多，尤其是對外國籍的個人。台灣的商人中，有一些會「借人頭」，以印尼華人的名義買土地建廠房，然後給予酬勞，或擔任合夥人。但是這是有風險的，因爲法律文件上的所有權人是本地華人，在事業發達賺大錢之後，可能出現產權糾紛。甚至有台商遭遇被全部併吞，血本無歸的不幸慘事。

印尼華人之間也是有競爭，保持戒心。印尼首富林紹良集團旗下的最大水泥企業IDOCEMENT老闆林XX，一直非常信任器重他們公司的資訊中心主任葉先生。這位葉先生，是來自台灣的電腦工程師，是我在印尼服務期間認識的好朋友。老葉三十出頭受聘來印尼水泥公司資訊部門服務，一幹就是四十年。一直到75歲退休，林老闆才依依不捨讓他退休。我問老葉「爲何你老闆這麼信任你？」老葉的回答很有意思：「這麼大的企業老闆，對於印尼人，印尼華人都要保持距離。他身邊只有我這個台灣來的人，對他毫無威脅。他和我在一起，最自在，最快樂。」

整體而言，我很喜歡印尼華人。我面談過兩千多位印尼新娘，她們非常勤儉賢慧，對台灣社會作了非常巨大的貢獻。印尼華人大多是客家閩南潮州族群，保留著許多祖先「勤勞，打拼，熱情，會經商」的文化傳統。

印尼華人和印尼原住民的文化和宗教風俗習慣，存在差異。比方說佛教與穆斯林，宗教的差異滿大。華人已經相當程度融入印尼文化，但是近五十年來，印尼華人還是經常被捲入政治鬥爭，成爲替罪羊。印尼在歷史上有多次「排華」運動，1965年的「反共大屠殺」據估計死了十萬以上華人。1998年的「黑色五月暴亂」，據估計有一千名以上華人被殺，其中很多婦女。我親身觀察了1998年的暴亂，以及陪同國內僑委會焦仁和率團來印尼探視受災台商。1998年暴亂之後，蘇哈托總統被迫下台。後來印尼政府對華人的政策逐步放鬆，開放了華文書刊，華語教育。從1998年至今24年了沒有再發生排華事件。

近兩個世紀，南洋的華人都很希望看到他們「文化的祖國」強大。孫中山革命時期，華僑踴躍捐款，甚至獻身革命。抗日時期，許多南洋華僑參加抗日戰爭。五零年代到九零年代，印尼政府致力掃除共產勢力，印尼華人避免和中國大陸走的太近。

南洋華人希望中原大地有個強大的中國，他們在乎中國是否強大，至於哪一個政黨執政，不是特別在意。這個印尼華人的整體潛意識，形成的主要原因是，他們曾經多次受到「排華事件」大災難。因此，期待有個強大的「文化祖國」當靠山。老共現在的「實現中華民族偉大復興」，無疑是印尼華人樂見的新希望。但是隨著中國的崛起，「恐華」

（Sinophobia）情緒也悄然興起，人們擔心會不會有野心政客再一次挑起印尼的「排華」情緒？

80.
護照小風波：廟堂雖高應知民間疾苦

我在駐印尼代表處服務期間發生了一件護照風波。有一位台商在代表處的領務大廳，大聲咆哮，怒罵外交部以及代表處顢頇，不知民間疾苦。大廳頓時哄亂一團，我因爲瞭解內情，趕緊把他帶進小會客室。經過大約半小時疏導，他緩和下來，悻悻然離去。

話說1995年間我國外交部的領事事務局推出了史無前例的，最先進的護照，叫做「機器判讀護照」英文是Machine Readable Passport，簡稱MRP護照。這本護照是個很自豪的創新。因爲當時全世界只有幾十個國家，諸如美加歐洲日本等先進國家才有這種用機器掃描就可以通關的護照。這是我國晉升「先進國家」的重要象徵。領務局自然非常自豪，通令所有駐外館處，今後所有新核發的護照都必須是MRP護照，而且所有MRP護照不得「加頁」，因爲一旦「加頁」會使護照厚度增加，影響各國機場海關機器判讀。所謂「加頁」就是在護照的最後內頁增加頁數，這是便於辦理各國簽證以及諸如「僑居」之類的加簽。

領務局的「不得加頁」的規定，非常堅定。理由是各國機場的判讀機對護照的厚度有設限，爲了我國護照的國際信譽，必須如此。這是理論。事實上，實行起來，漏了一個重要環節。世界上施行MRP護照的國家，例如美加歐洲日本新加坡，前往全世界幾乎都是免簽證。而我國當時很少國家給予免簽證待遇。這樣，就需要經常申請各國簽證，護照的內頁，很快就用完。用完之後，因爲外館當時還沒有MRP護照的硬體配備，必須由國內核發。

於是，問題來了。這位在印尼的台商臨時要去越南，馬來西亞洽談生意，需要申請越馬兩國簽證，但是護照內頁全部用完了，沒有空間蓋簽證章。台商來到代表處，申請「加頁」。櫃臺同仁向他解釋，現在已經全面使用MRP護照，不可以「加頁」。新的護照是MRP護照，要回台北辦理。台商大怒，大聲說：「爲何以前可以，現在還退步了呢」？

櫃臺同仁無法處理，我於是把他請到我的辦公室，委婉向他解釋。他依舊不解，而且很生氣。他不能理解代表處一向很體恤台商，會給予方便，爲何以往這麼簡單的「加頁」，竟然不行。而且一定要回台從新申請MRP護照。台商的抱怨，不能說沒道理。假如，我們的護照頁數，稍微多幾頁，就不會有這問題。我於是當場在台商面前，打電話給當時的領務局副局長，向他保證，由我簽名負責爲台商「加頁」。副局長非常堅定的，斬釘截鐵的回答：「事關我國護照的國際信譽，絕對不可以加頁！」

好一個「絕對不可以」。台商不得已，只好趕回台灣，重新申請新護照，然後在台北申請越南，馬來西亞簽證，從台灣出發。

這位台商結束了越南馬來西亞的行程，回到印尼，餘怒未消。又來到代表處，大吵一番。這就是文章開頭的大鬧官署。我聽了他的抱怨，在小會客室安撫一陣後，他終於冷靜下來，不很愉快的離開代表處。

代表處由我接待安撫這位台商，我是虛心受教的。罵的有理。換做我，我也要痛罵。因爲這麼一件小事，這麼折騰。我是願意扛起責任，負責爲台商「加頁」的。我萬萬沒有料到電話那頭副局長嚴厲的指示：「絕對不可以加頁！」眞的官威凜冽，完全不考慮第一線同仁有時必須處理緊急特殊案例。其實以我的領務經驗，對個別護照「加頁」不致於造成影響，更不可能因此「影響我國護照國際信譽」。這頂帽子，好沉重。

故事還有續集。隔了幾天，這位台商派了他們公司的秘書小姐，帶了一紙箱水果，來服務組致歉。她對我說，他們老闆回去後，冷靜想想，不能責怪代表處，對萬副組長不好意思，特表歉意。水果當下就分了同仁。

不久後，或許是世界各地的外館不乏類似的案例，領務局在更新版護照製作時，考慮到了上面的問題，把原先護照33頁，增加爲50頁。改進了很多。再隔幾年，大約在2008年底，推出了有生物特徵的晶片護照，所謂的ePassport，更進一步優化了我國護照。在此同一時期，我們贏得了很多國家免簽證的待遇。在2009年時代已經有150國左右給我國民免簽證或落地簽證待遇。這種加頁問題可以說完全終結了。

退休多年，遠離衙門，無事一身輕。回憶起「絕對不可以加頁」這件往事，聯想到古今官場，凜冽依舊啊！

81.
這麼說，妳已經死了？

在印尼服務期間，有一天櫃台女同事對我說：「副組長，外面有一位小姐，堅持要見你。問她有什麼事，她不肯說」。

我於是安排這位小姐在小會客室面談。大致案情如下：這位女士姓林，我國籍，年近四十。約十年前以觀光簽證來印尼。之後留下來不回台灣。在這期間和一位印尼籍華人同居，生下一個女兒。女兒已經五歲，迄今沒有身份，馬上面臨就學問題。她希望代表處協助她和女兒回國。我記得一些有趣對話。

我：「妳為何堅持要見我？別的秘書也可以啊！」

林：「我聽許多人說，你很願意幫助人。」

我：「這麼多年，妳護照過期，印尼逾期停留這麼多年，為何不早點來辦？」

林：「這些年來，我來過很多次。每次都被罵回去。以前的X組長和X組長，瞭解我的情況後都罵我『妳非法居留，違反印尼法律，不向移民局告發妳，就不錯了。』他們通通說我的問題無解，無法幫忙。所以我一直拖，一直等，直到今天。」

我：「這麼多年，妳是如何活的？妳的駕照，妳的銀行帳戶，是如何辦的？」

林：「我用這個。」說著，她拿出一張印尼身分證，上面照片像她本人。

我：「哇！妳一直用印尼本地華人的身份在活呀？」

林：「是啊。」

我：「既然妳已經算是印尼人，妳申請一本印尼護照，來代表處辦個簽證，就可以回台灣了啊！」

林：「我不敢。這樣一定穿幫。」

我：「這麼說，真實身份的妳，已經人間消失了，死了。不是嗎？妳是用別人姓名在生活？」

林：「我知道我錯了，我在這個陰影下十年了。我現在還有女兒的問題，她馬上要讀書上學，現在一個身份都沒有。」

瞭解她的情況後，我是大吃一驚。竟然有這樣的同胞，這樣的故事。她涉及的違法事情眞不少。犯行包括：跳機（早年國人出國後，通常是美國，落地生根，不回台灣），護照逾期失效，非法居留，冒用他人證件，不申報女兒戶籍，詐欺，僞造文件。她隱藏這麼多年，沒被舉發，算是幸運。

難怪以前的組長都愛莫能助。我的信念是：幫助落難的同胞是我的職責。她已經煎熬這麼多年，拖了兩任組長，又有下一代的問題，此時不處理，將來更難。我想要幫。但是，能幫嗎？如何幫？我沒有把握。在她離開前，我告訴她：「這個案子很麻煩，牽涉到我國和印尼的法律。我願意幫忙，但是我要仔細看法規，需要一些時間，找出解決辦法」。

我很認眞地看領務規定，也和我的同事，同組的黃裕豐秘書，以及和印尼移民局有業務聯繫的邱福松秘書討論，最後想出解套方案。幾天後我請林小姐來代表處，告訴她解決方法：有。但是需要一步一步走。

第一步：重新核發林小姐一本護照。需要的文件包括：已經過期的護照，在台家屬幫她申請的戶籍謄本，我國身份證，照片等等。

第二步：向女兒出生的醫院，申請女兒的出生證明，其中生母姓名和我國護照上名字相符。「父親」欄位塡寫「不詳」。根據女兒的出生證明，因爲「父不詳」，從母姓，核發一本護照給林姓女童。

以上兩件事，很快在幾星期內完成。這是可以「操之在我」，代表處就能處理。這對母女有了新護照可以搭飛機了。可是接下來的問題是，如何出境？她逾期居留多年，違反印尼法規，怎麼解決？

第三步：請邱福松秘書和印尼移民局先打個招呼，然後託請和印尼移民局關係良好的X姓華裔商人請印方同意，以「自首」方式，向移民局坦承逾期停留，向移民官員繳交最輕情節的「罰款」之後，驅逐出境，一年時間內不許入境印尼。印尼在當時是花錢，有辦法消災。很幸運，最後以「驅逐出境」解決了問題。完成了上面的程序，林小姐和女兒終於解除桎梏，搭機回國。

林小姐回台灣後，寫過謝卡給我。匆匆二十多年過去了。當年小女孩應該三十歲了。這是我處理過的最「奇葩」的故事。她算是幸運的人。因爲我瞭解，在公務機關裡，願意耐心聽民衆敍述困難處境，而且認眞翻閱相關規定，尋找任何有利的條文，來幫當事人解套的公務員並不多見。我的「三步驟」處理，並不是什麼高明招數。只是多年來沒有人「認真想方法」去處理這個難題。

82.
印尼「五月暴亂」

1998年五月印尼發生了舉世震驚的排華性質的「五月暴亂」。暴亂從五月上旬開始醞釀，5月12日約6000名學生和教職員在印尼首都雅加達發起靜坐抗議，要求總統蘇哈托下台，和在場的軍人和警察發生衝突，軍警向抗議學生開火，造成四名學生死亡。隨即引發了大規模的抗議活動，隨後在五月13日到16日連續四天，在首都雅加達，以及棉蘭，梭羅等幾個大城的商業區和華人社區，都進入可怕的「無政府」狀態。軍警放任束手，維安部隊消失無蹤，沒有阻止暴民洗劫和燒燬建物。「無政府狀態」激發了底層貧窮民衆的燒殺搶劫，甚至很多強姦後殺害的可怕景象。據統計5月13日至5月15日，有上千家華人商店和房屋被燒燬，其中有幾家位於商業區經營電子電器業等行業的台商店鋪，也受到波及。約一千華人被殺害。其中據估計最少有上百名婦女在騷亂期間被強暴。在這可怕的「無政府」期間，印尼華人以及世界各國僑民紛紛緊急逃離雅加達。直到16日印尼軍方介入，接管首都治安，才恢復秩序。蘇哈托最終在多方壓力下辭職，副總統哈比比宣誓就任總統。暴亂得以平息。

暴亂事件至今已經24年，發生的眞正原因沒有統一說法。這是因爲印尼軍方始終拒絕深入調查本案。有很多著作紀錄了這段極爲殘忍血腥的歷史。大多數版本認知的暴亂經過大致如下：1998年印尼受到亞洲金融風暴影響，貨幣大幅貶值，物價飛漲。經濟情況惡化，引發民衆上街抗議，要求蘇哈托總統下台。已經在位32年的蘇哈托總統，打算「重施故技」，挑起民族矛盾，轉移民衆憤怒。而少數少壯派軍方將領也打算藉著「平定暴亂」，掌握更多權力。因此事件中，不乏穿著便衣類似軍方特種部隊人員的身影，他們利用地痞流氓擴大騷亂。事實證明這個暴亂，不是隨機暴亂，這是一場精心預謀的屠殺。軍方打算暴亂之後，收拾殘局，擴張權力。然而暴亂最終失控，引起國際一片譴責之聲。迫於各方壓力，蘇哈托下台，副總統哈比比上台，才結束暴亂。這個暴亂有很多血腥殘忍的畫面：諸如暴徒手持一個還在滴著血的華人人頭，沿街行走，向群衆炫耀。有許多女性被強暴後殺害，下體擦入尖木棒。

印尼歷來大暴亂的模式，都是：學生運動開始，軍方勢力介入操控，針對印尼華人施暴，軍方介入，平定亂局以掌控更多權力。暴亂發生，事前是有徵兆的。它有幾天「醞釀期」，通常就是大街上出現大規模包括學生和勞工的抗議群衆。

印尼的台商台胞及眷屬在當時號稱有三萬人。駐印尼代表處警覺到了危機，立卽啟動「緊急應變措施」。作法包括：發送簡訊傳眞給印尼各地的台灣工商協會，呼籲成員提高警覺避免不必要的外出；成立各區聯絡人，互相通報狀況；發出許多有國旗的貼紙，要求台商貼在汽車擋風玻璃上，避免被誤認爲當地華人；這個效果相當有效，當印尼民衆看到車窗上我國的國旗，大多會放行。另外，積極透過管道，主要是和印尼軍方關係良好的李珽將軍，瞭解最新狀況。

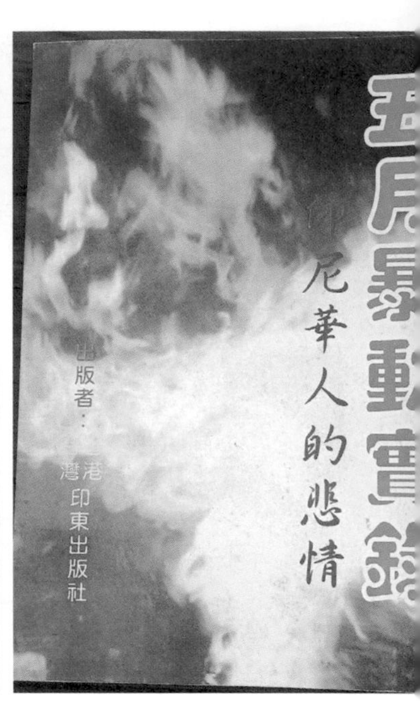

左：暴亂前的群衆示威抗議政府物價飛升。
右：暴亂實錄內容非常驚悚恐怖。

以美國教職員和學生爲主的國際學校JIS（JAKARTA INTERNATIONAL SCHOOL），他們的情報相當準確，立即做了「提前放假，學期提前結束」的決定，在暴亂開始前兩天，鼓勵非必要教職員和學生儘速離境。我們家就讀該校的兩孩子，也很快地在暴亂開始前一天，去新加坡暫時投靠親友。台灣的家屬和學生很多都回國避風頭。

在此危急時刻，代表處陸代表指派我立即趕往機場協助我國僑民和台商離境。我在13日早晨由我的印尼司機開車送我去機場，高速公路上幾乎沒有車，讓人一路提心吊膽。我見到路邊有幾輛被焚燒的汽車，還有被焚燒的汽車輪胎，冒著黑煙。

到了機場，到處是急於離境的人潮。我協調了華航騰出一個辦公室的小空間，作爲臨時工作站。因爲場地很狹小，代表處和華航駐印尼辦公室協調後，認爲我的工作是單純檢驗證件，核發臨時入境函，協助出境，決定由我一人不間斷留守機場。

開始工作後，立即湧入很多急於離開雅加達的同胞，核發他們去台灣的「臨時入境函」。這個臨時入境函只能直接入境台灣，不可以轉機去其它地方。他們大多是來印尼投資或工作的台商，因爲工廠或住家已經「淪陷」於暴徒，不能回去取護照，只要身上有任何能佐證我國籍身份的，我立刻核發「臨時入境函」，讓他們趕快去安排飛機航班。我還碰到身上完全沒有身份證件的人，聽他的口音，問幾個關於台灣的問題，諸如「台北最有名的夜市」？答的出來，我就核發入境函。我大概發了將近兩百張入境函。我從13日早晨到達機場的華航辦公室借用一小塊區域，開始協助民衆「逃難」，一直到16日上午印尼軍方介入，雅加達恢復秩序，治安歸於平靜，我才回家休息。我連續待在那裡七十多小時。沒有洗澡，沒有超過五小時的睡眠。每天的食物，是華航班機上未使用的便當。我不以爲苦，因爲這些人在「逃命」，我們是和時間賽跑。

印尼華人的逃難路線，優先國家是新加坡和馬來西亞。少數去澳洲。台灣，並不是他們的首選。但是也有一些還沒有取得我國國籍或長期居留的印尼新娘，沒有來得及辦理簽證，以及在台灣有親屬，而暫時要去台灣避難的印尼華人，我都核發臨時入境函，並註明這是特殊緊急情況下，所做的特殊臨時入境函。

這期間有一班華航撤僑專機，載了一些記者來現場採訪，隨即原班機回台北。記者做了一些報導。對代表處的不間斷服務有正面報導。

暴亂之後，國際譴責印尼政府，要求徹查眞相。兩週後，我國的僑務委員會焦仁和，外交部次長吳子丹，以及國內的女權，婦幼團體代表，包括王清峰，勵馨基金會的紀惠容等團體代表來探視受災台商和台胞。還去了一個被焚燒過的商業區，看了災後的慘狀，到處觸目驚心。

暴亂期間也有許多台商工廠以及社區沒有遭受太大損害，逃過洗劫。原因是工廠和社區平常就關係良好，組成了由印尼人為主的自助巡邏小組，日夜守衛。這種情形就如同白嘉莉多年後接受採訪時，提到她丈夫黃雙安的公司情形。她說「1998年5月發生排華暴動時，暴徒將她先生公司大樓附近的千禧飯店大樓窗戶都打碎，鋼琴也從大廳被拖出來燒掉。眼看殺紅眼的暴徒就要闖進自家公司，平常在公司裡的十幾名當地人突然出現在大門，用印尼話對暴徒說，『這裡是我們的地盤，你們不能進來』，對方倖然離去，化解一場可能發生的暴力攻擊」。

五月暴亂是華人，特別是印尼華人的惡夢。在此之前三十三年的1965年曾發生「930事件」。發動政變的蘇卡諾把政變轉變為「排華運動」。發生了極為悽慘的排華屠殺事件，死亡人數，據估計約五十萬人。世界各地的種族衝突，經常是野心政客抓權的手段。天下蒼生，百姓黎民何辜啊！

回想這次暴亂受波及的台商台胞，比印尼華人損傷較小。代表處事先做了防備（通知台商會，發放國旗貼紙等），以及事發後緊急處置，派我去機場協助台商台胞以及少數印尼新娘緊急搭機赴台。在大災難中，把災情減到最低，國內媒體大致沒有負面報導。外交部對代表處的處置表示滿意，並予嘉獎。我在印尼遇到好幾次災難事件，都是「臨危受命」去處理。我多次因爲處理「災難事件」妥善，而獲獎勵。不知老天爲什麼這樣安排。

總結「五月暴亂」，我簡單歸納兩點。第一，印尼的國家機器，主要握在軍方手中。有野心的政客或將領進行奪權，常以發動「排華運動」爲藉口，挑起貧富，種族，階級對立。印尼華人在野心政客眼中是「代罪羔羊」。華人任人宰割的處境很無辜無助。第二、這次暴亂，非常慘烈，海峽兩岸的政府，都「力有未逮」。我國是力求自保；避禍優先；老共是口頭譴責，著力有限。但是隨著時間推移，進入21世紀，這種大規模「針對華人」的暴亂發生機率，已經大大地減低了。原因是：網路通訊發達，軍方難以「隻手遮天」；中文早已解禁，印華關係有改善；最重要的是「中國崛起」已經成爲國際認知。

僑務委員長焦仁和和外交部次長吳子丹探視受災台商。

83.
印尼居家生活

1995年8月到2001年1月我在印尼的居家生活是滿意舒適快樂。印尼是發展中國家，兩億多人口一半在爪哇島，其中首都雅加達有一千一百多萬，勞動力充足。代表處的同事幾乎每家都請印尼人司機。主因並不僅是因爲人工便宜，一個月連同加班大約250美元，而是由印尼人開車，萬一路上出了車禍之類的狀況，由司機去處理比較容易化險爲夷。

幾乎每家都會僱女傭負責清潔打掃。通常有三種類型：供吃住的，每天來的，和每週來幾天的。我們家僱的女傭是一週來六天，工作半天，打掃完就回家。我們家僱的司機，女傭都是附近印尼人。我接觸到的印尼人民是非常溫和善良。

我在印尼期間台商總數號稱有三萬人，算是高峰期。印尼的官方，軍方，企業人士都熱中高爾夫。風氣所及，外籍人士也熱中高爾夫；韓國日本新加坡和我國的外僑，也愛此道。在雅加達五十公里範圍內，有高達四五十家高爾夫球場。我在1996年買了當時快要完工，正在促銷，離住家不算遠的Permata Sentul球場的會員證。它屬於高級球場，一張夫妻共享的高球會員證證，兩萬美元，我和太太經常週末去打球。在我是會員的球場打球，球資和竿娣費約20美元。打其它球場費用大約在50美元上下。打完球後，在球場或特定很乾淨專業的按摩店，做個一小時的全身按摩，費用約10

美元。這是我們台灣同胞共同的嗜好。在我離開印尼返國之前，向球場辦了當地所謂的「Sleeping Member」，也就是會員資格繼續保留，但是不用繳交月費。沒有想到我和太太離開印尼十八年後，重回印尼，去Permata Sentul球場打球才發現，這個我是會員的球場，竟然經營權轉手，不承認我的「「Sleeping Member」，而且說我這將近20年的積欠費用，已經超過目前球證價值。換句話說，我還欠球場錢。實在太諷刺了。這個經驗告訴我，當你離開一個外國時，最好把有價證券，銀行存款，完全結清。世事難料啊，尤其是「發展中國家」。

印尼兩個「世界級」的觀光勝地是峇里島和中爪哇的婆羅浮屠（Borobudur）。峇里島是印尼34個省之一，和其它省分最大不同是，它是以印度佛教為主的省份。除了藍天白雲沙灘海鮮之外，有許多印度教的古建築。我和家人去過兩次，值得去度假。在中爪哇的婆羅浮屠，更是頂級的觀光景點。位於日惹市郊區。日惹是八九世紀興起的印度教古城，十八世紀之後是印尼蘇丹王國的首都，和印尼建國初期1945-49年的首都。有非常多驚人的石頭堆砌的偉大建築，默默向遊客訴說當年輝煌的印度教文明。

在雅加達一日遊或過夜的週末度假，很多家庭會去「千島」。它是雅加達外海約二十公里的一群小島嶼。周邊水域大多在幾十公尺深之內，適合浮潛。往返雅加達和千島的渡輪很多。這是許多家庭愛攜家帶眷旅遊度假，玩水釣魚的好地方。

國際婦女的社群，最著名的是「Indonesian Heritage Society，印尼傳統文化協會」。這是印尼首都很大的國際婦女組織，它是印尼向各國宣揚印尼文化的重要民間機構。成員包括印尼中高階層的女士，各國駐外人員的眷屬，學者專家。經常舉行座談會，或鄉野調查活動。英語是共同語言。這個協會設有幾個研究小組包括：「香料組」，「瓷器組」，「旅遊組」，「博物館組」等等。萬太太加入的是瓷器組Ceramics，成員也是「東南亞陶瓷協會」的成員。每個月輪流辦一場演講，以及去雅加達搜尋中國古董。萬太太因爲熟悉中國陶瓷藝術史，曾經幾次演講介紹中國瓷器。老外對古瓷器也相當有研究，但弱點是瓷器上的文字以及繪畫意涵不很明瞭。萬太太的解說，對老外很有助益。萬太太還有一次應邀去「印尼大學」介紹中國瓷器。

左：萬家興夫婦遊婆羅浮屠 Borobudur。
右：穿印尼蘇丹王室傳統服裝照全家福。

在印尼我有個難忘的「激流泛舟」經驗。我們一家在週六由司機載我們到雅加達南方約一小時的丘陵區，叫做「蘇卡布米」，Sukabumi，它離印尼另一個名城「萬隆」不遠。我們到達時大約上午十一點，已經有幾十人排隊準備泛舟。我和兩個孩子，戴上頭盔，穿上救生衣，然後登上橡皮筏，每個橡皮筏限載八人。每個筏子都有教練，他首先花十分鐘教導他下達的口令，例如、左轉、右轉、向前、退後、停止等口令。然後大家滑著橡皮舟，在附近平靜的水域，練習幾分鐘，大家都熟悉口令之後，就分批，每批三或四艘橡皮舟相隔約十公尺陸續出發。萬太太怕水，不敢加入，所以由司機載她到終點等候我們。那是很刺激的泛舟。舟筏從地勢較高的山區一路向下游衝去，非常驚險。忽然間，一個急轉彎，我被摔下去。還好我會游泳又有救生衣，有驚無險被拉上舟筏。後來聽有經驗的人說，這是教練耍噱頭，爲了增加刺激，故意找一個人「下毒手」，讓人摔出舟筏，再趕快撈起。滿刺激。

雅加達南區有一家很出名的照相館。它以帆布當作相片紙製作照片，照片印在布上，讓人感覺是一幅油畫。美國總統柯林頓，英國首相柴契爾夫人等國際名人都曾光顧這家照相館。在1998年暴亂之後，國際遊客大減，於是照相館推出優惠價拍照。我把握機會，和家人拍攝了很多組照片。我們家人花了大約一百美元。這個價格不到旺季一半的價格，非常划算。

在雅加達我遇到了兩個熱愛海釣的馬來西亞華人。他們兩個後來拉了一位韓國人和我，組成了海釣怪咖四人組。我們四個人，由馬來西亞人安排，大約一個月一次，星期六凌晨三點整，在馬來西亞華人公司的辦公大樓的地下室停車場會合。四輛車，通常都準時抵達，其中一輛是馬來西亞人開的四輪傳動，所謂4x4越野車。四個人換坐越野車，然後由馬國華人開車，向雅加達西北方的海岸駛去。難怪要開四輪傳動，因爲郊區路面顚頗。大約一小時多，我們到達小魚村。當地漁民已經準備妥當。我們除了個人防曬品，不需準備任何東西。魚具，礦泉水，冰塊等都已備妥。隨後幾位印尼漁民協助我們四人登上小舢舨。小舢舨上通常有三位年輕印尼漁民，連我們共七人。有馬達的小舢舨大約開了一個小時，抵達了我們的「釣點」，熄火，拋錨，開始釣魚。此時大約清晨五點多，天剛剛亮。釣魚方式不是用魚竿，而是用塑膠圓盤纏繞的粗魚線，綁上魚鉤，另外一條「子線」綁一塊大約兩百公克重的鋼筋，這樣可以快速沉到海底。印尼漁民先釣小魚，放入水箱，當活餌。然後把活魚用魚鉤穿透活魚的背部，然後丟入海中。我們手掌握住魚線，然後用食指感覺是否有魚來吃餌。小魚四處亂竄，引起大魚注意。海中的魚類覓食，非常迅猛，一口咬住，瞬間吞下。於是瞬間就感覺到魚的拉扯，「中魚」了。通常拉上來的魚在一公斤上下。偶爾會有四五公斤的魚，十公斤以上，很少見。在釣魚的同時，有一位漁民開始生火煮飯。然後把釣上來的魚，比較小的，去鱗洗淨，抹上黃薑粉和鹽巴，下油鍋煎炸。兩三分鐘魚身炸成黃薑色。手抓白米飯配新鮮煎魚，味道鮮美。大約在下午兩三點結束釣魚回航，四點左右回到漁村。漁夫告知今天費用，大家分攤。大約是每人25美金。各人帶回自己釣到的魚。返回停車地點，再各自回家。我太太笑我們這四人組是「瘋子」。

激流泛舟：最前排是我和萬振儀。

我在印尼結識了許多好朋友。其中有三個人和我結成了「四人幫」。我們四人，完全不同行，先前都互不認識。結果四個人在印尼相遇，成爲好朋友。我第一個認識的是「杜俊」，中興工程顧問公司駐印尼經理。第二個認識的是「史蓉慶」，在印尼從事魚產銷售。第三個是「葉欣」印尼水泥公司的電腦系統主任。都是在印尼相遇的。我們四人，號稱「四人幫」，沒有利益衝突，完全無須防備，共同嗜好是打高爾夫，打完球，在球場喝啤酒，然後去按摩。平日下班後，偶爾晚上聚會聊天，唱咖拉OK。算得上是「酒肉朋友」。無所求，但個性相投，把「酒肉朋友」變成了死黨朋友。

在印尼四年半，社會秩序，雖然有偶發動亂，整體來說，是「美好歲月」。家居生活，其樂融融。公務上，長官信任。我爲自己堅決請調，離開馬拉威，走出陰霾，換來印尼的碧海藍天感到欣慰。這個決定，確實是我人生的轉捩點。

84.
美好的一仗

一九九七年我競選雅加達國際學校（Jakarta International School簡稱JIS）的校務委員。這次出馬競選，是我生命中一個「突發事件」。競選的結果是：我落選了。這次經驗給我的覺悟是：人生中許多事情，過程比結果更有意義。

印尼首都雅加達的外國人很多。「外國學校」大約有十所，其中除了澳洲、日本、韓國、法國，以及我國（雅加達台北學校）的專屬僑校之外，最有名的就是JIS雅加達國際學校。JIS這所學校歷史悠久，師生素質優良，設備完善，英語教學，學費昂貴，和「台北美國學校」TAS，被美國各大學列爲亞洲第一流的高中。當時的JIS從一年級到十二年級（高三）一共有大約兩千八百名學生。有來自世界大約五十多個國家的學生。其中美國籍最多，占百分之四十，約一千多人，其次是韓國籍，約五百人。其他四五十個國家的學生，多則數十人，少則一兩人。來自台灣的學生約四十人，算是「少數中的多數」。

許多年來，台灣學生的家長最關心的一件事，就是「希望中文成爲第二外國語之一」。JIS每個高中生都必修第二外國語，最少修一年，大多是兩年。這個學分受到美國大學的承認，可以抵充未來就讀美國大學第二外國語的學分。JIS的「第二外國語」包括法文、德文、西班牙文、義大利文、日文、韓文、印尼文。但是竟然沒有中文！

那怎麼辦呢？「我們要向校方表達我們的立場」成了台灣社團的共識。但是，如何表達？誰來代表？經過許多家長的討論，最快的解決方法是：「把我們的人送進JIS校務委員會，參與決策」。誰最適當？萬家興。爲什麼？他們的理由包括：「他有兩個孩子念JIS，外交官，代表處副組長，有社會地位，美國名校畢業，英文流利，有和老美打交道的經驗，熱心公益，他家離學校最近」。

火線以外，人人都是勇士。這種「叫別人上火線」的事，很容易就達成共識。妙的是，我從來就不想競選JIS校務委員。我不想出馬的立場是明確的，可是，還是經不起台灣家長聯誼會的再三「勸說」，大有「先生不出，奈天下蒼生何？」的凜然大義。我最後決心接受徵召，出馬競選，打這一場艱苦的仗。

萬振宇，中排左二，是籃球校隊成員之一。

JIS的校務委員會基本上是被老美牢牢掌控。這所學校建於1950年代，在我競選校務委員時，已經有四十多年歷史。它原來是「美國學校」，後來轉爲「國際學校」，以國際化稱著。它的權力核心是School Council，校務委員會。校務委員會有九位委員，每位一任三年，可以連任，每年改選三分之一，也就是每年有三位改選。委員會職掌包括：聘任及解雇校長和教職員、各年級的課程、全年行事曆、管理學校財產（後來我才知道有幾千萬美元，嚇我一跳）、及學校未來發展。權力非常大。台灣來的家長很樂觀的認爲：既然每年改選三位委員，我們參加競選，選上了就可以建議把中文納入「第二外國語」，還可以照顧到更多亞裔的福利。這個想法百分之百正確。問題是，辦得到嗎？

既然決心競選，我開始認眞去瞭解遊戲規則。這個遊戲規則看起來公平，但是等我知道細節後，不免一陣心驚。看看這幾條規則：「必須是JIS學生家長或教職員才能選舉及被選舉」。「每個家庭只有一個投票權，可以由父親或母親代表投票」。「每個投票人可以圈選最多三個候選人」。這條規則，就有「藏在細節的魔鬼」。它對我的「隱含意義」是：候選人是以「個人」對抗「300名教職員集團」。不管你有幾個孩子就讀JIS，你只有一個投票權。理論上你可以選三位候選人，但是事實上是「單兵作戰」。教職員總數約三百人，絕大多數是美國籍，動員力強，向心力也強，又能每人票選三人。因此選票出現了一些弔詭的意涵：「家長的選票事實上只有教職員選票的三分之一價值」；「散渙的學生家長」對抗「團結的教職員」。這個遊戲規則造成一個現象：九位校務委員長期以來全部都是美國籍的教職員，以及有子女就讀JIS的教職員。老美事實上一直「牢牢掌控」著校務委員會。我瞭解這個現象後，怎能不心驚？

選舉有三個重要階段：公告個人簡歷和政見，電話拜票，現場發表政見。校方規定不能在校內做任何文宣，不可以讓學生分送傳單。因此校方統一把九位候選人的簡歷、相片、和政見印在學校的News Letter上，分發給每一位學生家長和教職員。這個階段有兩件事蠻有趣。趣事一：幾乎每一位候選人，特別是三位女性候選人的照片都比實際年齡年輕許多。我和大家同台發表政見時才「猛然」發現這個現象。趣事二：我在孩子心中突然偉大了。很多孩子的同學從News Letter校刊看到候選人簡歷，會對我孩子說：「你老爸唸Georgetown大學，哇，名校哩」。孩子們突然開始對我刮目相看。孩子從小被媽媽灌輸了一個印象：「老爸是鄉下長大的，唸的都是尾巴學校；而媽媽一路唸的都是好學校，公費留學考試的榜首，留學英國，比老爸強很多」。經過學校的News Letter廣爲宣傳，孩子才恍然大悟，原來老爸也可以後來居上，讓他們引以爲榮。

第二階段是「拉票」。JIS禁止校內文宣活動，因此只好電話拉票，按著學生通訊錄一個一個打電話。台灣的家長是鐵票，大約有四十人，百分之百支持，一律保證會去投票。其次獲得「堅定支持」的，是新加坡、馬來西亞的學生家長。他們對我「要求校方把中文列爲第二外國語」的訴求非常支持。尤其是幾位馬來西亞的家長，還主動幫忙拉票。當時中國大陸幾乎沒有學生就讀JIS，只有幾位來自香港的學生。香港的家長對我的參選，也是堅定支持。菲律賓、泰國的家長相當友善，表示願意支持。其他亞裔族群的支持度，就抓不準了。

韓國學生在JIS約五百人，是「老美」以外最大族群，也是我最重視的票倉。我原以爲會廣受支持，然而拉票結果，令人洩氣。整體而言，韓國人並不很認同我「加強亞洲文化價值」的訴求。也不認爲「中文是JIS必要的第二外國語」。我更感到洩氣的是大多數的韓國家長不支持由「台灣的家長」來代表亞洲的家長。他們寧願選一個老美也不願意選一個台灣人當校務委員。這個經驗使我相當驚訝，完全出乎我「後來證明是一廂情願」的想法。

日本的家長態度比較溫和友善，但基本上對選舉不感興趣。美國家長大多態度友善，語多鼓勵，少數表示願意支持，大多數表示願意考慮。以我和老美交往的經驗來觀察，他們的反應大多屬於「空氣票」，你知道在那裡，但是抓不到。歐洲國家的家長對於誰是校務委員不怎麼在乎，他們對教學也沒有特別需求（法語、德語、義大利語、西班牙語都已是第二外國語），對我參選大多不願表態。不過幾位義大利家長在我說了幾句義大利語之後，表示會投我一票。另外一個「大板塊」是JIS的「教職員」，約三百人。整體教職員有幾個特點：大多是美國籍、向心力強、和家長的利益不太相同。這個部分我抓不到票。從拉票過程中我瞭解亞裔是我的靠山，而韓國家長是我的「票倉」。我們家在義大利、馬拉威、印尼每次駐外期間都交到一家「死忠」的韓國朋友。在印尼的這一家韓國人和我們同住一個社區。社區里約有十幾家韓國人，但是只有這姓李的和我們最投緣。我太太從李太太那裡打探到兩大秘密：一、韓國家長絕大多數支持連任的美國籍的教職員，因爲學校裡有位女性美國籍韓裔職員動員拉票，大家已經有共識。二、韓國家長大多認爲選JIS的校務委員，選男性不如選女性。因位韓國太太們認爲男人忙於工作和高爾夫，哪有時間熱心公益？一旦知道少了韓國家長的支持，我明白我只能「志在參加」了。

第三個階段是發表政見。四月下旬的某一天晚上九位候選人在學校大禮堂，面對幾百位大多數是美國籍的教職員和學生家長，發表演說和回答問題。九位候選人，六男三女。五位美國籍；四位非美國籍。四位「非老美」包括一位印度人、一位紐西蘭人、一位先生是英國人的華裔女士、以及我。每個人有十分鐘的時間發表演講和回答問題。

我打算從「另類觀點」切入。我的開場白是個笑話：從前有兩個乞丐在街上相遇，猛然發現兩人竟然是老朋友。兩人都曾經是大企業的老闆。乞丐甲問道：「老兄，你怎會淪落至此？」乞丐乙回答「因爲我完全聽信專家，一切照專家的辦法，最後公司垮了，弄到這步田地。你呢？你怎麼也垮了？」乞丐甲回答：「我和你相反，我是從來不聽專家之言，以致落到今日慘境。」聽衆發出了一點笑聲。我繼續說：「我發現了一個現象，JIS的九位委員，都是專家。有律師、有會計師、有建築師、有財務經理。今天來角逐的也多半是專業人士。剛才說的故事證明了一個現象，那就是，如果決策群全部都是專家，可能會發生「兩個乞丐」的結果。我今天是以一個平庸的layman，單純的學生家長的身分爭取進入委員會，或許因此能使學校的政策更符合全體家長的期望。」台下發出熱烈的掌聲。我繼續說明，我希望JIS能更多元化，添增一些亞洲文化價值，例如把中文也列爲如同法德西日韓一樣地位的外國語。我最後的結論是：「你們半年前選了一位Georgetown大學的校友柯林頓，連任你們的總統，我希望在座的諸位也能選出一位Georgetown的校友擔任JIS校務委員之一」。台下又響起掌聲。散場後很多家長和教職員與我握手，說我的演講很生動。

在九位候選人中，有幾位令我印象深刻。競選連任的兩位候選人和台下大多數的聽衆都是教職員同事，演講氣氛好像是家庭聚會，令人羨妒。有一位老美男士是學生家長，已經競選過三次，屢敗屢戰，今年捲土重來，準備了許多校內政策和經費運用的資料，指出許多不當之處。講的頭頭是道，可是台下的聽衆幾乎沒有共鳴。坐在我身旁的是一位漂亮但很冰冷的女士。她是香港出生的華人，先生是英國人。我覺得她很怪異，因爲她絕口不說華語，也不太理睬黃種人。政見發表會之後，第二天開始，連續三個上課日從早上八點到下午三點學生家長可以到學校投票。投票結束第二天校方公佈三位當選者名單：兩位競選連任者，和另一位曾經是委員回鍋競選者。三位當選人，一男兩女，全部是美國籍，都是教職員。校方沒有公布每個人的得票數，據校方的解釋，這是「傳統」。新當選的三人在數週內將與現任六位委員一同赴馬來西亞度假「避靜」（recluse），以度假的方式，培養團隊精神。

選舉結束我落選了，結果並不意外。兩個月來努力的結果，我有收穫也有遺憾。「校務委員會」制訂的規則，掌控了選舉結果。我有時會覺得那九位委員組成的校務委員會簡直就是美帝反動派，不打它，它不倒。我打了，可惜，蝺蟻撼樹，打不倒它，讓我有點「壯志未酬」的遺恨。我先是被「搶救中文」這個「神聖使命」激醒，懷著滿腦子理想，參與競選。然後觸感到各類人種的不同思維，瞭解了選舉過程中，看似公平但隱含著「無形的不公平」的現象，也體會到人生的路上經常是「已是過河卒子，只有勇敢向前」。選舉的結果，勝負立判，黑白分明。然而選舉的過程卻是形形色色，多采多姿。

當年JIS不把中文列爲第二外國語，校方的解釋是「印尼政府禁止華語教學」。到了2002年印尼經歷了蘇哈托、哈比比、瓦西德、到梅嘉瓦蒂四任總統，華文禁令取消，JIS終於把中文列爲和日文韓文印尼文一樣的地位。當年爲了「讓中文比照日文韓文，成爲JIS的選修外國語」這個單純的希望，我曾經努力搏鬥過。當時的見義勇爲，像是和風車搏鬥的唐吉訶德。何其「愚勇」。回想往事，我不禁感謝上蒼給過我這種「愚勇」，讓我憑著它「打過美好的一仗」。這是我人生中，一場完全意外的，爲一個「單純希望」的奮戰。我輸了。但它是美好的一仗。

左：萬振儀，正中間劃圈者，樂團中吹橫笛。
右：JIS的「國際日」台灣家長擺攤義賣，贊助活動。

85.
從印尼回台北：有功不賞

2000年1月，全世界歡迎新世紀的到來。我也歡欣鼓舞的等待亮麗的前景，準備回國接任新職。此時的我，躊躇滿志，氣宇昂揚。我覺得自己是「戰功彪炳的戰士」，理當更上一層樓。我自認在印尼的表現是，「金光閃閃」，胸前掛滿了勳章。不是嗎？連續五個考績甲等，五次嘉獎（其中「棉蘭空難案」嘉獎兩次；「五月暴亂案」嘉獎兩次；查獲「假結婚案」嘉獎一次），一次函勉。更大一枚勳章，是獲選「模範公務員」。這些是我在印尼期間的工作績效。有這樣績效的駐外人員，擔任過代表處的副組長，很自然認爲下一個職務應該是「副司長」。這是外交部的正常生態，也是合理的推想。然而，我又錯了。等了三年半，就是等沒有，黯然以「組長名義」派往駐加拿大代表處，三個月後才眞除，成爲組長。這次調回國內服務，是我生涯中「官夢破碎」的歲月。

在2000年，國內政壇發生巨變。陳水扁在「連宋扁三足鼎立」形勢下當選總統。這是我國第一次政黨輪替，自然有許多新氣象。外交部也接著發生了不少變化。外交部出現遷台後首次「非國民黨籍」的部長。部長是由頗有名望的資深學者田宏茂出任。田部長不熟悉外交部運作，所以部內的人事權委由政務次長吳子丹負責。此外人事行政局對外交部也做出空前轉變。外交部的「人事處長」職務，長期以來一向是由外交系統人員出任，從這年開始，改由人事行政局派員出任。

另一個改變是，部內的考績和甄選，都更注重「民意」。往昔是由兩位次長和各單位主管組成大約二十多人的「考績暨甄審委員會」負責考績和甄選業務。2000年首次舉辦「選舉」，從外交部的同仁中「民選」出七位「非單位主管」委員，注入新血，參與部內的考績和甄選的評議過程。我是高票當選的「考績」和「甄選」雙料委員。我擔任委員期間曾接到過幾個電話，包括外館同仁的電話，希望我在考績會上「美言」。多次參與考績和甄審會議後，我才發現，其實個別委員的功能有限。事實上，眞正的權力在政務次長手中。

我分派在亞太司服務。司長是石定。遇到的副司長先後有常以立，陳經銓，和廖港民三位。外交部的編制，早年在司長、副司長之下有「幫辦」職位，但當時已經取消了「幫辦」，改爲「核稿的專門委員」。我先後和于德勝以及梁仲平擔任司裡的專門委員。我督導第二科東南亞，和第四科印度暨綜合業務。

若論資排輩，常以立，陳經銓，和廖港民都是我後期同事。我當然有資格，坐上這個位子。以我在印尼的表現，坐上這個位子，也不會有非議。然而，當常以立被剛上任的田宏茂部長調任部長室主任時，派來了陳經銓接任。我眼巴巴地看著這位子，空了，又補上人了。不久後，因爲新政府重視NGO組織，外交部成立了一個新單位：「非政府組織國際事務會」。陳經銓副司長調升爲這個新單位的主管。我認爲「鴻鵠將至」，這次該有我了吧。嘿嘿，又失望了。接任的是廖港民。我是左等沒有，右等也沒有。我在印尼，發表調部時，人事處長官曾打電話給我，問我願否接任領務局駐花蓮主任。我說「願意」。誰知道回到台北，被告知亞太司長官「挖角」，把我拉到亞太司服務。既然是如此，爲何三次副司長出缺，都不補上我這個完全合格的人選。這沒有道理啊！

既然「亞太司」這個大單位，我排不上號，其它司處應該有機會吧。電務處副處長出缺，是陳俊明接任；他是我後期同事，但比我早接任檔案資訊處第一科科長。我接他的科長，對他很瞭解。後來總務司副司長出缺，接任的是陳文煙，也是我後期同事。陳副司長之後奉派南亞某國開館。幾年後，外交部整體考評，認爲該館功效不彰，而予裁撤。接著又有一個副司長等級的職缺，那是「北協副秘書長」。我認爲，我是不二人選啊。我曾經兩度在北協服務，我很熟悉業務。我的資歷完全符合，適當。我萬萬沒想到接任的是劉姍姍。我和她在北協曾經同事過，大家對她都很瞭解。多年後，她在擔任堪薩斯處長任內發生了被女僕控告，警方押送法庭受審的案子，幾乎引起外交風波。如果這些同事都能擔任副司長，我絕對可以。毫無問題。但是主管人事的吳次長就是對我視而不見。這公平嗎？

有一天晚上，我在家裡接到人事處長打來的電話。處長問我「願否去斐濟？」，我問處長「什麼職務？」，處長說「副組長」。我說「我從印尼回來就是副組長了啊」。處長說「你明天上午八點半以前，一定要告訴我，你去或不去。」然後就掛了電話。

我知道這個電話「非常不尋常」。人事處長通常不會做這樣的事情。他打電話給我，一定有很多「沒有說出的訊息」。我當然不會接受以副組長名義調派斐濟。我尋思再三，我的解讀是：五樓的長官要把我外放斐濟，職稱副組長。人事處長認爲不妥，特別詢問我個人意願。

第二天早晨，我在八點半之前，已經守候在人事處長辦公室門口。見到處長，我說「我不去」。處長說「好。知道了」。就這樣，調派我去斐濟的事，「船過水無痕」，消於無形。幸虧有人事處長看不下去，我差一點被「私宰」。

有一天在司長室開內部會議，只有四個人：司長、副司長、以及我和梁仲平兩位專門委員。司長突然冒出一句很突兀的話；「萬專門委員和梁專門委員誰資深啊」？這是「明知故問」。副司長廖港民脫口而出「當然是萬專門委員」。司長是第十期，廖副司長是第十四期，我是第十三期，梁是十八期。同事相處，資歷期別，平常不會提，但大家都心裡有數。提出這樣突兀的話，應該有其它意義。

果然，沒有幾天，我忽然被「調升一層樓」從三樓的亞太司，調到四樓的「北美司」。又一個意外。北美司司長高碩泰是我同年，對我很禮遇，指派我督導第三科加拿大業務。把我調離亞太司，應該是爲某人騰出位子。

2002年一月外交部又發生大變化。田宏茂去職，由簡又新接任部長。令人意外的是，和簡部長同時來外交部的，還有政務次長高英茂。於是吳政務次長被倉促擠下台，幾近裸退。一年半後，2003年8月他謀得駐哥斯大黎加大使職位，不到四年在2007年6月，兩國斷交，降旗歸國。

一心以爲「鴻鵠將至」的我，苦等了三年，依然沒有等到我認爲「應該的」副司長職位。我看了「公務人員升遷法」，其中第11條，第三款有這樣的條文：最近三年內曾當選模範公務人員者且具有陞任職務任用資格者，得免經甄審優先陞任。主管人事的次長，有功不賞，有法不依。而進用者多爲親信，這是失職，甚至是瀆職啊！。請看條文，白紙黑字。

〈公務人員陞遷法第十一條〉：各機關下列人員無第十二條各款情事之一，且具有陞任職務任用資格者，得免經甄審優先陞任：

一、最近三年內曾獲頒勳章、功績獎章、楷模獎章或專業獎章者。

二、最近三年內經一次記二大功辦理專案考績（成）有案者。

三、最近三年內曾當選模範公務人員者。

四、曾獲頒公務人員傑出貢獻獎者。

五、經考試及格分發，先以較所具資格爲低之職務任用者。

簡部長上任後，對於獲選「模範公務員」的同事，非常重視。例如廖烈明獲選模範公務員後，簡部長在內部會議時就表示「即予提升」。兩相比較，我有「生不逢辰」，未遇明主之憾啊。

我這次調部服務，受到的待遇是「有功不賞，有法不依」。這是赤裸裸的「不公平」。然而，這就是我在外交部活生生的寫照。我首次對外交部官場惡習，任用親私的文化感到「極度失望」。這個「極度失望」，讓我從「官夢破碎」中，興起寫回憶錄的念頭。

在北美司不到一年，我又一次意外的「調升一層樓」，到了五樓秘書處。我完全沒有料到，也不確定誰的推薦，到了五樓這樣的「高層」。當時部長室的主任是高泉金，秘書是介文汲。我在五樓的工作，主要是爲部長做內部會議記錄和草擬對外的演講稿。我自嘲說，這樣一調動，我從外交部的一樓到五樓，全部待過了。一樓：北協、二樓：檔資處、三樓：人事處、亞太司、非洲司、四樓：北美司、五樓：秘書處。有趣的，沒法預料的是，後來我還去了十樓（外交講習所）和中部辦事處。在秘書處工作半年後，我以「撰稿著有勞績」記嘉獎一次，隨後我發表外放加拿大。雖然有一大堆的獎勵，胸前再多勳章，也難掩我對這次回部服務三年半，歷經亞太司、北美司、秘書處三次「高昇一層樓」，但未能接任「副司長」職務的遺憾。到秘書處半年後，我黯然接受派令去加拿大。

從印尼回台北這三年半，我的心境經過幾個階段：期待，期待轉失望，埋怨，憤憤不平。「有功不賞，有法不依」是我最大遺恨。在外交部37年生涯中，看到經常是所謂的北美幫，國組幫，政大幫佔滿高位。佔高位，證明能力出衆，這點我沒有非議。但是主管人事的次長，佔著高位而有法不依，用人徇私，就不能讓我心懷敬意。

有些朋友同事和我談起官場人事，常會說「老萬，官場無是非。古今中外都這樣啊」。沒錯。可是不要忘了，很多朝代，政權，政黨，機構的衰敗，都是從「用人唯親」開始。諸葛亮在出師表勸誡君主「親賢臣，遠小人，此先漢所以興隆也；親小人，遠賢臣，此後漢所以傾頹也。先帝在時，每與臣論此事，未嘗不嘆息痛恨於桓、靈也」。這個「未嘗不嘆息痛恨於桓、靈也」，就是痛恨東漢桓靈兩帝期間，種下了衰敗滅亡之因。歷史上不乏閹黨亂政（明朝），和權臣亡國（漢朝王莽）的例子。在高位者只存私心，進用親信，有法不依，唯親是用，此所以官箴敗壞，衰亡之兆也。

這段在台北期間，始於2000年1月，我自以爲是「胸前掛滿勳章」的戰士，回國接受掌聲。終於2003年6月我黯然接受派令，去加拿大服務。這段期間我受到的待遇是不公平的。我不服氣。我個人無法和官場文化對抗，但是，就是這段期間的磨難，讓我下了決心，要寫回憶錄。記錄這一段我的親身經歷，針砭時事，臧否人物。爲自己撫慰傷痕；爲後來弄權者戒。

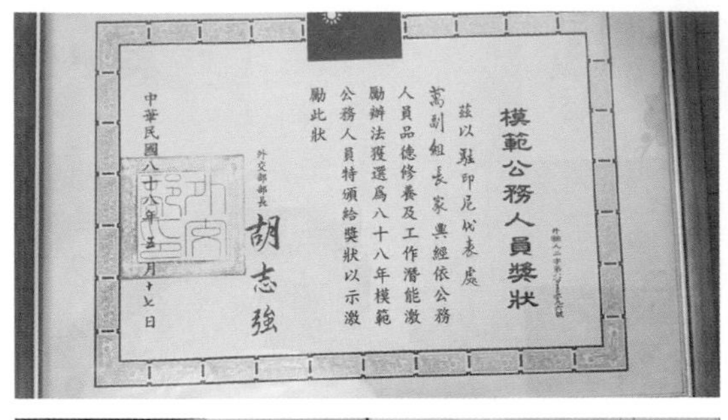

模範公務人員獎狀

茲以駐印尼代表處
萬副組長家興經依公務
人員品德修養及工作潛能激
勵辦法獲選爲八十八年模範
公務人員特頒給獎狀以示激
勵此狀

外交部部長 胡志強

中華民國八十八年五月十七日

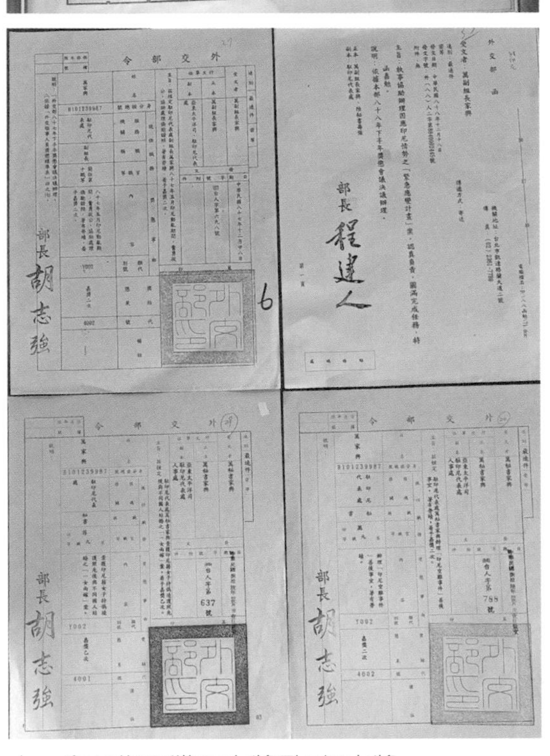

外交部令

部長 胡志強

外交部 函

部長 程建人

外交部令

部長 胡志強

外交部令

部長 胡志強

上：印尼期間獲四次獎勵5個嘉獎。
下：印尼期間獲「模範公務員」榮譽。

六、

黯然派赴加拿大（2003-2009）

86.
加拿大的公務歲月

我在2003年六月前往加拿大，擔任駐加拿大代表處業務組組長職務。2009年四月離開加拿大，返回台北，宣誓就任駐諾魯大使。在加拿大將近6年的時間，我的公務主要是兩個部分：「爭取加國支持國際參與」，和「強化與國會聯繫，特別是國會議員邀訪」。

每年的九月聯合國召開大會。我國外交部每年七八月開始「加溫」推動「參與聯合國案」。這是已經常態化的例行業務，通常是由邦交國在大會提出這個訴求，但是它很難得到聯合國多數國家廣泛共鳴。即使難獲共鳴，仍舊要「年復一年」地提出，這是爲了「保持本案的溫度」，不要涼了。要讓國際社會知道我們參與的願望和決心。這個「參與聯合國案」我國很少洽請加拿大協助。因爲它的「一個中國原則」擋在那裡，過不去。

然而在「有意義參與聯合國組織」方面，比方參與WHO（世界衛生組織）和ICAO（國際民航組織），我們對加拿大懷抱希望。我們有很好的說詞，諸如，我們兩國有「民主自由共同價值」，「衛生也是基本人權」，「疾病無國界，世界防疫拼圖不能缺台灣這一角」；以及「國際航空安全可能因缺少台灣，造成飛安漏洞」。這些說詞都「擲地有聲」。但是，外交不能脫離殘酷的「國際現實」。

加拿大外交部的亞太司長，通常是擔任過「加拿大駐台北貿易辦事處」的代表，對於我國相當熟悉友善。我國駐加拿大的代表，通常是和亞太司長打交道。我通常洽公的對象是亞太司的科長。每年四五月都會「循例」洽請加拿大支持我國「有意義參與世界衛生組織」。加方也會「循例」答覆我們加方的一貫立場，那就是：「加方支持『多數成員國支持』的方案」。用白話文說，這意思是「如果多數成員國支持，加拿大就支持。加拿大自我定位是『中等國家』，無法爲台灣率先提議」。年復一年，這個「參與國際組織」的訴求，成了「儀式性」年度活動。

對於加國行政部門，也就是外交部，難有突破。但是在國會方面，我們算是「相當成功」。加拿大眾議院338位議員，參議院105位議員。國會朝野政黨整體而言對台灣都非常支持。我們長期以來，每年在加拿大國會休會期間安排國會議員組團訪問台灣。一年通常四次或五次組團訪台。加拿大國會參衆兩院都非常支持台灣，主因就是有非常多的議員曾經訪問過台灣。只要訪問過台灣，幾乎都對台灣印象良好，樂意支持。

加拿大國會議員團訪台，每年四次或五次，由同事輪流陪同，稱之爲「帶團」。我每年平均會陪同一團到兩團。訪團在公務上一定有的行程是「拜會陸委會」，聽取我方首長對兩岸關係的分析。因爲「兩岸關係」是加國外交部亞洲事務的重點之一。我陪同訪團多次訪問陸委會，其中會晤過的陸委會正副首長包括蔡英文、童振源、陳明通、吳釗燮、黃介正等人。訪團成員大多認爲：吳釗燮和黃介正兩位，語文能力佳，才思敏捷，論述有邏輯。而黃介正解釋兩岸三黨對「One China」的說明，簡單明瞭，相當生動。黃說大陸的

One China是「One China. Period.」，就是一個中國。國民黨的One China是「One China, But」，一個中國，但是在未來。民進黨的One China是「One China, And」，一個中國以及（一個台灣）。這個「Period，But，和And」的講法很特別，生動。

2004年三月的國會議員暨學者訪問團由我陪同。那次訪團又稱「總統大選觀選團」，主要行程是觀察我國總統大選。那是我印象最深刻的一次「帶團」。加方團長是布瑞亞，Don Boudria，曾任自由黨內閣部長。當時尋求連任的陳水扁總統陣營爆發了第一夫人吳淑眞涉入「龍潭購地案」收賄醜聞。「連宋陣營」的民調高於陳水扁。我們參訪了藍綠兩陣營的競選總部，由兩陣營的國際事務發言人接待。藍軍由何思因介紹連宋目前民調以及勝選後施政藍圖。綠軍由蕭美琴介紹民進黨的草根發展歷史，並說目前綠軍受到醜聞影響，民調偏低。但是，她話鋒一轉，說民進黨是一杯白開水，水中滴入了一滴墨，立刻被人發現。而國民黨是一杯咖啡，已經一團烏黑，滴什麼進去，外面都看不出來。何，長於論述，條理分明，言之有物。蕭，長於類比，動之以情。何思因和蕭美琴都是兩陣營傑出的發言人。

這次大選，還綁定了「公投」。加方團長布瑞亞Don Boudria是法裔加拿大人。對「公投」表示「個人意見」：他認爲，任何政治議題，非必要，不要辦公投。最好「政治解決」。因爲任何「公投」都會造成對立，甚至分裂。加拿大發生過「魁北克公投」，造成社會族群對立，長久難以癒合。他「個人」不贊成大選綁公投。

我們在3月19日下午三點多，正在參訪鶯歌陶瓷博物館時，忽然得知陳水扁總統遭到槍擊。也就是後來的「319槍擊案」。大家都很吃驚。訪團感覺「此事不尋常」，但都閉口不談。

在加拿大六年期間，我陪同過大約十次加拿大訪團。他們最喜歡的節目是遊覽太魯閣。太魯閣的景觀，接近「世界級」，非常罕見。高山深谷之間，僅有蜿蜒狹窄公路，是個「驚心動魄」之旅。當然，故宮博物院也是「必看」，這是必有的熱門節目。此外，各式各樣的美食，也讓訪問團讚不絕口。

我在加拿大將近六年，遇到兩位代表：陳東璧和李大維。我是業務組組長，我的前任是田中光，後任是陳克明。駐加拿大代表處編制不大，只有組長和組員各一，我先後有兩位組員：林明誠，楊平齊。一般認爲駐加拿大代表處是個重要的外館，在這裡歷練過的同事，後來的發展都不錯。

帶團的行程結束之後，通常會請休假一週，留在台灣，處理私事。例如，我曾經去看牙科，補牙齒，回加拿大時會帶零食分送同事。偶爾也會幫長官攜帶物品。我有一次，幫長官帶老鼠籠回渥太華。老鼠籠實在太難打包行李。結果，我是一路手提帶回來，很辛苦。

在加拿大服務期間，兩國關係，沒有驚濤駭浪，也沒有突飛猛進。一切幾乎都「可以預期」。主因就是，加拿大雖然對台灣相當友好，但是在政治上，它堅守「一中原則」。這是個繞不開的障礙，在這樣的大環境，我們能獲得國會朝野各政黨的共同支持，算得上「難能可貴」。整體來說，這個六年是平順，平淡。

左起：萬組長夫婦，加拿大國貿部長戴國衛Stockwell Day夫婦，駐加代表李大維夫婦。

駐加外交團各國友人在萬組長寓所聚餐。

國慶時裝盡顯世界和平

212面各國國旗點綴一身 渥京設計師展示新創意

【本報記者吳喬智渥太華報導】為慶祝加拿大國慶，渥太華著名的服裝設計家羅賓森（Richard Robinson）特別設計了一套以各國國旗圖案縫製的加拿大國慶時裝，國慶前夕邀請各國大使夫人欣賞他的佳作，歡度國慶。

◀渥太華服裝設計家羅賓森（左）以各國國旗圖案設計加拿大國慶時裝，並由模特兒展示。駐加代表處業務組組長萬家興夫人董國銘女士（中）參加發表會，高興指出時裝上的中華民國國旗並合影。

（本報記者吳喬智攝）

羅賓森每年都會設計一套國慶時裝來慶祝加拿大國慶，今年是第六次，主題是「世界和平」。他先前曾寫信給外交使節，希望每個國家能提供國旗給他，並以各國國旗圖案設計縫製成今年的國慶時裝。他收到了 212 面不同國家國旗，經設計完成了「世界和平」時裝，30 日上午在公司前廳，由模特兒穿著展示。

今年這套國慶時裝，採低胸無肩帶禮服款式設計，以紅色系列為主。由於整件禮服全部都是各國國旗圖案，色彩繽紛，美不勝收。沿著裙子下襬的部份，羅賓森特別設計用不同文字寫出「世界和平」字樣，象徵世人和睦，和平共存。受邀參加國慶時裝發表的各國大使夫人，紛紛和模特兒合影，還特別用手指頭指出自己國家的國旗。

駐加代表處業務組組長萬家興夫人董國銘女士，代表陳東璧夫人張美和女士出席盛會，也高興指出時裝上的中華民國國旗跟羅賓森和模特兒合影。這件國慶時裝在 7 月 10 日將會在渥太華的世界展示館展出一天。

上：加拿大總督Michealle Jean與萬組長夫婦合影。

左下：加拿大服裝設計師展示各國國旗的時裝，萬組長夫人手指著我國國旗合影。

右下：萬組長陪同加拿大國會議員團拜訪陳水扁總統。

87.
多走一哩路 Go the extra mile！（加倍努力）

我服務於駐加拿大代表處期間，大概是2005年的年底左右，某一個星期天，我輪值的「緊急行動電話」響起。我聽到電話那端緊急的求助。案情大致如下：有五位在美國波士頓就讀的台灣學生，趁著聖誕假期開車從波士頓到加拿大魁北克省的蒙特利爾市觀光遊玩，之後計畫從安大略省的邊境返回美國波士頓。很不幸，他們當天在蒙特利爾吃完中飯，準備開車返回美國時，發現汽車被撬開，放在後車廂的行李包全部失竊了。所有人的護照和返回美國的再入境簽證，Re-entry visa，也都失竊了。五個學生非常焦急，因爲他們急著趕回學校參加下週的期中考試。

外交部每個駐外館處都有「緊急聯絡電話」。這支是公務電話，專門處理轄區內突發的國人緊急救助案件。這支電話保持全年，每天24小時暢通。電話號碼，各外館或外交部網站都很容易找到。它通常是由代表處同仁輪流值機，隨身攜帶。遇到求助案件，十之八九都是領務案件，值機同仁會立卽轉請服務組同仁接手處理。我當時是業務組長，理論上，我應該立卽轉告服務組組長接手處理。可是，就是這麼巧，服務組C組長也是趁著聖誕假期，休假兩週去芝加哥會她的丈夫黃醫師，而我是她的職務代理人。我外館生涯中，好幾次都是臨時代打遇到急難案件。大概是命中注定吧。這件事，需要立即，但不必驚慌，按部就班處理。

我首先告訴同學們，立即先做兩件事：1、向警方報案；2、拍護照用的快照。然後開車趕到渥太華的代表處辦理新護照。

接著我打電話給代表處的服務組本地雇員林慧莉小姐。說明情況，希望她能盡快趕來代表處爲五位同學製作護照。林小姐一口答應。她是我非常敬佩的同事，工作認眞仔細，很有責任感。

接著我發了一個Email給美國駐加拿大大使館的領務官Susan，我和她認識，但不熟，「點頭之交」而已。電郵中簡述了上述情形，但強調了兩點：他們急著回去參加下週期中考；我們正趕辦護照，傍晚之前可以完成，但是「再入境簽證」急需協助。

蒙特利爾到首都渥太華約220公里，車程兩小時多一點。大約三小時之後，同學們趕到了代表處，帶著報案證明和照片。林小姐隨即開始製作五本護照。

接著我打電話到Susan家中，一如我所料，她口氣不佳，說：「Jason，今天是星期天」！我趕緊說抱歉，接著我說因爲事出突然，我幾小時之前先發了Email給妳，請求協助，不知妳是否收到？五位學生現在就在我面前，急著回去期中考，懇請妳儘早核發他們再入境簽證。Susan此時語氣緩和下來，說她有看到Email，願意幫忙。請五位同學務必在明天上午九點以前抵達美國使館門前，她將騰出時間會見學生，然後核發簽證。

第二天，一如先前約定，同學們按時到達，取得簽證，然後開車返回美國。大約十點鐘，我很驚訝的接到了Susan

打來的電話。她說，已經核發了簽證，學生們應在路上。她剛剛已經傳了簡訊給紐約州靠近加拿大Kingston的美國邊境移民官員，告知，她已經核發了五位台灣學生簽證。她最後對我說：「你昨天為學生們所做的事，很棒。我想我也可以加倍努力，為這些學生Go the extra mile，多走一哩路。」

我非常感動。和美國大使館打過交道的人，會瞭解，願意騰出時間一上班就「提辦」，優先核發簽證給五位台灣學生的美國領事官，是少見的友善。像Susan這樣，不但騰出時間核發簽證，之後還「額外」的傳簡訊給邊境移民官，再打電話給我。這樣的美國領事官，我保證是「鳳毛麟角」。這件事我深有感觸：善心和善行，會傳染。應該是我們在星期天為學生們趕辦護照的行為，影響了Susan的態度。

故事還沒完。C組長從芝加哥休假回來，我代理職務結束。我向她簡述這件急難案。我心中想，她的回答大概是「喔，辛苦你了，謝謝」。但是，完完全全出乎我的意料。她面露不悅，對我說：「萬組長，你叫他們星期一上班時間來辦就好了啊！你這樣週末加班，以後我們怎麼辦？」

我當場愣住了。幾秒鐘後，才緩緩回神：「這種事不會常發生。」說完，我迅速離開了她的辦公室。美國領務官和C組長的態度，巨大的反差，深刻的反諷。

88.
哪有辦活動還賠錢？

多年來爲了強化加拿大國會對我國的支持，每年的農曆春節之後，大約在二月份，駐加拿大代表處會透過友我議員，借用國會的大廳舉辦一年一度的「台灣之夜」。這是個高水準的，音樂會類型的文化活動。

某年的年初，按照往例，向台北外交部提報計畫，然後撥款，籌備這個活動。籌備的細節很多，包括接洽國際出名的台灣音樂家和演湊家，敲定時間，排節目，寄發請帖，餐飲訂備，會場佈置等等。每年都是演奏美妙，賓主盡歡的「音樂饗宴」。這年也不例外，也是個非常成功的一次「台灣之夜」。

我當時是業務組組長，本案的承辦人。演出結束後，有一件「我認爲的小事」，出乎我意料，攪壞了整個活動的「考評」。原來在規劃初期，長官指示：「從寬列報預算」，把想得到的支出，都列進來，最後結案時，最好「剛好收支相抵，或結餘幾塊錢」。我努力精算了。最後台北方面如數撥款四千美元專款辦理這個活動。

活動圓滿落幕了，我向代表匯報，他頻頻點頭。但是最後提到經費，說最後結帳，透支大約一百加元，要由辦公費支出。這使得長官頗爲不悅，對我說：「你眞是的，辦活動哪有貼錢的呢？」

我趕緊說明：「報告代表，其實我們並沒有吃虧，雖然超支本處一百加元，但是剩下了一箱多紅酒，價值超過三百加元……」。

代表對我牛眼一瞪，嘆口氣說：「唉呀，別說了，你出去吧」。

89.
加拿大的居家歲月

加拿大面積將近一千萬平方公里，世界第二大國，僅次於俄羅斯。人口不到四千萬。扼要的描述加拿大：地廣人稀，風景優美，四季分明。冬季六個月，太久太冷。

加拿大最讓我印象深刻的，是「精準的時間安排」，它是高度有組織well-organized的社會。一年之中，春夏秋冬，氣候變化非常明顯。春天雪融化了，枯樹發芽，雁群北返。春夏之間綠意盎然，百花盛放。秋天落葉知秋，雁群南遷。冬天積雪不化，河水結冰。這樣的環境養成了生活作息，按照節氣，定時和守時的習慣。各個社團公司機構，一年之初就排出行事曆，按表操課。看醫師門診，看牙醫，商談業務，甚至朋友拜訪都是先前就預定，極少「臨時起意」，隨性到訪。

左：春天公園野餐土撥鼠來湊熱鬧，另兩人是同事呂欽陽的夫人和孩子。
右：五月的鬱金香花季，常有雨，萬夫人撐傘賞花。

萬夫人和孩子在早期的首都京士頓 Kingston河濱公園。

春天到了，河面上的冰塊開始解凍，發出巨響，好像是遠處的隆隆炮聲。小草冒出芽，樹木新綠，土撥鼠從洞穴爬出來。春光無限美好。這個時節有兩個有趣活動：採楓漿和鬱金香節。楓葉是加拿大國旗標緻。楓樹是加拿大「楓糖」的來源。人們在初春時節，在楓樹的樹幹上挖出一個口，讓汁液緩緩流出，流出的液體，顏色介於乳白和乳黃，就是楓糖漿。糖漿滴在冰上，會馬上凝固，用竹片沾起，就成了棒棒糖。

五月初，鬱金香節開始。加拿大各省遊客和來自世界各地的觀光客趕來首都渥太華看美麗的，數以百萬計的各色鬱金香，紅色居多，黃、紫、粉紅色也很亮麗。鬱金香是荷蘭特產。第二次世界大戰期間荷蘭女王曾經在加拿大避難。戰後荷蘭政府表達謝意，致贈加國數十萬株鬱金香苗。而後鬱金香在加拿大廣受歡迎，造就了加拿大五月的花季，以「鬱金香節」爲名。

高爾夫是加拿大的熱門運動。球場非常多，打球不擁擠，很悠閒。加國打高爾夫，沒有桿弟，所以都是自己背著球袋或是拖著球袋車。球資算是便宜，打一場球，大約是30加元，台幣九百元。我和太太經常週末假日打高爾夫，悠閒地邊走邊打。它有助於放鬆心情，沉澱情緒。

加拿大對外國外交人員很友善，核發的身份證，視同本地居民。加國的社會福利非常好，開了很多免費的課程。萬太太參加社區的電腦網頁製作，油畫，法語，三門課。連續上了三四年，小有成效。她有自己網頁，發表了許多文章，還有一些粉絲。加拿大渥太華的國際婦女會很活躍，每月有幾次活動。例如：春季看楓漿製作，秋季賞楓，冬季雪地健行。另外還有一些個別的藝文活動。例如配合服裝設計師展出各國國旗拼圖設計成的衣服，參觀畫展等等。

渥太華城區內有好幾個Toastmasters club，這是訓練公開演講的自我學習群組。我參加了離辦公室很近的Toastmasters club。這是非常好的語言訓練。每個星期二的中午十二點到一點鐘，準時開始，準時結束。我從參加後，從最基礎的角色Ah-Counter開始，計算每個發言者發了多少個不必要的「啊，嗯」；然後是Grammarian，聽每個發言者哪裡文法錯了；然後Timer，用碼錶計算每一個發言者總共發言幾分幾秒；然後；Toastmaster，練習當主持人；然後當Meeting Speaker上台演講。這是最主要的節目。幾週前就安排好本週兩到三位講者，做五分鐘的演講，時間嚴格控制，不能少於4分30秒，或多於5分30秒。另外要練習當Evaluator，評論剛才的演講。這些是主要的角色，每個人都要輪流擔任。整個過程嚴格控制在59分鐘。每一分鐘都有每個「不同角色的個人」在工作，一小時之內，從開始到結束，時間控制非常精準。我參加過十次上台演講。十次完成後，被授予證書。完成第一階段，算是能夠完全克服上台演講的恐懼。我記得外交部有幾位熱心的同事包括劉經嚴，范國樞，宋申武等人在外交部成立了第一個Toastmasters club，我也是初期會員。

有一年慶祝魁北克建城400週年，加拿大歌壇巨星Celine Dion在魁北克市舉行戶外演唱會。這是免費演唱會，人山人海，號稱有二十萬觀眾。萬太太和她朋友，一群人搭乘遊覽車，從渥太華到魁北克市，單程三個半小時，趕去聽音樂會。停留一晚，隔天回來。太了不起了。我沒有那麼癡迷。

我認識一位加拿大的原住民朋友，他有一艘小艇，愛釣魚。我跟他去魁北克的湖泊釣了幾次魚。其中一次我兒子也參加了。湖上釣魚。可以帶回家的魚獲，長度要超過一英尺，也就是30公分，每人最多3條魚。多餘的，要放回湖中，非常注重生態保護。

加拿大有很多壯觀的風景。尼加拉瀑布是其中之一。我和家人曾經搭船，穿著藍色塑膠簡便雨衣去瀑布底下，體驗驚險的大浪花和轟轟瀑布聲。尼加拉瀑布附近，有許多著名葡萄園和酒莊。其中有些酒莊用下過冰霜的葡萄，來生產加拿大特有的「冰酒」。

除了多倫多，蒙特利爾這兩個大城。我們有一年夏天，隨旅行團從渥太華出發，遊歷東邊四省，包括Quebec魁北克，New Brunswick新布倫瑞克，Prince Edward Island愛得華王子島和Nova Scotia新斯科夕亞。新斯科夕亞省的哈立法克斯是個天然良港。港闊水深，航道非常長。有山丘屏障，風平浪靜，它是我見過的一流良港。

加拿大冬季漫長。冬季戶外活動非常多。冰刀鞋溜冰、踏雪、雪地健行、滑雪、花式滑雪等等，都是老少咸宜的活動。冬季漫長，日子寒冷，但是還是要運動，活動。所以，我在渥太華學會了冰刀溜冰。加拿大的室內活動也很多。打橋牌、交際舞、拉丁Salsa舞都很受歡迎。我和太太特別喜歡Salsa，它是非常有意思的拉丁舞蹈。日子寒冷，也要運動，這是加拿大人的信念。

加拿大人在冬季有一個很熱門的旅遊活動那就是搭「遊輪」漫遊加勒比海。我和太太去了一次，幾百名旅客從渥太華包機飛美國佛羅里達州南端邁亞密，然後搭巨大遊輪，環繞加勒比海許多國家的小島，包括屬於海地，墨西哥的小島，和牙買加的京士頓。船上有販賣免稅品，我和太太買了一對歐米茄最便宜的男女腕表，每支一千兩百美金。後來回台灣，去鐘錶店詢問，得知很划算，值得。

2006年初春，還略有寒意。我和外交團朋友，四對夫妻相邀出遊，兩天一夜，前往離首都渥太華西方一小時半車程的Pembroke打球和郊遊。高爾夫球場積雪初化，球道潮濕泥濘，草色枯黃尚未轉綠。郊遊打球之後，傍晚時分，沒有餐廳營業。勉強找到一家冬季休息，春天尚未重新開業的餐廳，我們大家都點了spaghetti，義大利麵配蕃茄醬罐頭。麵條好像是煮過剩下再煮的，很軟，軟趴趴像是麵粥。一點都不像義大利麵、太難吃了。因爲難以下嚥，沒有人吃完，大多剩下一大半。八個人每個人都抱怨，麵太難吃。老闆自知理虧，不收錢。但是就在收盤子時發現，唯獨有一盤吃得乾乾淨淨。老闆說，「這盤吃光了，要收錢」。大家吃驚的看，是誰竟然能吃光吃完。嘿嘿，竟然是萬太太，大家哈哈大笑。這個「只有萬太太吃光了史上最難吃的義大利麵」的插曲，讓大家笑了好多年。

左：萬組長夫婦和兒子振儀與服務於加拿大國防部的船舶工程師楊德軍夫婦在麗都運河餐廳碼頭合影。
右：魁北克市城牆的大砲。

90.
加拿大冰雕節

有一個字典上查不到，但加拿大人都懂的英文字，那就是Winterlude。中文翻譯「冰雕節」似乎比較貼切。

這個字是加拿大人發明的特有的字。意思是，漫長冬季的中段休息，歡慶時刻。歌劇音樂演唱會的表演通常在中段會休息15分鐘，叫做interlude。加拿大因爲冬季很長，從11月到4月底，長達6個月，因此在每年2月初，冬季過了一半多，來個「中段休息」慶祝一下，使得冬季不會太「憂鬱」。因此把interlude和冬天，兩個字結合起來，發明了這個Winterlude，鼓勵民衆「冰中作樂」，出來溜冰，滑雪，看冰雕。

加拿大首都渥太華的冰雕節主場地在市政廳前的公園。來自世界各地知名的冰雕藝術家在此用巨大的冰塊雕塑有特色的作品。此外，緊鄰的麗都運河，Rideau Canal，有個號稱世界最長的七公里河面溜冰道。來自加拿大和世界各國的冰刀溜冰愛好者，在此溜冰。我也在此學會了冰刀溜冰。

加拿大冰雕節已經成爲國際知名的冬季活動。這個活動重要元素有：冰雕作品、人群、溜冰民衆、歡樂氣氛，以及加拿大特有的冬季美食，叫做beavertail（河狸尾巴）。河狸是河流中是非常有利環保的哺乳動物。它的尾巴扁平豐厚。加拿大人所稱的beavertail，就是一種油煎的甜餅，形狀像河狸尾巴，直接吃，或配著甜醬吃。它是人們寒冷氣候下最溫暖的美食。

加拿大渥太華的冰雕節，和義大利威尼斯的嘉年華，巴西里約熱內盧的嘉年華都是世界知名的年度盛會。

91.
冰上釣魚Ice Fishing

如果說，冰凍三尺非一日之寒，那麼，到底要多久才「冰凍三尺」呢？我想，大約兩三個月。

在加拿大11月開始下雪，12月積雪不化，河水逐漸結冰，到1月底時，渥太華和的河面結冰已經厚約三呎，可以承受汽車開到結冰的河面。因此，在1月下旬起，有一些人在冰上打個小洞，釣魚。這就是所謂的冰釣，Ice fishing。別看洞口很小，釣起來的魚，可能重達幾公斤。

怎個釣法？釣竿很短，通常不超過一公尺，鉤上魚餌（通常是活蚯蚓），放入在河面上鑿開的小圓洞，等待魚兒上鉤。入冬幾個月以來食物很少，魚兒是擋不住誘惑的。

結了冰的河面風力很強，而且非常冷，常在零下攝氏20度左右，風中冰釣，不是一般人能忍受，它的樂趣也非常人能體會。我有一年冬天曾經走過光滑的半個河面，和穿著彷若愛斯基摩人的冰釣者聊天，發現他們每年都來冰釣，「樂此不疲」，對他們的「特異行爲」深爲敬佩。

看到冰釣者，我不覺想起柳宗元。他似乎也愛雪。「千山鳥飛絕，萬徑人蹤滅，孤舟蓑笠翁，獨釣寒江雪」。他的釣雪，是個意境，也是少見的異行。我領略過河面上零下20度的寒風，眞的「凜若刀割」。不管是柳宗元的「釣雪」，或是加拿大人的「冰上釣魚」都不是一般人能享受的奇特樂趣。

92.
北國踏雪Snowshoeing

脫掉皮鞋，換上「踏雪鞋」我們踏雪去！

首先穿上厚襪子和軟皮短套靴（Mukluk發音：罵克拉柯，愛斯基摩人用鹿皮或海豹皮作的黃色軟皮短套靴），然後彎腰費力地扣上兩隻網球拍狀的雪鞋snowshoes，然後開始踏雪，走向樹葉已經凋落的森林。

這是眞正的「踏雪」，Snowshoeing。這名詞我沒有見過中文翻譯，我把它稱爲「踏雪」。因爲每踏出一步，都需要抬高腳，才能走得動，眞的是「踏」雪。這和雪地走路，溜冰，滑雪，都不同。是加拿大特有的冬季活動。加拿大外交團婦女會在冬季有大約連續三個月，每星期舉辦一次「踏雪」，冬季結束時頒發「踏雪證書」。這是外交團女士們的專屬活動，我很幸運，經過我太太的申請，被准許參加過一次。這是我在加拿大非常特別的經驗。

好朋友們帶著自家做的食物或甜點，聚集在輪值主人家potluck（一家一菜的聚餐）。先結伴踏雪，在森林小徑走個三十分鐘，開始有出汗的感覺時，循著原路往回走。前後大約一小時的雪地「踏雪」之後，回到主持人家中用午餐，聊天，直到下午，再三三兩兩，陸續回家。

看過「齊瓦哥醫生」這部電影嗎？飾演奇瓦哥醫生的奧馬雪瑞夫，走在西伯利亞廣袤無垠的冰天雪地，雪深及膝，每一步都走得跌跌撞撞，因爲他穿的是靴子，不是專門走深雪地的snowshoes。

Snowshoeing踏雪，是加拿大特色的冬季社交活動。雪地裡，積雪很深，一腳踩下去，陷入深雪中，很難拔起來，無法以正常步伐行走。愛斯基摩人發明了雪地行走的工具：踏雪鞋。

每一個民族都有自己驕傲的文化，愛斯基摩人這個漫走雪地的snowshoes設計，證明了老祖先的發明，並不遜於現代科技產品。Snowshoeing（我翻譯爲「踏雪」）是亞熱帶國家的人很少經驗的事情，願與你分享。

北國踏雪（中間爲萬太太）

93.
結束磨難修成正果

一進入九月，加拿大的秋天就開始了，秋風先黃了樹葉，紅了楓葉，然後「秋風掃落葉」，秋意漸濃。十一月第一週落下初雪，然後積雪不化，冬天來了。我從2003年6月到加拿大，2008年的秋天是我在加拿大第六個秋天。加拿大人和外國人聊天，常會問「你來加拿大幾個冬天了？」而不是「來幾年了？」這是因爲加拿大的冬天實在太有特色了。又長又冷，從十一月到隔年四月底，將近六個月的冬季。

在2008年的秋天，我心憂鬱，多愁善感。我想起「戰爭與和平」那部電影。拿破崙在莫斯科的豪邸裡，看到窗外秋景，擔心即將來臨的冬天。我和太太兩個人秋季在渥太華的高爾夫球場打球，看到樹林一片楓紅，知道這片樹林不久後就會葉落樹枯。看到草地上肥得像鵝一樣的加拿大野雁拼命在吃草，我知道雁群吃飽後，即將南遷避寒。想想自己，過了冬天，就服務快滿六年，到了「調部」的時候。我以「組長」名義來加拿大，六年後回台北，還是「組長」，我心有不甘啊。但是又何奈。我遇到很多前輩同事就是如此啊。陳敏中，韓伯勳，秦春夫，于傳富等等前輩都是參事組長結束外交生涯。沒有長官提拔，就是會有「懷才不遇」之憾。

2008年是個大轉變的一年。陳水扁總統任滿兩屆八年下台。總統大選兩組正副總統候選人是國民黨的馬英九和蕭萬長，對上民進黨的謝長廷和蘇貞昌。國民黨的馬英九高票當選總統，上任之後，隨即組成新內閣。外交部長是歐鴻鍊，政務次長是夏立言。對我而言，這是個好消息。因爲夏立言是我的老長官，對我很器重。

10月10日國慶日，星期五，辦公室放假。當天上午我和太太兩人去打球。在打球時，手機響了。對方第一句話是「我是人事處長，你身旁有人嗎？方便說話嗎？」，我回答「身旁沒有人，方便說話。」，處長說「上面派你去諾魯當大使，部令馬上會發表。你可以開始準備了。」隨即結束了通話。

這個電話來的太突然，好大的驚喜。我當然喜出望外，趕快告訴太太。我們放下球竿，一起仰望天空，感謝上蒼。這是我公職生涯中美妙的時刻。我忽然有杜甫在久經戰亂，顛沛流離之後，忽然聽到傳來捷報的喜悅。就在這一刻我體會到「初聞涕淚滿衣裳，卻看妻子愁何在，漫卷詩書喜欲狂」。外交部同事中，有些是順風順水，水到渠成。我是歷經磨難，每一個職務都是幾經波折。升科長，升簡任，都比同年甚至後期同事晚，副司長職務更是「空有滿排勳章，久等三年多，硬生生無緣晉級」。

我終於等到了更上一層樓的機遇。這個任命的關鍵人是政務次長夏立言。他是我在北協時期的組長。他了解我，器重我，是他的推薦和提拔，我才有這個機會接任大使職務。我感謝公職生涯中幾位曾經提拔我的長官，諸如杜稜，房金炎，而這一次夏立言的提拔，對我尤其重要。

不久後，外交部發來電報，確認了這個任命。同事祝賀我，說我是「修成正果」。部令發表之後，接著是完備行政流程，包括填報個人資料，洽詢駐在國同意，申報財產等等程序。一直到隔年四月回台北宣誓，聽取赴任簡報，五月初赴任。

我相信外交部有不少「懷才不遇」的同仁。我幾乎就是其中之一。一切只因我獲得夏立言次長的提拔，改變了我的生涯軌跡。我的幸運是，早年我在北協服務時，遇到當時的組長夏立言。他瞭解我，也能看到我的長處。在他擔任政務次長期間，有適當的職缺，他推薦了我去接任。夏次長是高層很器重的人才，他後來接任駐印尼代表，國防部副部長，以及陸委會主委。

任命令

(98)簡字第02151號

任命萬家興為駐諾魯共和國大使館簡任第十三職等大使。

總統 馬英九
行政院院長 劉兆玄

中華民國 98 [illegible] 19 日

監印江文祥
校對許時[illegible]

上：發表擔任駐諾魯大使後和馬總統合影。
下：我的任命狀。

我後來遇到他，當面向他致謝。他很謙虛的說：「Jason，一切就是天時地利人和。天時地利加上你能力符合，就是這樣。」

我常揣摩這句古代名言「天時地利人和」。三者都重要，三者皆備，事成矣。天時地利，難掌控。能掌控的是「自我精進」。練好基本功夫，以待時機。我自己認爲在印尼四年多的歷練，處理過幾件重大災難事件，鍛鍊了我臨危不慌不亂。在加拿大兩年的Toastmasters Club的訓練，克服了我上台卽興演講的恐懼。這是我個人多年的自我準備。我相信不停的學習，就是自我成長。有這個自覺，就能「人不知而不慍」，靜待時機，說不定哪一天有貴人發現你，提拔你，因而改變了人生。

七、

從榮耀時刻到「兩顆魯蛋」
（2009-2016）

94.
榮耀時刻

2009年4月下旬我結束了在加拿大的工作，從渥太華回台灣，停留兩週，主要行程是宣誓就職和聽取赴任簡報。和我同時在總統府一起宣誓的外交部同仁有派赴俄羅斯的代表陳俊賢，和派赴駐吉里巴斯大使何登煌。我們三人分別和馬英九總統合影，之後我們三人晉見副總統蕭萬長並合影。我的赴任簡報是在外交部的四樓會議室舉行。我聽取亞太司等十幾個單位的同仁輪流簡述我到任後該注意的事項，內容大多已經彙整在書面說明中，請我仔細閱讀。

左：歡迎到任酒會。左起：外長Kieren Keke夫婦，澳洲駐諾魯大使George Fraser夫婦，諾魯內閣部長，陳志福醫師，萬大使。
右：國書的封面。

萬家興大使在呈遞國書前檢閱諾魯儀隊。

往昔我每次出國赴任和回部服務，都會和家人去三峽的龍泉墓園祭拜父母，和父母說一些話，也請父母和祖先保佑平安。這一次也一如往昔，我們帶了鮮花去看父母，但是稍有不同的是，我很欣慰的告訴父母，這次赴任是去當大使，這是外交生涯的高峰。西方的諺語：「Once an ambassador always an ambassador」，意思是「大使」的稱謂是終身的。我感恩很多人，尤其是父母親。感謝父母的身教，從父親那裡我學得「做事果斷」，從母親那裡我學到「心存善念」。這是父母親傳給我的珍貴品格。可惜父母都已經過世，未及分享這個榮耀。

五月初搭乘華航班機啟程，經過澳洲的布里斯班停留幾日。主要目的是到兆豐銀行在布里斯本的分行，更換公款的簽名樣式。諾魯是個小國，沒有銀行，公款的帳戶要在澳洲開戶。每次更換大使，都要更換簽名式樣。

我從布里斯本搭乘半夜起飛的諾魯航空班機，經過索羅門群島加油，然後在五月五日早晨抵達諾魯共和國。這是個面積26平方公里，人口一萬多的小島國。諾魯雖然是個小國，但它是我國重視的國家，能擔任駐諾魯大使，畢竟是個榮耀的職務。每個職業外交官都有共同的夢想，那就是希望有朝一日，能贏得「大使」的頭銜。我贏得了這個頭銜，一路走來，經歷不少艱辛。飛機降落後，諾魯的總統府秘書長和禮賓司長以及大使館和農技團的同仁在機場迎接我。隨即安排當天下午拜會外交部長Kieren Keke，遞交國書副本。外長Kieren Keke在他的辦公室接見我。他收下國書副本之後，表示非常歡迎我的到任。隨後很熱情地和我一起喝咖啡，親切地聊天。他體型高碩，外貌有歐洲白人模樣。他的父親Ludwig Keke是諾魯駐中華民國大使（2007-16），早年曾經是在澳洲執業的牙醫，後來和診所的白人護士結婚。我和外長聊天的同時，也敲定了隔天上午十點整向諾魯總統Marcus Stephen呈遞國書的官方儀式。

2009年5月6日是個難忘的日子。我在九點四十五分準時抵達政府大樓。這是個兩層樓的建築群，所有政府部門都在這裡辦公。最醒目的正中間二樓就是總統辦公室。我搭乘大使座車抵達政府大樓正面入口時，諾魯警察組成的儀隊已經排列整齊迎接我。諾魯警衛爲我開車門，隨即由手持指揮刀的諾魯警察儀隊長和澳洲籍的警察總監，邀請我「檢閱儀隊」。諾魯早期是澳洲的屬地，1968年獨立後，和澳洲仍舊有緊密聯繫。主要是因爲澳洲是諾魯的最大援助國。澳洲政府對諾魯的財政，警察，審計，衛生等部門都安插了澳洲官員。儀隊總人數大約四十人，分列三排。很快就繞場一週，檢閱完畢。隨後，我被邀請到正中間的台階上，儀隊隊長和警察總監向我致敬，然後演奏我國國歌和諾魯國歌。在場觀禮的有諾魯政府各部門官員以及澳洲駐諾魯代辦George Fraser。澳洲代辦的太太是Dennis Huang，我國籍，台南人。後來我們兩家成了好朋友，也因爲我國派了大使，澳洲後來也將「代辦」提升爲「大使」。

當國歌響起，我心激動，百感交集。往事歷歷像潮水般湧來。回想自己1980年進外交部服務，二十九年間，經歷了教廷周大使和馬拉威石大使的淬礪，印尼的幾件重大災難的磨練，在外交部的三年半抑鬱，以及在加拿大的委屈，終於苦盡甘來，得以展現自己，獨當一面。古人說「久旱逢甘霖，洞房花燭夜，他鄉遇故知，金榜題名時」是人生四大喜。每一個人的生命中，都會有幾個「激動的那一刻」。這一刻，無疑是我人生値得「定格」的一刻，我公職生涯的「輝煌時刻」。演奏國歌時，我能體會奧運金牌選手看到國旗冉冉升起，聽到國歌時的澎湃心情。我也想起著名歌星Whitney Houston的“One Moment in Time”。這一刻就是我的「榮耀時刻」。

檢閱儀隊儀式結束，禮賓司長隨即引導我登樓進入總統辦公室。我向諾魯總統史蒂芬Marcus Stephen呈遞國書，致頌詞，也就是唸出預先準備的簡短致詞，內容是說明馬總統重視兩國邦誼，派我履新。此次赴任旨在繼續深化雙邊關係，感謝諾魯政府給予我國以及本人的協助。史蒂芬總統收下國書，隨即很親切地和我合影，然後送我出他的辦公室。史蒂芬總統身材不高，臂力無窮，曾經為諾魯贏得大英國協運動會舉重金牌。他在諾魯被視為「英雄」。我和他後來建立了非常好的友誼。他很喜歡來我的住所晚宴，喝酒，聊天。我們公餘之暇曾一起釣魚。他有一次還專程送給我他釣到的紅色石斑魚。

呈遞國書的當天晚上，諾魯外長Kieren Keke為我舉辦了歡迎酒會。賓主盡歡，首次領略南太人民的熱情和酒量。在諾魯的第一週，就完成了呈遞國書，正式上任，以及受到總統和外長非常友善的接待。我知道這是好的開始。事實確是如此，南太平洋島國人民熱情純樸，公務之外，我和總統以及外長有釣魚和品酒的共同嗜好，成了好朋友，一直到十年後的現在我們仍偶有聯繫。

多年後，每次回想起在諾魯檢閱儀隊之後，聽到演奏國歌的那一刻，我心依然激動。我不自覺地想起我非常喜歡的這首「One Moment in Time」輝煌時刻。

95.
我在諾魯的公務活動

我2009年5月到2011年5月擔任駐諾魯大使。兩年之間馬總統和史蒂芬（Marcus Stephen）總統有四次面對面的高層互訪，因而建立了非常好的友誼。其中三次是史蒂芬總統訪問台北，先後是2009年7月參加馬總統主持的「高雄世界運動會」開幕式，當時高雄市長是陳菊。接著是2010年11月在台北市舉行的「世界花卉博覽會」，當時市長是郝龍斌。第三次是2011年一月一日的「跨年活動」。在世界這麼多國家中，諾魯共和國屢次由總統率團參加我國重要國際活動，可以看出對我國的重視。

2010年3月馬英九總統出訪南太地區六個邦交國，所謂的「太誼專案」。訪問主軸是「有效合作、永續發展」。馬總統搭乘中華航空專機，3月21日晚間啟程，先過境關島加油，依序訪問馬紹爾群島、吉里巴斯、吐瓦魯、諾魯、索羅門群島與帛琉，27日返回台北。吐瓦魯與馬紹爾群島不過夜。馬總統專機3月23日下午4時從吐瓦魯飛抵諾魯。當晚史蒂芬總統爲馬總統一行舉行國宴，國宴之後馬總統和隨行記者群開記者會，夜宿諾魯的美崙飯店。第二天3月24日清晨，馬總統慢跑，之後會見大使館和農技團同仁，然後接受諾魯民衆在體育館的熱烈歡迎會並和學童共進午餐。然後去看諾魯的磷礦場，隨後在下午三點左右搭專機飛往索羅門群島。馬總統一行在諾魯時間總共約23小時，行程非常緊湊。

馬總統和使館和技術團同仁全體照。

台中榮總醫療團訪諾魯和總統合影。

外國元首每次訪問台北，我國大使都全程陪同，這是外交部的傳統。最主要目的是用行動尊重對方，以及建立大使和駐在國總統的友誼。我陪同史蒂芬總統三次訪問台北，確實有助於培養友誼。回到諾魯之後，史蒂芬總統和我談話如同老友，非常坦率眞誠。在台灣訪問期間，我們受到「元首級」高規格的接待。有外交部禮賓司同仁先期安排當日行程細節之外，沿途的交通及安全有縣市政府的警察協助。諾魯訪團在台灣受到高規格接待，而且商品「價廉物美」，這是訪團成員非常稱讚的待遇。他們回到諾魯，會很興奮地向親友介紹台灣的好吃好玩，物美價廉。因此很多諾魯人搶著希望隨同總統來台灣訪問。

諾魯每年都會在聯合國大會爲我國發聲，要求聯合國關注台灣兩千三百萬人的權益。諾魯出席聯合國大會的代表團，通常都是總統率領。諾魯總統的發言雖然很難獲得多數聯合國成員國的支持，但是會記錄在大會公報。

我在諾魯的公務活動，除了和總統以及外長的政務聯繫，出席重要慶典活動之外，還有其它方面的合作關係。首要的是農技團推廣。諾魯限於土地和氣候條件只適合推廣蔬菜類綠色植物。早年曾經嘗試推廣種植水果，但是僅有木瓜香蕉類熱帶水果成功。其它諸如橘類火龍果釋迦都難以見效。後來推廣養豬和養雞。這對諾魯人助益頗多。諾魯人非常愛豬肉，尤其是烤豬。養雞生產的雞肉和雞蛋也是民眾重要蛋白質來源。

另外一個重要項目是醫療服務。我國長期以來對諾魯有兩類型的醫療服務。一類是住院醫師，通常是由台中榮民總醫院派遣醫師和護士，輪流來諾魯，每次停留三個月。另一類是所謂的「行動醫療團」不定期派遣多位各科醫師來義診。在來諾魯之前，會和諾魯衛生部彙整統計需要手術的各類病人數目，通常是外科、內科、婦科、小兒科、牙科等，然後由諾衛生部通知本島和外島的民眾。這是個很受民眾感恩的醫療服務。「行動醫療團」幫助過很多患者，廣受諾魯人民信賴。

另一件重大項目是「無線網路」計畫。我在2009年來諾魯服務時，諾魯政府正爲著通訊系統煩惱。內閣討輪後認爲，早期的電話線路大多已經老舊，更換不如全面更新。應該全面改成「無線通訊」。於是在2009年由一家在愛爾蘭註冊的Digicel網路公司在島上架設了信號轉接高塔，全國進入「無線網路」時代，幾乎人手一機。因爲怕日後收費困難，通通都是用預付卡，儲值之後才能使用。這個計畫，撥用了部分我國的援助款。所以在開幕當天，特別邀請我，並且致詞中感謝我國政府。

全島架設「太陽能路燈」計畫，也是個重要項目。諾魯的供電系統不穩定，經常會分區供電。停電的時候島上的停電區一片漆黑。因此亞太司洽詢駐館意見之後，推動了諾魯島全島環島公路的太陽能路燈計畫。主因是考慮到諾魯處於赤道附近，日照充足，適合發展太陽能照明設施。承包的廠商是以太陽能照明設施著名的宣德科技公司。環島路燈計畫是，沿著全島每隔三百到五百公尺設立太陽能路燈，高度約六公尺。另外在總統府前廣場，海港，磷礦場等地點也加設路燈。完工後，照明效果非常好。諾魯民衆非常感謝。甚至有人晚上在路燈下看書。

另外一個工作項目是，提供諾魯高中畢業生，來台灣的大學進修。這也是很熱門的計畫。諾魯留台同學會現在大約有七八十人。

整體而言，在諾魯，工作非常愉快。諾魯政府竭盡所能配合我國的計畫，雙方合作愉快。諾魯人民友好，善良，純樸。這是個快樂島。歐洲人在兩百多年前發現了這個小島，孤懸南太平洋，離它最近的島都在三百公里以外。歐洲人登島後，發現島上居民，遺世獨立，無憂無慮。於是便稱這座島爲「快樂島」，Pleasant Island。我很幸運在快樂島上享受了兩年美好時光。

96.
在諾魯的居家生活

諾魯是個南太平洋中的孤島，最近的陸地離它都超過300公里，它在大洋中是戰略要地。這是爲何日軍在二戰期間佔領它，而且在島上興建了機場和環島的防禦工事。這也是澳洲政府會把非法入境的中東難民，遣送到諾魯，付費給諾魯政府代爲管理，因爲無處可逃。

兩百多年前歐洲人發現它的時候，它是個熱帶雨林的島嶼。小國寡民，安居樂業，無憂無慮，因此稱它爲快樂島Pleasant Island。一百多年前，澳洲人發現了島上盛產磷礦，於是開始開採。諾魯在1968年從澳洲獨立，但是磷礦的開採設備技術和國際市場行銷渠道仍然操控在澳洲人手中。諾魯人從磷礦收入獲得財富，國民所得位居世界前列，當我國和諾魯在1968年建交時，它已經國民所得GDP兩萬多美元，比我國富有幾倍。諾魯和我國建交時，完全不需要經濟援助。但是在2000年之後，國家經營不善，加上磷礦面臨枯竭，經濟開始下滑。

諾魯位居赤道南方附近，氣候終年炎熱，通常介於攝氏26到33度之間。島上沒有河流，因爲開採磷礦，地表的森林經過大肆砍伐，土壤流失，造成地下水也逐漸枯竭。飲用水，幾乎都來自雨水。所幸諾魯雨量充沛，家家戶戶都從屋簷下接通水管，將雨水直接導入巨大的儲水槽。雨水，相對是乾淨的水源。

萬夫人與「Formosa」和「Taiwan」的母親和孩子合影。

諾魯使用柴油發電，經常因爲庫存油量不足，而分區供電。吃緊時期，一天停四小時。諾魯四周環海，但是游泳只限漁港內平靜的水域。諾魯的海岸，類似台東花蓮的外海，海邊是斷崖式的陡峭水域，落差巨大。水深浪大，游泳危險。島上沒有特別的消遣，主要的活動是釣魚，爬山，和健行。

爬山，在諾魯我們稱之HASH，澳洲大使George Fraser是創始人。他熱愛Hash。什麼是Hash呢？Hash起源於1938年在吉隆坡的英國殖民地官員與外籍工作者例行的傍晚聚會跑步，以消除之前所攝食的卡路里。活動時，由一位成員（Hare野兔）定下路徑，其他成員（Pack or Hounds獵犬）在後跟隨。澳洲大使George Fraser就是定下路徑的人，他非常熟悉山上的情況。這個Hash活動並不簡單，它是要從磷礦被挖空了之後，剩下的尖銳岩石之間，上上下下攀爬和降下，非常吃力地前進。有時需要戴手套，避免被尖銳的岩石割傷。運動結束，每個人都是滿身大汗。

諾魯的飛機場是在早年富裕時興建的。跑道寬又長，有2150公尺長，可以起降噴射機。每週只有兩個航班，沒有夜間飛航起降設備，都是白天起降。因此到了傍晚成了民眾休閒娛樂場所。打羽毛球，跑步，或躺下看星星，都是休閒活動。我和太太經常晚餐後，環繞機場跑道散步。

環島健行也是個磨練體力的運動。全程大約20公里，半天的時間走走停停，一定要戴太陽眼鏡和攜帶足夠的水。因爲陽光太強，很容易脫水。我曾經有一次一人獨自環島健行，因爲帶的水不夠，差點有中暑的感覺。

在諾魯島上有兩個孩子與台灣的淵源值得一提。有一位即將生產的母親的哥哥是漁民，和其他兩位漁民出海打魚，不幸小船失去動力，在海上漂流了十天之後，三位漁民被我國漁船「慶豐號」（FORMOSA）救起。漁民回到家剛好妹妹生產，生下女嬰。這位母親感念台灣相助，給女兒取名FORMOSA。另一位母親是生產時，難產，母子性命危急。幸好我國行動醫療團在諾魯，經過驚險手術，保住了母子。這位母親後來把兒子名字取爲TAIWAN。這是滿感人的故事。

在島上有大約20名華人。他們是早年來挖磷礦的勞工，幾乎都是來自廣東台山。華工最多的時候有一千多人，後來磷礦慢慢枯竭，大多數都離開了。少數留下來的華人大多開小餐廳，理髮店。有一年農曆新年大年初一當天，我接到總統的秘書電話，說馬上有華人來舞獅，總統府內沒有紅包，可否用總統專用的白色信封裝錢給舞獅團。我說絕對不可以，請等我立刻送來紅包。我立刻駕車趕往總統府，送了一刀紅包袋。這些廣東人很忌諱大年初一收白包。

我還遇到一件奇葩的故事。南太島國人民擅長的運動是舉重，拳擊，橄欖球。2010年索羅門群島的拳擊隊來和諾魯拳擊隊比賽。我和澳洲大使等人以貴賓身份應邀觀看。非常有趣的事情發生了，比賽進行到後半段時，突然停電了。體育部長甚爲光火，這個國際比賽當下，怎能停電呢。後來查證了，主辦單位沒有事先告知發電廠，因此發電廠照既定規劃分區停電。剛好就在此時此刻碰上了。電停了。任憑怎麼說，發電廠都不同意重新起動。於是，比賽就結束了，雙方平手。隔天也無法加賽，因爲飛機航班無法更改，索國選手隔天要離開。這是我在諾魯遭遇的非常有趣故事。我們覺得不可思議，諾魯和索羅門人覺得這樣也還好啊。打成平手，不傷友誼。

諾魯人因爲吃魚太尋常，所以請客一定要有肉，無肉不歡。肉類中豬肉第一，烤豬是諾魯人最愛。我在家裡宴請諾魯貴賓，一定會有烤乳豬，需要事先向諾魯養豬戶預定，然後請我的司機負責烤豬，他烤豬非常專業。我在諾魯的工作，就是結交朋友。結交朋友，最有效的，就是吃肉喝酒。我的家宴，來到的賓客，經常比預期的來賓多一些，因爲貴賓常會多帶幾個親友。上至總統，下至一般民衆能到我住所作客，都視爲殊榮。因爲大使家的菜好吃，酒很多，可以盡量喝。

在諾魯的日子，非常規律、純樸、平淡。我的消遣是釣魚，訓練狗，和散步。每天我和太太在機場跑道或海邊散步。每天傍晚餵狗時，一定同時訓練狗三五分鐘。我家的狗很有教養，在我跟前，一定安靜坐著，凝視主人，等待命令。「坐」，「吃」，「握手」，「打滾」，都是基本動作。有一隻狗，特別聰明。我用右手掌比出手槍，對著它，「碰」一聲，它就倒地裝死，一動也不動。和狗一起玩，很多樂趣。狗是從狼演化而來，狼是非常有階級觀念的動物。狗也是。狗就是喜歡聽從主人的命令，和主人玩耍。

在諾魯兩年，我總結家居生活幾個方面，都是「滿意」。我經常在家辦宴會，廣交朋友，和諾魯高層和中階官員關係良好，工作上非常順利。生活規律儉樸，有益健康。另外就是有太太不離不棄，孤島相伴，頗感幸運。和我們夫妻每天一起生活的，還有三隻狗，一隻貓。這四個毛小朋友，是我們最忠實的伙伴。它們每天跟隨我們，向我們搖尾巴，賣萌。罵它也不還口。我在它們眼中是王，是神。小島上生活寂靜，有它們相伴實在幸運。和狗貓相處，是我最放鬆自在的時刻。

左：榮總宋醫師護士莫團長蔡秘書及獸醫等爬山。
右：萬大使與澳洲大使George Fraser在諾魯著名的「牛頭岩」合影。

97.
我發財了！

我愛吃魚，愛釣魚。諾魯眞是吃魚釣魚的好地方。我在這裡天天吃魚，因爲便宜又新鮮。諾魯人很單純，所有的魚，都是論公斤賣。每公斤兩塊錢澳洲幣。相當於60元台幣一公斤。他們不細分魚的種類。他們愛吃圓滾滾多肉的鮪魚類魚種。而我和太太偏好石斑魚這類細肉多鱗的礁石類魚種。他們每天都有人出海捕魚，通常是在傍晚時分或是清晨時分，返回本島。通常在回來的時候，已經有些華人亞洲人，等在岸邊，要買魚。也有一些獨自潛水捕魚者，捕獲的大多是珊瑚礁魚類，體型不大，但是肉質細美。諾魯人如果魚貨夠多，除了自用，就在家門口擺攤，販賣當天魚貨。我個人的最愛是有斑點的紅色石斑魚，一公斤多的石斑魚不到台幣一百元，實在是價廉物美。

我愛釣魚。這裡是釣魚者天堂。我曾經和諾魯友人搭乘他的小艇，出海釣魚。收穫很多，大多是石斑魚。但是後來知道，諾魯幾乎每年都會發生小船出海後，遭遇大浪翻覆，或是機械故障，海上漂流的事故。諾魯人出海釣魚，不穿救生衣，也沒有無線電通訊系統，萬一出事故，求助無門，只能聽天由命，很危險。我萬一出意外，可能會成新聞，給外交部困擾。所以我就不再出海釣魚。只在多巨岩的海岸邊垂釣。我偶爾會遇到諾魯史蒂芬總統，他也愛釣魚。

每年會有平底駁船，從馬紹爾群島緩緩駛來諾魯，準備將諾魯磷礦採完之後剩下的巨大岩石，載運回馬紹爾群島，作爲保護海岸的防護堤。從駁船抵達諾魯，到滿載巨石，離開諾魯，這個時段，大約是半個月左右，就是諾魯人釣魚的「黃金時間」。因爲駁船從馬紹爾慢慢開來，帶來了魚群。駁船底盤，附著了很多貝類，貝類吸引小魚，小魚吸引大魚，甚至是鯊魚。駁船的周圍佈滿魚群。每天的白天，工程車和怪手把巨石堆放在駁船上，傍晚收工。收工之後，就有很多諾魯人搶佔駁船四周的有限空間，開始釣魚。我也曾經釣起幾公斤重的大魚。超過三公斤重的魚，釣起來，需要花費一番努力，很費力。不能猛拉魚線，也不能鬆開。就在拉拉扯扯之間，十分鐘過去了，魚兒力氣耗盡了，拖到駁船邊，用兜網撈起。

有一個星期六的大清早，我開車到海邊，看看有沒有新鮮魚貨。眞巧，有一艘小船上面三個人，載滿了魚回到岸邊。我進前一看，不得了。滿船的魚貨，其中最耀眼的是五條巨大的「鱈魚」。他們說，釣了一夜的魚，今天收穫很棒。哇，這些鱈魚，太誘人了。我要買。五條鱈魚都很大，每條約有一公尺長，二十到三十公斤。我問他們怎麼賣？他們說，一公斤兩澳元。我立刻買了兩條。一大一小，共四十五公斤，90澳元，折合台幣約2700元。我太高興了，這種鱈魚，在加拿大一英鎊13加元，一公斤約28加元，等於850元台幣。在這裡，一公斤60元台幣，相差是十倍多。我一路幸福洋溢，非常喜悅地回到家。一到家，太太還沒起床。我大聲地呼喚太太，叫道：「我發財了！我發財了！」

太太很快起床了。我和她解釋，我發現了寶貝。這麼珍貴的魚，這裡居然賣這麼便宜。我立刻穿上圍裙，開始處理兩條大魚。快速把每條魚分解成五六段。然後大部分放到冷凍櫃，留待以後享用。小部分放在冰箱，足夠幾天吃。在諾魯幾乎所有的外國人家裡除了冰箱，都還有巨大的冷凍櫃。這是因爲諾魯海運不方便，大約每三個月才有一次冷凍貨櫃帶來冷凍肉類。萬一船期不順，有時半年沒有進口貨。我經常在家裡宴客，必須要有冷凍櫃。

當天早餐，我主廚。我用味噌抹上鱈魚片，然後放入烤箱內，幾分鐘就烤好。我們家的早餐不常吃魚。但是那天是特別讓人興奮的日子，和太太進用早餐，要猛吃魚。我和太太每人吃了好幾片魚，吃的不亦樂乎。

午餐，晚餐，照樣吃魚。因爲實在太好吃，又太便宜，吃得好爽啊！我眞高興，在諾魯發現了人間美味。諾魯人眞傻，這麼好的魚，這麼便宜賣。

第二天下午，慘事發生了。我忽然感覺不對勁，好像有東西從「大後方」滑出來。是拉肚子了嗎？不可能啊，怎麼拉肚子了？我用手一摸，嘿嘿，竟然眞的是拉肚子。定神一下，再仔細摸一次，眞的是從那裡流出來的，排泄物。濕濕的，黃色的，油油的，還有一股「我從未體驗過的」特別怪味。

不妙，是我吃的魚，出狀況了。我趕緊上網查看。發現我吃的不是鱈魚，而是叫做「油魚」，英文就是OIL FISH，它的外型很像BLACK COD，所謂的「黑鱈魚」。油魚，在許多國家被禁止販售，原因是「可能引起身體不適」。「油魚」是深海魚種，爲了適應水下壓力和低溫，演化出一種油脂，這是人體無法消化的脂肪。因此它會排泄出來。糟糕的是，它是油質。它隨著消化系統，經過胃，腸，小腸，大腸，直腸，一路順流，暢通無阻，一直到你「濕了大後方」才知道「它來了」。這不是人的意志可以控制的流程。它在你不自覺的情況下，就悄悄地流出來，可說是「防不勝防」。

我這時明白了，我錯把油魚，當成了鱈魚。我於是想起一句名言：「做生意，只有錯買的，沒有錯賣的」。那個諾魯漁民沒有「傻傻便宜賣」，是我「傻傻以爲買到寶」。

星期一上午，女傭來家打掃，我把週末發生的事情，跟她說。她捂著嘴笑。然後說，諾魯人很喜歡吃這種魚，但是都是在週末，這樣不會影響上班。她還說，諾魯人認爲，油魚有助於幫忙排泄體內垃圾，是「減肥」良藥。

我問她吃油魚嗎？她說很喜歡。我於是把冷凍櫃裡面一大堆油魚塊給她。她很高興，說她也吃不完，但是會分給親友，他們一定很高興。萬太太的消化過程，比我的慢。慘劇晚我一天才發生。但是因爲已經有「前車之鑑」，有心理準備，算是沒有大礙地度過。

經過這次教訓，我學到了一課，原來外型相似的魚，很可能是差異很大的魚種。後來回台灣，也聽說有人在黃昏市場買魚，傻傻分不清「油魚」和「圓鱈」而發生糾紛。這個「我發財了！」的故事，多年前就被我太太取笑過。我太太2011年2月11日在她的UDN部落格（八千里路雲和月）寫的文章。敍述同一件事：http://blog.udn.com/mobile/kmtung/9278793，如有興趣可以上網做個對比。

98.
回台北再次淬礪

2011年5月離開諾魯，接替我的是項恬毅大使，他在稍後到諾魯履新。我回到台北，分發在外交學院，職稱是「大使回部辦事」，主要工作是「督導」新進學員。外交學院的院長是石定，副所長是葉菲比。和我同時的「大使回部辦事」先後有宋子正，朱玉鳳，黃聯昇。

在外交學院收穫之一是，閱讀了很多新書。這是個訓練外交人員的機構，同仁必須「與時俱進」，吸收新知。另一個收穫是和學員們一起聆聽專家的演講。在許多演講中，我有兩次聽講，印象深刻。第一個是一位陳教授的演講介紹馬總統的「633計畫」。所謂「633計畫」就是馬總統2008年競選總統的政見，目標是在2016年達到經濟成長率6%，失業率低於3%，國民所得三萬美元。陳教授是財經專家，當時的國安會諮詢委員，他提供一堆數據，說的有條有理，推論的結果是：「633計畫」可以實現。論述聽起來，讓人陶醉。但是，事後證明「633」，三個目標一個都沒達成啊。難怪很多人說馬總統從「鏡子中找人」。所用之人，大多是書生學者。

另外一個精彩演講是葉樹涵教授介紹西方音樂，引導我們如何欣賞西方音樂。葉教授是管樂器的權威，小號吹得好極了。他說他剛到法國留學，幾乎身無分文。爲了生活，毛遂自薦地到一家夜總會免費演奏。每天晚上他吹小號，也就是俗稱的小喇叭，都會吹「櫻花樹下」（Cherry pink and apple blossom white）這是一首耳熟能詳的「熱舞」專曲。賓客一聽到美妙的小喇叭響起，不自覺會跳起舞來。當晚酒的消量大增，老闆開心了。連續幾晚之後，老闆決定長期雇用葉樹涵在夜總會表演。就這樣，葉教授在法國幾年的學費，沒有問題了。「家財萬貫，不如一技在身」，這是活生生例子。葉教授接著播放了幾個世界名曲的片段，然後詮釋樂章的含意，讓我們在聆聽中，把情緒融入音樂。最後他現場演奏一首樂曲，非常精彩。這是我一生聽過最美好的演講之一。身爲學員的督導，我請同學們爲葉教授如此精彩的演講，全場起立，鼓掌致敬。

在外交學院服務半年後，我在2012年2月初奉派到外交部駐中部辦事處，簡稱「中辦」，擔任處長。中辦的前身，是領事事務局的台中辦事處，主管是「主任」，簡任職。2008年2月1日外交部將台中高雄花蓮三處辦事處，全面改制，升格爲外交部的一級單位，主管爲十二職等。當時的部長黃志芳主持台中辦事處的揭牌典禮。升格後的「中辦」先後經歷了孫大成，陳銘政，和盛建南三位處長，然後由我接任。我擔任處長時期，我的副手，副處長，先後是蘇仁崇，和陳豐裕。兩位同仁都相當優秀，陳豐裕尤其幹練。

「中辦」處長，主要的業務，是代表外交部，做好和地方政府以及立法委員的橋樑，另外就是推廣「民間外交」。「中辦」的服務轄區包括：中彰投，以及苗栗和雲林。中辦內部的領事服務由副處長督導，我負責對外的聯繫。我的最主要對外協調單位是「台中市政府」。當時台中市長胡志強每年有許多國際活動，我都會參與盛會。和我業務聯繫最密切的，是副市長黃國榮。另外中辦處長，是台中市政府國際事務委員會的當然成員，也會參加例行會議。我曾經參加在市府廣場舉行的，台中市學生做出的金氏世界記錄「最長的圖書」，展出活動。另外還參加了蘇格蘭風笛團在市府廣場的表演。

中部地區的立法委員，都是我需要拜訪的對象。台中市選區的立委，我曾經拜會過的包括：楊瓊瓔，盧秀燕，蔡錦隆，蔡其昌，林佳龍等人。彰化的鄭汝芬，王惠美，魏明谷。南投的馬文君，林明溱。苗栗的徐耀昌。雲林的張嘉郡，劉建國。這些立委中我比較印象深刻的是兩位女性委員：盧秀燕，和王惠美。盧委員辦公室很儉樸，訪客很多，盧委員很準時，談話切中要點。王委員很親民，有草根味。另外我也曾拜會過彰化縣長卓伯源，彰化縣議長謝典霖等中部地區的政要。拜會這些立委和地方政要，目的是推廣外交部服務的形象。成效還不錯，我曾接到林佳龍，蔡其昌服務處的電話，洽請中辦協助民眾「趕辦」護照，以便及時出國。我都盡力協助。

中部地區著名的民間企業我也曾經拜訪過「建大輪胎」，「張連昌薩克斯風」，「上銀科技」，「寶成鞋業」等等，這些都是相當有國際知名度的中型企業。

「國民外交」也是中辦處長的業務。因此我受邀到許多大學和高中去做演講。主題大致是「國際禮儀和多元文化」。兩年多時間裡我作了十多場演講，這些學校包括：亞洲大學，靜宜大學，中興大學，台中科技大學，大葉大學，中山醫大，僑光科技大學，嶺東科技大學，教育大學，台中一中，台中女中等等。

我每星期四中午搭高鐵去台北，出席外交部的例行部務會議。這是部次長和一級主管以及相關人員，定期的工作匯報。另外我偶爾也會代表部長參加在中部地區舉行的重要活動，以及公祭等臨時任務。

在領務方面，我曾經接到民衆反應，說希望能用信用卡支付，辦理申請護照的費用。我認爲合理而且必要。中辦每天核發護照和辦理文件驗證，都是收現金。辦公室本身沒有保險櫃，每天都有巨額現金，委託兆豐銀行保全專人在下班時來取現鈔。這個作法非常落伍也不安全。我因此以公函轉請領務局考慮同意民衆以信用卡支付護照製作費。領務局舉了許多理由駁回了我的建議。我非常失望。然而沒有多久，在立委的壓力下，外交部快速同意了民衆可以使用信用卡支付。我對本部領務局的遲鈍感到非常失望。

AWARD OF EXCELLENCE

THIS CERTIFICATE IS PRESENTED TO

His Excellency Ambassador Jason Wan

IN RECOGNITION OF

OUTSTANDING SERVICES AND VALUABLE CONTRIBUTIONS

TO THE

REPUBLIC OF NAURU

Given under my hand on this 30th day of April, 2011.

Marcus Stephen
President

左：萬大使離任時諾魯總統特頒感謝狀。

右：萬處長（右一）出席世界女記者2012年在台中舉行年會。

2013年左右，當時的台中清泉崗機場異常忙碌。每週有非常多的定期航班往返台中。這些航班聯繫著台中和香港、澳門、東南亞、以及中國大陸的二線城市，諸如廈門，青島，杭州，鄭州、武漢、深圳，以及河內、琉球等等亞洲地區著名景點。航班的持續增加，我有幸參加了幾場首航典禮，包括；港龍航空，復興航空等航空公司曾開新航線的慶祝儀式。台中機場主任張瑞澍是我經常見面的首長。當時很多中南部地區民眾出國，是從台中清泉崗機場出發。那是台中市國際航空榮景時期。

通常一級主管職務任滿兩年，就準備讓賢，騰出位子。在我之前的「中辦」處長，陳銘政外放駐泰國代表。在更早的孫大成外放駐瓜地馬拉大使。我當然也希望去類似的館處。2013年中，我回台兩年多了，有一天我去外交部出席會議，在走道上遇到人事處長，她得知我希望外放，便問我「馬紹爾有缺，願意去嗎」？我說「願意」。隔天處長來電話說，「部長同意了」。沒想到這件事，過了兩個月，沒有下文。我於是打電話問處長。她回答：「這案子有變化，另外有人了」。再隔了一陣子發表由駐多倫多辦事處長陳文儀接任駐馬紹爾群島大使。

又過了一陣子，石政務次長辦公室的宋秘書來電話，說「次長找你」。我週四去部裡開會，刻意提早到達，先去見次長。次長劈頭就說：「張明那裡，出了小狀況，要請你去處理」。我趕緊回神，思考一下。張明是駐吐瓦魯大使，才剛剛從駐斐濟代表調過去半年多。難道是要派我去吐瓦魯？這是個比諾魯還艱苦的外館。我沒有回答次長。次長和我先前曾經兩度在亞太司和外交學院同事，他怎麼派我去這樣的地方？次長見我不吭聲，就叫我「回去考慮考慮」。隔了幾天人事處長來電話，說「萬大使，你已經六十多歲了呦，再不外放，以後機會很難說唷」。我說「我再考慮，下週去部裡再決定」。

一週後，要去台北開會之前，宋秘書又來電話說，「次長找你」。我知道我生涯最後一次外放，似乎在次長這一關「卡」到了。看來又是一次「不得不接受」的派令。我見到了次長，這位我的老長官說，「家興兄，張明那裡，就勞駕你了」。我回答：「好。我去」。次長馬上愉悅的說，「那我就送出去了喔」。次長「送出去了喔」的意思，就是給部長批了，就定案了。等部令發表之後，某天遇到次長，他很高興我接受任命決定赴任，對我說：這個案子，部長曾問「他願意去啊？」我說是啊，萬大使願意去。

我心中是有不甘，但是官場就是這樣。我的前任去泰國，去瓜地馬拉，爲何我去這個只有初任大使才會去的地方。沒道理啊。這次的經驗和上次從印尼回來「有功不賞」的兩次挫折，使我決心要寫回憶錄，一吐怨氣。

有一天林部長搭乘高鐵來台中，出席副總統吳敦義在金典酒店舉辦的全球台商年會晚宴。我負責接送林部長往返高鐵和陪同出席酒會。和部長同行的有亞太司長何登煌。酒會結束後，我送部長和司長回台北，在月台等候高鐵時，部長問了一句：「諾魯好，還是吐瓦魯好？」，何司長脫口而出：「當然是諾魯好。」，何司長和我在五年前同時出任大使，我是駐諾魯，他是駐吉里巴斯大使。他在結束大使職務後，擔任亞太司長，非常瞭解南太平洋各國。林部長聽完，沉默片刻，然後對我說:「你先去上任吧。以後再說。」

萬處長和台中辦事處同仁合影。

「中辦」處長從2008年改制後是個很熱門的一級主管職務。以外交部的傳統，做過這個職位的主管，不該被派去這樣的職位。這也是爲什麼政務次長兩度找我「談話」，人事處長來電話「提醒我的年紀」。

部長的「你先去上任吧」，後來證明，果然有弦外之音。部長曾有意派我去馬紹爾，結果去了一個比諾魯還「初級」的外館。在外交部傳統，這不尋常。我的解讀，林部長對這個派任，不很滿意，但是「木已成舟」。

2014年4月下旬我啟程去吐瓦魯就任大使職務。太太隨我同行。這次赴任我們沒有太多喜悅，因爲感覺上又是一次「不得不接受」的任務，而且是去「比諾魯還艱苦」的地方。

99.
我在吐瓦魯公務活動

2014年4月24我向吐瓦魯總督依塔雷里Sir Iakoba Italeli呈遞到任國書，之後我就開始了我的駐吐瓦魯大使職務。吐瓦魯從英國殖民地獨立出來，仍奉英國女皇爲名義上的元首，而總督就是女皇的代表。政治上是內閣制，實權是由總理掌握。吐瓦魯是個很小的島國。全國九個島嶼，總面積才26平方公里。人口一萬多人。地理位置偏遠，算是「天涯海角」。要到達吐瓦魯，唯一的航空路線，就是從斐濟的首都蘇瓦，搭乘斐濟航空的螺旋槳飛機飛往吐瓦魯。由於吐瓦魯的機場跑道長度只有1524公尺，無法起降噴射機，所以往返吐瓦魯和斐濟的航班，是最多只能承載67人的小型客機。吐國位居赤道南方，氣候炎熱潮濕，終年是夏天。土地是珊瑚礁岩石沖積形成，國土細長，自然條件和經濟發展情況都比諾魯差。

我的公務活動，主要就是維護雙邊關係，以及協助推動雙方的合作計畫。在這方面，我的任務非常順利，因爲吐瓦魯政府非常配合，雙方合作無間。吐瓦魯政府每年九月由總理率團去紐約出席聯合國大會，他們會向聯合國請求關注由於地球暖化引起的海水上升，因而造成吐瓦魯生存危機。吐瓦魯全國海平面高度僅五公尺，有被淹沒的危機，而這個危機，根據吐國說法，是世界碳排放大國的責任，理應協助吐瓦魯克服危機。在吐國的聲明中，通常會加入一段文字，那就是台灣參與國際社會的權益，不應該被被聯合國忽視。這是吐瓦魯在國際支持我國的行動。另外在每年五月世界衛生組織在日內瓦召開大會。吐瓦魯代表團也會爲我國發聲，認爲防疫無國界，世界的衛生防疫，不能缺少台灣的參與。

我在吐瓦魯服務近兩年，曾分別陪同總督Sir Iakoba Italeli和總理Enele Sopoaga訪問台灣。他們都曾和馬總統有親切交談，高層的聯繫頗爲密切。吐瓦魯是我國在南太平洋的堅定盟友，從1978年獨立以來一直在國際上堅定支持中華民國。我國駐吐瓦魯大使館是唯一大使館。雙邊關係悠久敦睦。

醫療服務，是我國對吐瓦魯重要的合作項目。我國常駐吐瓦魯的醫療團是由台中中山醫學大學的團隊爲骨幹。該校的國際醫療合作計畫蔡明哲主任負責醫療團隊的派遣和運作。

我國的農技團服務，也是很重要的合作項目。吐瓦魯先天條件非常不利於農業發展。珊瑚礁地形，土壤極少，含鹽度高，海風含鹽，腐蝕力非常強。在這樣的條件下，農技團推廣「家庭式盆栽」。教導如何利用枯樹葉樹枝，加雞糞，做出堆肥，然後把堆肥放在高架的容器內，避免直接接觸含鹽的土地，這樣可以培養出綠色蔬菜，供自家使用。

我國的青年訪問團，也經常來吐瓦魯和吐瓦魯青年交流。這是非常好的青年交流活動，每次來訪，都受到吐國學生熱烈歡迎和參與。我國每年也提供幾個獎學金名額給吐瓦魯高中畢業生來台灣的大學進修。

我國對吐瓦魯還有一些零星援助，例如協助吐瓦魯在外島設立太陽能路燈。吐瓦魯首都本島的發電廠是由日本援助興建，管理良好，電力供應正常，很少停電。但是外島電力都是用柴油發電機，夜間照明不足。於是我國的宣德科技公司承做吐國外島的太陽能路燈，使得偏遠外島居民夜間有路燈照明，受益很多。

吐瓦魯有一個海事學校，訓練學生從事海上輪船的專業技能，包括輪機，焊工，餐飲，機工，服務等等。這些年輕人畢業後，大多去航運公司服務。其中有一些服務於陽明海運和長榮海運。他們的收入常會匯回家鄉，對吐國的經濟，小有補助。

吐瓦魯因為欠缺漁船，也沒有冷凍工廠以及銷售市場，因此難以發展漁業。但是它的經濟海域，魚類資源豐富。於是它每年標售捕魚許可證。我國，韓國，以及馬來西亞籍漁船，可以在吐瓦魯經濟海域捕魚。捕魚的季節，天數，和魚種都有規範。所有漁船都有衛星定位系統，不得越區違規捕

左：吐瓦魯總理配掛我國前總統李登輝贈與的勳章出席我103年國慶酒會。
右：萬大使離任晚會吐瓦魯勇士為萬大使夫人獻花。

魚。每年的捕魚許可，限定在大約一百張，我國籍漁船大約有三四十張。每張大約五萬美金。「捕魚許可」是吐國主要財源之一。

整體來說，吐瓦魯地處天涯海角，是個「被遺忘的小島國」。民風淳樸，樂天開朗。和吐國民衆相處愉快。政府對我國堅定支持，我的工作是「非常愉快」。只有的兩個小遺憾就是，生活太單調寂寞了；很怕生大病，因爲醫療水準相對落後，一週只有一次航班，萬一有緊急重病，需要後送就醫，就要靠老天保佑。

中山大學蔡明哲主任率醫療團來吐瓦魯執行醫療合作計畫。

吐瓦魯確實是艱苦地區。外交部評定世界各國生活環境爲ABCD四級。吐瓦魯是D區，第四級。它在生活環境，子女教育，健康醫療，娛樂休閒，知識進修這些方面，都「艱苦」無疑。在編制上也是最小單位的外館，只有兩位館員和我三人，另外加一位當地雇員。我很幸運兩位館員都非常優秀。他們是參事林柏欽和三等秘書侯國南。在如此艱苦地區，願意和我同甘共苦，我一定珍惜愛護。

我到任後，理解到一定要做到「小而美」，於是推動大使館的網頁強化作業。侯國南秘書是理工科出身，對於電腦相當在行，正好當時島上有國合會派遣的台大畢業倪姓電腦志工，協助吐瓦魯政府部門的電腦化業務，於是我交付任務給他們兩人，希望在六個月內完成本館的網頁更新和充實。六個月後，果然駐吐瓦魯大使館的網站煥然一新，資料豐富，可以及時更新，和外部連結良好，另外還有英文版。這樣可以使我國以及外國人士，快速上本館網頁，獲取我國和吐瓦魯相關的資訊。這個網站：https://www.roc-taiwan.org/tv/index.html，對於我們這樣的「三人小館」來說，確實是很重要的，一勞永逸的「基礎建設」。在網頁製作過程中，以及完成之後，我都向部內的亞太司和檔資處報備。

我在吐瓦魯服務一年九個月，打過兩次考績。按傳統，三人考績中最多只能有兩位「甲等」，而館長的考績是由外交部考評，通常都會獲得甲等。於是我的兩位同事中只能有一位甲等。每年我都給兩位屬下考評甲等，並附說明，解釋侯秘書製作網頁，是「主動」而爲，而且有長遠實效的作爲。理當獎勵。很幸運外交部兩次都同意了我的解釋。所以我在吐瓦魯期間的兩年考績，本館三人都是甲等。後來我曾在部內會議中聽到長官說「萬大使非常愛護屬下」。

在我發表去汶萊當代表之前，我收到亞太司同仁盧明然給我的電子郵件，說他很興奮即將來吐瓦魯服務，追隨好長官。我心中感到欣慰和遺憾。他那時還不知道，我也要調動了。當我發表去汶萊就職後，他又來一個電子郵件，說他彷彿「晴天霹靂」。我對他深感抱歉。

我在吐瓦魯的感悟是，「人和」可以彌補「天時地利」。吐瓦魯確實艱苦，但是我和兩位屬下，合作無間，心情愉快。這樣的工作環境，算是老天給我的恩賜吧。我最感動的是我離任時，在島上的館團同仁和醫療團都簽名在卡片上並說一句話。其中有句「有萬大使的地方都是A區」，尤獲我心。這算是我生涯最高的「評價」吧。

左：萬大使夫婦及館員出席吐瓦魯國父第一任總理之喪禮。
右：吐瓦魯總理參訪太陽能照明稱著的著名宣德科技公司。

100.
吐瓦魯居家生活

我在吐瓦魯的日子，有點像兩千多年前的蘇武牧羊：看北海貝加爾湖，看藍天白雲，看雁群北返南遷。吐瓦魯是赤道附近偏南的小群島，我是在「天涯海角」，看大海，看藍天碧海，看海鷗飛翔，聽海濤澎湃。吐瓦魯是由九個小島組成的小島國，總面積才26平方公里，首都所在的本島面積只有大約6平方公里。各島都是海浪沖積珊瑚礁而成的地形，海平面只有不到5公尺。人口一萬多人，小國寡民。

我國大使館是在吐國唯一外國使館。它是由吐國免費提供的一棟兩層樓建築，總面積大約三百多平方公尺，大約100坪。在吐國還算是個體面的建築。大使的官邸是租的。屋主很多年前蓋了島上很講究的兩層樓洋房，後來移民紐西蘭。建築物和前後院總面積大約1500平方公尺，四百多坪。住家四周都有鐵絲網和圍籬以及樹木包圍起來，只有大門口一個出入口。大門前，面對著吐瓦魯內海的潟湖，後院之外，是很多大石頭的海灘，海灘外就是太平洋。所以我的住所是「面對內海和大洋」兩面都是海水。初到時，夜間海濤澎湃，不太習慣。

在歐洲人發現它以前，島上居民已經自給自足地活了千百年。淡水來自儲存的天然雨水。魚，吃不完，天天有。野芋頭，樹薯磨成粉，就是澱粉主食。椰子可以熬成椰子油，椰子漿做成椰糖。還有麵包果，油炸後非常好吃。終年溫暖，沒有四季。生活環境是千年如一日。那是雞犬相聞，無憂無慮，「不知有魏晉」的桃花源。歐洲人，澳洲人來了，帶來的「文明」，包括了西方教育，基督宗教，和飲食西化。其中飲食西化，是禍還是福呢？他們開始喝可樂、吃甜食、大塊牛肉、大口豬肉、喝烈酒。飲食習慣的改變，造成很多人有肥胖、糖尿病、心血管慢性病等等問題。

吐國人民愛吃魚。他們可以把剛剛捕獲的魚，直接生吃，啃得津津有味。捕魚回來當天有多餘的魚獲，就曬成魚乾。他們最愛曬的魚是鮪魚類的紅肉魚種，肉多刺少，大太陽下，曬幾天就成了魚乾，生吃或蒸煮都很好吃，好像是吃肉。他們愛釣魚，也愛潛水捕魚。早年沒有冰箱，魚獲多了，就分送親友。這是吐瓦魯人演化成的「分享，共享」基因。

吐國人很愛吃豬肉，他們的豬，大多是「野放」的，放任豬仔在家院附近覓食。豬長大了，大多是以「烤豬」方式料理。慶典活動，少不了要紅花綠葉點綴。吐國人非常擅長用植物纖維編織草席、坐墊、包包。用綠葉、花卉，編織出花環。花環通常是節慶當天手工現做的，非常純樸可貴。吐國也發現土地不夠使用，因此也開始向國際求助，填海造地。紐西蘭就提供了一艘挖泥船，抽取淺海潟湖內的海沙，濆灌到海岸附近，堆積成五六公尺高的小山丘，讓山丘的鹽分逐漸淡化，生長植被。

我在吐瓦魯竟然遇到了兩次台灣來的旅遊團。不可思議吧？他們每團大約十人，全部都是已經遊歷過四五十個國家，刻意來這個「天涯海角」一遊。導遊有安排當地活動和午餐，我很高興地招待他們到我住所吃水果，照相留念。

如果說，竹子是中國人的母親植物。竹子可做成筷子、椅子、桌子、籃子、扇子、帽子、雨傘、竹床、存錢桶、捕魚器、接水管、還可以成爲竹筍、筍乾等等食物，功能幾乎萬能。在吐瓦魯，椰子，就是母親植物。幾乎樣樣事物都與椰子有關。椰子的樹葉可以用來遮風避雨，當屋頂或隔板。也可以當作海上吸引魚群的飄浮物。我國漁船就常向吐國人購買椰子樹葉，一整支幾公尺長，兩塊美金。買個幾十支，鋪灑在海面，形成一片浮游物，會吸引魚群躲在樹葉下。這樣就便於捕魚。椰子外殼曬乾後可以作爲燃料，椰子仁磨成粉可以做食物，也可以用小火慢熬，提煉椰子油。把椰子樹的樹幹切個小口，用容器接著慢慢滲出的液體，這就是椰子漿。椰子漿可以蒸餾成酒，也可以經過熬煮，做成椰糖漿。椰糖漿混合著椰仁碎粒，經過搓揉，就成了椰子糖果。椰子落地後，不用管它，過一陣子，它就冒出樹根，長出葉子，成了椰子樹苗。這個循環，生生不息。椰子實在是和南太島國人民的生活，息息相關。

左：萬夫人在在吐瓦魯最狹窄的土地上。鏡頭左邊是太平洋；右邊是吐瓦魯潟湖。
右：萬大使在住所宴請我國來吐瓦魯作業的漁船船員。

左：在吐瓦魯最可愛的生活伙伴：我的四隻狗。
右上：萬大使在樹林巧遇快樂的吐瓦魯青年，九條好漢在一班，大家歡唱。
右下：這是我鄰居少年，非常天眞，愛美愛花。這張照片可以說是吐瓦魯人的縮影。

在吐瓦魯，我最羨慕的是這些人民的天眞無邪。他們愛花、愛生命，對魚類和海邊貝類只取所需，不濫捕。對海鳥不濫殺。他們和大自然和平相處。生活就在每天的平淡無奇中，日出日落，日復一日，年復一年。「無憂無慮，與世無爭」，也是另一種生活體驗。在吐瓦魯的日子，狗，是我最親近的伙伴。我刻意先後收養和購買了四隻不同類型的幼犬，從小就訓練。養狗，我有多年心得。狗是從「狼」演化而來。它們先天就有「階級」意識。主人就是它們的「領袖」。所以主人一定要讓狗服從命令。狗樂於聽命主人，也樂於和主人互動。我養的狗，都是六個月以內的幼犬，一到我家，就清潔除蟲，然後每天訓練十幾分鐘。我常在太陽下，拿出塑膠大澡盆，裝半盆水，把水曬熱，幫狗仔洗澡，抓跳蚤。狗仔都服服貼貼，享受主人的服務。教育狗，最基本的是：坐下、趴下、握手、叫、吃。進階級的口令是：小聲叫、大聲叫、翻滾、匍匐前進，我比手槍，砰一聲，狗就倒下裝死不動。

每天傍晚餵食一頓。餵食之前，訓練五分鐘基本動作。每隻狗都有名字，每隻狗也知道自己的名字。它們乖乖地坐好，全神關注地凝視主人。我「點名」順序是狗仔到我家的順序。第一位：Snoopy，這是我買的第一隻狗，全黑的狗，很愛游泳，原來的主人叫它Snoopy，我就也叫它Snoopy。接著我點名「阿花」，這是白色爲主的花狗。再下來點名「黑虎」，它是有虎紋的黑狗，再下來點名「小黑」有點羅威納犬的外型，但是體型小多了。每個點到名字的狗，我都丟給它一小塊肉。四隻狗點名完畢，訓練「等待進食」。我把狗食分裝在四個鐵盆，四隻狗仔安靜坐好，眼睛盯著主人，耐心等候，一定要聽到我說「吃」，它們才開始進食。這些可愛的狗，都是幼年期的狗，活潑好動，經常犯錯。最常犯的錯就是愛挖洞，剛剛種下去的花，狗仔就喜歡挖個洞趴進去，涼快一下。狗仔犯了錯，我也會處罰。罰站，其實是罰「趴」，趴著不准動，以示懲戒。狗是人類最忠實的伙伴。他的眼中主人永遠最偉大。感謝這些可愛的狗陪我度過島上的平淡寂寞歲月。我離開時，把它們移交給農技團，因爲狗仔們認識農技團同仁，應該比較適應，飲食上也比較習慣。

離開吐瓦魯多年後，我常想，哪些事情是我最懷念的？我認爲最難忘的吐瓦魯三件事：

第一、我和太太每天早晨和傍晚散步，四隻狗緊跟著。人狗互動，是我快樂的泉源。

第二、我和人的互動。我的兩位同事都盡心盡責，我們合作無間，相處融洽。「人和」在這偏遠艱苦地區，無疑是最寶貴的恩賜。另外，農技團的楊永郎團長熱心教導我們園藝，使我們認識到各種植物的不同特性，和如何施肥和照顧。萬太太經過吐瓦魯的經驗，成了「綠手指」，多了一個「技能」，很會栽培植物。這是我們的收穫。

第三、體驗了吐瓦魯特有的舞蹈。吐瓦魯人民特有的熱情的FATELE舞蹈，是我先前從未認識的舞蹈。它是全社區民衆一起參與的節慶活動中的主旋律。男士們坐在地上，奮力拍打木箱，發出強而有力的打擊節奏。女士和貴賓穿上彩色草裙，跟著打擊節奏，手舞足蹈。這是一種很原汁原味的原始部落演化而來的舞蹈。這種舞蹈通常都是用於節慶和歡迎貴賓。我和太太經常受邀，圍上草裙，和大家一起跳舞。這個民族舞蹈，亢奮熱情，非常特別，是我一生僅在吐瓦魯體驗到的經驗。

101.
吃了兩顆「魯」蛋，揮別南太平洋

2015年十月中旬，我接到人事處郭處長電話。她說：「稍後會有職務異動表件請大使填報」。我感到驚喜，便問道：「派我去哪裡？」她回答：「現在不方便說，部長沒告訴你嗎？」

結束了通話，我定下神來，推想這個電話的意思。我當時已經六十三歲多了，離公務員六十五歲的「屆齡退休」大限，只剩下一年半多，此時調動不太尋常。想必是部長的意思。果然，稍後部令發表，派我去汶萊，接替黃清雄代表的職務。再隔幾天又接到電報，要求我在隔年一月十六日以前完成新職務履新。這個日期很敏感。它是2016年總統大選的日子。我體悟到，這是部長任期內最後一批人事調動。我回想起，兩年前在台中高鐵站月台上，部長的話「你先去上任吧，以後再說」。他沒有忘記這件事，那句話，果然有弦外之音。

我非常感謝部長記得我去吐瓦魯是「有點委屈」。所以在他任內，把我的「委屈」調整過來。汶萊是個好地方，駐汶萊代表這個職務，這是我公職生涯最美好的句點。我從調令發佈到離開吐瓦魯，兩個月的期間內，完成許多事情。我在住所分別宴請總督，總理，外長，感謝他們對我國以及對我本人的支持。我也宴請醫療團隊和農技團同仁，吐國相關官員等和我工作有關的同仁和友人，感謝他們對我的協助。

我還特別提到我住所的四隻狗，請農技團的農場接續收養，讓它們看家護院。這四隻狗是我的好伙伴，忠心耿耿，離開它們，我有些不捨，一定要安排好它們的未來。

我先前在部令發表之前，意外的接到我在亞太司的同事盧明然秘書的電子郵件。他說他已經發表來吐瓦魯服務，這是他自願申請來艱苦地區，追隨好長官。當時他不知道，我也要調動了。等我發表新職後，他又來電子郵件，說他很意外和遺憾。他有心要來，我卻要走了。天不從人願啊。我回覆他，謝謝他的肯定，也表示遺憾我們無緣共事，但是同事之誼常在。我是外交部唯一擔任過駐諾魯和吐瓦魯兩個南太平洋「魯國」大使職務的人。有同事笑說「老萬，南太兩顆滷蛋，都給你吃了」。確實，外交部同仁中，從來沒有人兩任大使，都在南太平洋最小兩個大使館。我是唯一。我這個「唯一」，算是榮幸吧？

汶萊，盛產石油，是個富有的東盟小國。我很高興最後的公職歲月是在這個好地方。感謝上蒼的安排。揮別南太，我有類似二十年前離開非洲馬拉威一樣的快樂心情。回顧我先後兩次在南太服務，總計三年九個月。去過的南太國家有三類。第一類是諾魯和吐瓦魯，我服務過的兩國。第二類是往返台灣，過境的國家和城市，包括澳洲的布里斯本和雪梨；紐西蘭的奧克蘭；索羅門群島；吉里巴斯。第三類是我年度休假的國家，索羅門群島和斐濟。以上共七個國家。以下就「浮光掠影」地記錄下我在這些國家的回憶。

澳洲布里斯本是我在諾魯時期最常過境的城市。華航有定期直飛台北-布里斯本航班。我爲了轉機，經常在此過夜。這是個類似英國或歐洲風味的中型城市。有河流，有小山丘，很美麗。市區比較印象深刻的是位於喬治國王廣場的市政廳和河邊的南岸公園，以及昆士蘭大學。

雪梨是個國際著名大都會，景點很多，地標建築就是雪梨歌劇院。這是遊客必經之地。除了歌劇院，在它周邊有許多景點，包括大橋、公園、碼頭、商場、聖母教堂等等都值得一日遊。

紐西蘭奧克蘭是2015年一月我陪同吐瓦魯總理訪問台灣時，總理要求去程路線經過奧克蘭。原因是奧克蘭有很多吐瓦魯移民。奧克蘭是距離吐瓦魯最近的大城市。吐瓦魯人擔心萬一哪一天，海水上升，淹沒吐國，他們能有避難的棲身之所。紐西蘭政府基於人道考量和需要基層勞動人力，也歡迎吐瓦魯移民。據稱大約有兩千吐瓦魯人在此居住，接受教育，就業。其中就有總理家族的親友。總理過境奧克蘭，順道探望吐國僑民，一舉兩得。

左起：何登煌大使夫婦，駐雪梨辦事處處長林錦蓮，萬大使夫婦。

左：萬大使夫婦旅遊索羅門群島攝於鎮魂碑前。
右：萬大使和駐索國同事陳傳智在戰爭紀念碑前合影。

2015年另一次陪同吐瓦魯總督訪問台北的航線是，吐瓦魯—斐濟南地機場—韓國首爾的仁川機場—台北。我們在韓國仁川機場正巧遇到韓國古裝眞人秀。那時期台灣正「哈」韓劇。我和太太特別喜歡韓國古裝劇「大長今」。看到現場的藝人穿著古裝，很有「韓味」，我和太太很愉快地和演員合照，拍下美妙的瞬間。

在南太服務期間，我每年的休假，都是就近遊歷鄰近國家。2010年我在諾魯時曾和太太去索羅門群島的首都Honiara度假一週。諾魯和索羅門之間有每週往返各一次的定期航班，飛行時間約兩個半小時。我們入住的旅館是Honiara Hotel，它是當地最好的旅館之一。交通便利，服務良好。當時我國駐索羅門大使是詹秀穎，他很熱情地招待我們夫婦，還安排我們去附近的小山健行。我們離開時，詹大使還準備了兩個紙箱木瓜香蕉和一些蔬菜，讓我帶回諾魯分享同事。他瞭解艱苦地區的環境，送我們蔬果，是非常體貼的善行。

索羅門群島最著名的，就是它在第二次世界大戰中，是太平洋戰場上，美日兩軍海戰和陸戰最激烈的地方。在海上和陸地上雙方都有非常激烈的戰鬥。1942年8月美軍從瓜達卡那爾島登陸，遭遇日軍頑強抵抗，雙方死傷慘重。海戰方面，雙方在珊瑚海，和中途島的海戰，日本海軍損失了多艘航空母艦，傷亡慘重。經此戰役，美國和日本在太平洋戰場上，攻守態勢逆轉，美軍居於極大優勢。戰後美日兩國和索羅門，建立了紀念碑和紀念廣場。兩國陣亡軍人的家屬和後代，每年都有人來此憑弔。

我在吐瓦魯服務期間，2015年我和太太去斐濟度假一週，住在斐濟的第二大城SIGATOKA市區的GECKOS RESORT（壁虎旅館）。斐濟的壁虎會發出聲音，會吃蚊子，算是「益蟲」，斐濟人喜歡它。旅館取名「壁虎」，真有意思。在這個城市裡，有我國駐斐濟的農技團總部，管轄島內其它幾個據點。農技團團長楊永郎曾任駐吐瓦魯農技團長，和我熟識。他幫我和太太以「比照當地居民」的優惠價訂旅館。楊團長還在家裡招待我們夫婦晚餐。我們在吐瓦魯相識，在斐濟重逢，頗有「他鄉遇故知」的喜悅。

我和太太最難忘的行程是「溯河內陸部落一日遊」。我們一行十二人，搭乘平底橡皮快艇，溯河而上，到斐濟深山裡面的部落，探訪部落居民，享用當地人的午餐，體驗原住民生活。非常有意義。原住民婦女在貴賓的臉上塗抹白粉，以示尊敬。這是很特別的習俗。

我在斐濟另外一個發現是，印度裔非常多。斐濟曾有印度裔的總理，也有國際知名的印度裔斐濟高爾夫名將VIJAY SINGH，究其原因是印度裔人口，有三十多萬，約佔斐濟九十萬人口的百分之四十。這些印度裔的祖先，是兩百年前英國殖民者從印度引進。市區中可以看到不少印度神廟，相當華麗。

揮別南太，告別「艱苦地區」，我心飛揚。我非常高興在我公職生涯的最後一年半，調動到汶萊這個「富得流油」的蘇丹王國，享受一下石油金元發展出來的「文明」生活。

萬大使陪同吐瓦魯總理方問台北，過境首爾機場，巧遇古裝藝人。

八、

外交生涯美好句點

（2016-2017）

102.
另一個桃花源

我在2016年1月20日抵達汶萊，擔任我國駐汶萊代表。2017年五月回到台北，待命退休，2017年7月16日退休正式生效。在汶萊的一年四個月是我公職生涯完美的句點。

抵達汶萊後不久，我拜會了汶萊首相署的外交暨外貿第二部長林玉成。汶萊的政治體制是穆斯林君主國。蘇丹國王兼任首相，並直接掌握國家國防、外交、財政、立法等等權力。我向林玉成部長表示，我國政府派我來接任前任黃清雄代表，希望繼續深化兩國合作關係。林玉成部長很歡迎我到任，並表示汶萊和台灣關係良好，樂見雙方拓展關係。林部長也強調，汶萊對外關係，「一個中國」是既定國策，在這個議題上，不希望汶萊成爲兩岸競爭的賽場。

汶萊的正式國名是Negara Brunei Darussalam，意思是「汶萊和平之邦」。這裡確實是個和平的小邦國。小國寡民，和平友善。我的住所背後是個小小森林，有很多野生小動物，偶爾會見到體長約80公分的大蜥蜴沿著圍牆，緩緩爬行。我和太太以及女傭都只是看著它自由通過，盡量不打擾，最多只是驅離。在汶萊「不撲殺野生動物」，萬物「和平共存」，幾乎是全民共識。蜥蜴，松鼠，猴子，蛇，蛙，只要不危及人類生命，都不會殺生。

在政治上汶萊也是有這樣的傾向。我剛到任，初次見到外長，他就對我表示「不希望汶萊成爲兩岸的角力賽場」。

與我同時在任的中共大使是楊健女士，我和她曾多次同時獲邀出席活動，主人都會刻意把我和她分室而坐。我和中共大使相互知道對方，但從未交談，也從未批評對方。汶萊政府在應對「中國崛起」的國際情勢下，相當「務實」。汶萊緊鄰南海，有一些島嶼就在南海，算得上是「南海聲索國」之一，但是在南海議題上，汶萊和中共有默契，無爭議。這和汶萊「和平」國策有關。

我和外交團的聯繫，尚稱良好。我經常在公衆場合和外交團的大使們碰面。我雖然是「駐汶萊代表」，但是我曾任駐諾魯和吐瓦魯兩任大使，依照國際禮儀，許多人還是稱呼我「大使」。在這類場合，大家都很有禮節，除了中共大使，我都會與之相互寒暄。和我關係最好的是韓國大使Cho Won-Myung（曹源明），他早年曾在台灣學中文，對台灣印象很好。他也愛高爾夫，我們曾一起打過幾次球。他的夫人愛烹飪，我們曾互相邀宴在家裡聚餐。

汶萊石油部長新年開門迎客與萬大使夫婦，以及韓國大使曹明源夫婦合影。

上：汶萊華裔Wallace Koh許先生新年宴客圖中有美國大使，泰國大使，以及萬大使夫婦。
右下：萬大使拜會僑界領袖劉錦國丕顯。
左下：萬大使拜會「騰雲殿」汶萊唯一華人廟，與僑領曾瑞吉博士及宗教人士合影。

我和美國大使Craig Allen也相識。他是美國國務院職業外交官，曾經在台北任職AIT美國在台協會貿易中心主任。他是喬治城大學畢業，我們算是校友。他會中文，身材瘦高，態度謙和。他對台灣非常友善，我們有很多次在友邦國慶酒會交談，以及在華人大老的新年「開門」Open House慶祝活動時同桌，愉快交談。日本大使Noriko Iki女士，對台灣友好。她身材滿高，愛品酒，酒量也不錯，我曾經和她有幾次在華人大老吳景進等人士農曆新年聚會時同桌聊天。其他的大使，諸如印尼大使魯魯克馬，也是一位女士，和我太太交談愉快。她知道我們曾經在雅加達五年，對我們夫婦頗爲友善。新加坡大使Lim Hong Huai林豐淮很年輕，很友善，我們多次在不同場合相遇，都交談愉快。

我也常收到一些和我國關係良好的大使館寄給我的慶祝該國國慶的酒會邀請卡。我出席酒會，也受到主人的尊重。整體而言，我國在汶萊外交團中，是滿受尊重的。我雖然不在外交團的正式名單，但是和駐汶萊的許多使節維持良好關係。

汶萊位在北緯4度附近，接近赤道，終年溫暖。氣候穩定，沒有嚴寒冰雪，極少颱風地震。汶萊人民很守法，極少作奸犯科，犯罪率低。刑法很嚴厲，但是目的是阻嚇，保留「鞭刑」，但是主要在於警惕，很少使用。汶萊的高速公路、橋樑、機場、海港、醫院、學校、政府機構、水電供應系統、野生保育等等基礎建設都很完善，人民安居樂業，社會福利豐厚、重視環保、重視森林和野生動物，是個先進國家。在國際事務上主張「和平」相處，與世無爭。媒體除了王室和冒犯伊斯蘭戒律的範圍，大致相當自由，人民的自由程度很很高。汶萊給我最印象深刻的是，「謙和」和「愛和平」。汶萊的政治，相較於世界百餘國家，算是相當單純，清廉。國家治理也算良好。人民「幸福感」居世界前茅。

大約三十年前著名作家白先勇曾經寫過文章，稱讚新加坡。他說新加坡是海外的現代「桃花源」。其實，汶萊和新加坡一樣，也是一個現代「桃花源」，只是比較低調。

在公職生涯的最後一年半，我竟然很罕見地被調派到一個「現代桃花源」。在這裡，地主國對台灣友善，僑胞多數祖先來自金門，對台灣有感情，留台同學會眞誠熱心支持，外交團很多大使對我友好。我的辦公室一團和氣。我非常幸運，在這裡劃下公職生涯完美的句點。

103.
「富得流油」的石油王國

談到汶萊，不能不談「石油」。汶萊位於婆羅洲（BORNEO）北端汶萊河的出海口，面積約六千平方公里，相當於六分之一的台灣。國土被河流分成東西兩片，絕大多數居民居住在西半部，東半部極少開發，幾乎都是國家公園保護區。婆羅洲是世界第三大島，僅次於格林蘭和新幾內亞，面積75萬平方公里，比西歐第一大國法國還大。婆羅洲這個大島之上，有三個國家。南部的土地是印尼的「加里曼丹」，面積佔全島75%；我國很多「印尼新娘」來自這個地區。婆羅洲的中北部是馬來西亞的「東馬」，面積約佔全島24%，包括沙巴，沙勞越。汶萊，就位於婆羅洲這個大島的北端，三面被馬來西亞的「東馬」包圍，北面是南海，面積僅佔全島1%。

汶萊面積僅佔婆羅洲全島1%，但是很幸運，國土陸地以及鄰近海域，蘊藏了豐富的石油，因而成爲ASEAN東盟十國中，和新加坡同等「富有的小國」。早期探勘石油，是用一種被稱爲「點頭驢子」nodding donkey的鑽井機。它的外型很像驢子在點頭。經過將近百年的演進，石油開採技術已經發展到可以深海探勘。汶萊在南海有許多先進的海上鑽油平台，可以起降直昇機，也可以直接將原油輸送到巨型油輪上。汶萊從1929年開始在南部的詩里亞Seria開採石油，到1991年時達到「第十億桶石油」，於是汶萊政府建立了

「第十億桶石油紀念碑」。盛產石油，帶來了無盡的財富，造就了安定富足，社會福利極佳的汶萊君主國。

石油是國家的，國家由蘇丹君王統治。王室掌握了石油開採權，於是，造就了非常富裕的汶萊和王室。目前國民平均所得約四萬美元，在東盟十國中，位居第二，僅次於新加坡。俗話說「富可敵國」，那是指富商豪門或權臣，可是在汶萊，君王就是「國」，王室就是「富國」。王室的財富，舉世知名。據媒體估計大約有280億美元。

汶萊現任國王是蘇丹哈吉哈山納·包奇亞·穆伊扎丁·瓦達烏拉（Sultan Haji Hassanal Bolkiah Mu'izzaddin Waddaulah）出生於1946年7月15日，爲汶萊第29世蘇丹王。汶萊蘇丹兼任首相，於1967年10月5日即位，已經在位五十四年，是世界上執政最久的君主之一，僅次於英國女王。汶萊蘇丹王在汶萊人心中，地位崇高，且廣受民衆愛戴。媒體極少批評王室成員的新聞，新聞報導幾乎都是正面的。

汶萊是小國寡民。因爲盛產石油致富，成爲世界上最富有國家之一。石油收入豐厚，很大部分用於基礎建設和社會福利。由於財政寬裕，民生基礎建設良好，全國的教育，醫療，都是免費。公民購買房屋，政府給予補貼和免息貸款。汶萊被世界很多國家視爲「先進國家」，原因無它，就是石油致富。

104.
「南向」最大助力：汶萊留台同學會

2016年政黨輪替之後，「南向政策」，無疑是首要工作目標，而汶萊也成爲雷達上的標點。我考慮到汶萊的投資條件：小國寡民，市場很小，從事農業，難見成效。再考慮到，我國中小企業希望快速有投資回報的特性，也不容易有合適的產業來投資。曾經有僑界知名人士，和我提到兩個案子，希望台灣企業來投資。

第一個案子是在汶萊郊區大約五公里的一塊大約200公頃的土地，多年前曾經想要建「鳥類的主題公園」，但是後來荒廢了。他希望我介紹國內企業來投資，開商場，作主題公園，休閒娛樂等等都可以。還說汶萊政府願意在當地提供水電基礎設施。我到了現場實地勘查，發現它還是一大片樹林野地。我沒有建議國內廠商來考察，因爲這個工程投資太大，汶萊總人口不到50萬，市場太小，難有成效。

另外一個案子是，請台灣的石化業到汶萊投資煉油廠。汶萊盛產的石油，都是以原油出口。理論上來建煉油廠，是合理的。但是考慮到建煉油廠，不能只是建廠本身。石化業是「一個產業鍊」，如果要建廠，台灣石化業的上中下游相關產業都要一併過來。初步估算這是最少數億美金的投資。非「國家隊」領頭，難以成事。再說，如果本案可行，印尼也產石油，勞動力更便宜，爲何不去印尼設廠？果然，這個案子呈報回台北後，就石沉大海。

Homepage

Borneo Bulletin, Monday 16 January 2017

Taiwanese fair brings Mandarin orange *to Brunei*

WARISAN Utama Jaya Emporium & Supermarket in Jalan Muara yesterday hosted the official launch of an agricultural fair with quality produce from Taichung City, Taiwan, including the ever-popular premium Pomkan (Mandarin orange).

Presiding over the launch were Jason Wan, a representative of the Taipei Economic and Cultural Office in Brunei Darussalam; Lim Kah Phay, the chairman of the First Emporium Group; Wang Jiun Shong, the director of the Agriculture Bureau in Taichung City Government; and the senior management of the First Emporium & Supermarket chain.

In his opening speech, Jason Wan said the main objective of the event is to promote the Pomkan, or honey orange, and a variety of fresh fruit and vegetables from Taiwan.

He urged orange lovers to make their purchases as soon as possible, with stocks being in limited supply.

Meanwhile, Lim Toh Yung, the supermarket general manager, said that public response to the fair has been most encouraging, with consumers from neighbouring states coming over to shop for quality products and items.

To cater to the overwhelming public demand, the supermarket is working together with the Farmer's Association from Taichung's Feng Yuan District, which is well known for its uncompromising quality.

"The premium Pomkan is very popular during Chinese New Year and it is only available at the Warisan Utama Jaya supermarket," said Lim, adding that, "It is one of the top-quality products from Taiwan, and comes in small, medium and big sizes to cater to customer preferences."

The launching ceremony also featured a drumming performance and a Chinese musical ensemble by Chung Hwa Middle School students.

To liven up the event, a Pomkan-eating competition was also held, in which the top three winners in both the male and female categories took home $300, $200 and $100 cash vouchers respectively, along with one carton of Pomkan oranges each.

Other side-events included a colouring competition for children and a puzzle-solving contest.

Jason Wan, a representative of the Taipei Economic and Cultural Office in Brunei Darussalam; Lim Kah Phay, chairman of First Emporium Group; and the senior management team during the ribbon cutting

台中優質椪柑在汶萊市場大放異彩。

瞭解了汶萊的條件，駐汶萊代表處把目標聚焦在「務實」的項目：學術交流，學生來台就讀，學習技能，以及觀光旅遊這類比較實際可行的項目。而在這些方面，「汶萊留台同學會」是最大的助力，第一功臣。

汶萊總人口約45萬，69%爲馬來人，土著民族佔6%。人口最多的少數民族是華人，約有五萬多人，占總人口13%，汶萊的其餘12%人口爲其他民族，包含印度人。大多數華人信奉佛教，也有小部分爲穆斯林。汶萊華人中又以來自福建閩南金門人占大多數。例如，外交部長林玉成的祖籍是金門烈嶼上林村。官方語言是馬來語。當地人也使用英語和閩南語，汶萊福建話。華人中，有一些對汶萊有特殊貢獻者，蘇丹君王頒授DATO「拿督」，PEHIN「丕顯」等尊稱，類似爵位的尊稱。其中我認識的幾位是吳景進，劉錦國，林玉成等。另外，我還認識幾位僑界很有聲望的先進，諸如曾瑞吉博士，企業家劉小源先生，都東中學校長孫勝利等等。汶萊僑胞保存很多華人習俗，認同中華文化，希望兩岸和平相處，對台灣相當友善。

我國公民在汶萊人數約一百人。我在汶萊推動業務，最大的助力來自「汶萊留台同學會」，簡稱「留台同學會」。汶萊同學會凝聚力很強。成員都是多年前曾經在台灣唸書的「僑生」。他們對台灣堅定支持。我在汶萊時會長先後是陳美惠和韓保定。他們都對代表處以及有關台灣的的各類活動非常支持，熱情參與。留台同學會有一位「幕後英雄」，他是麥順成。麥先生是東吳大學畢業，自願當義工，低調做事，謙辭會長，但幾乎每一個活動都有他在幕後協調規劃。

「南向政策」的工作重點，主要在以下幾個層面。在學術交流方面，「留台同學會」每年協助僑委會以及台灣的大學院校招募高中畢業生去台灣就讀。另外也推廣「職技班」，鼓勵汶萊畢業生去台灣學習一技之長，包括餐飲，烘焙，美髮，珠寶，設計，動畫，電子商務等等。此外還安排「海青班」，組成汶萊學生爲主的海外青年團赴台觀摩交流。在廚藝推廣方面，每年安排曾獲獎的專業廚師到汶萊巡迴展示廚藝。這個活動廣受歡迎，甚至韓國大使的夫人也來參加，研習烹飪技巧。

推廣台灣農產品在汶萊拓展市場，也是重要經貿交流活動。我國的有些特定的農產品，在汶萊享有盛譽。其中最成功的是「椪柑」，主要來自台中東勢。東吳大學校友麥順成先生無疑是最重要推手。麥先生遍嚐了台灣各地的特色水果，認定台中東勢和豐原地區的椪柑，最適合汶萊民衆口味。椪柑除了多汁味美之外，又名「橘子」，有「吉祥」之意，所以被汶萊人當成農曆新年的禮品水果。單價高，檔次高，一箱約5公斤的椪柑，大約市價25汶萊幣，折合台幣約700元。進口台灣椪柑的是汶萊「第一百貨」，每年春節前向台灣訂購幾個貨櫃的椪柑。椪柑每年熱銷，經常售罄缺貨。有些商家也從中國大陸進口椪柑，雖然外型相似，但是檔次略差，市場評價不如台灣東勢的椪柑。

我離開汶萊後，汶萊的「第一百貨」經理麥先生每年仍舊循例向台中豐原農會訂購椪柑，而且連續四年至今，都會轉請農會寄送一箱椪柑給我。古人說，官場上「人走茶涼」。我退休後，能被汶萊朋友想起，收到椪柑，這個意義，遠勝於椪柑本身，對我來說是「非常欣慰」。

在汶萊，我也見到我們的農作專家來投資農產，開農場，建溫室棚架，生產高價亞熱帶水果，諸如西瓜，香瓜，聖女小番茄等等。他們非常辛勞，產品的品質非常好，但是非常可惜，銷售的渠道和市場，都受制於人，最終還是無功而返。汶萊的周邊是馬來西亞的東半部，俗稱「東馬」，華人很多，務農的華人也多。他們生產的熱帶蔬果，很多都進入汶萊市場，由於種植面積廣，產量大，成本低，我國的農業專家在汶萊生產的農產品，在價格上，很難競爭。我身爲台灣的代表，看到國人投資無回報，我心有戚戚焉。

蔡總統2016年5月20日就職，留台同學會，台商台僑以及金門鄉親代表都來駐汶萊代表處致賀，可以看出僑胞對台灣很有向心力。

南向政策，一直是我們推動的方向。2016年之後，更加強了力度。在觀光旅遊方面也小有進展。分別有外貿協會駐馬來西亞的蕭淑燕秘書和觀光局駐馬來西亞的巫宗霖秘書到汶萊宣傳，希望拓展旅遊。馬來西亞的「東馬」，包括沙巴、沙勞越是我國旅行團很熱門的地區。汶萊航空曾經有直飛台北的航線，但是因爲載客量不理想而暫時中斷。我曾建議汶萊觀光旅遊局官員，考慮和我國旅行業合作，把前往東馬的旅客列入汶航的客源，以利重新恢復直航航班。

我在汶萊的公務幾個面向，「學術交流」方面，包括招募僑生，職技培訓，青年交流，廚藝巡迴觀摩等項目，我們有優勢。馬來西亞和汶萊僑生，對於來台灣學習，興趣頗高。這要歸功於五十年來我國的「僑務，僑生」工作成效良好，傳承了「友台」的傳統。在推廣我國農產品方面，台中的椪柑是最成功的，這要感謝東吳校友麥順成先生。我國農業技師來汶萊投資農產品生產，證明了不符效益。在觀光旅遊方面，還有很大空間，同時也要看汶萊航空對直飛航線的考量。這是我的工作心得。而這些經驗的背後，是「汶萊留台同學會」給予我的堅定支持。

Page 4 sundayHomepage Borneo Bulletin, Sunday 27 November 2016

Lee Chi Tien (R), Director General of Taiwan Amusement Park Association, in a group photo

Taiwan beckons Bruneians

AZLAN OTHMAN

TAIWAN officials called on Bruneians to visit Taiwan, taking advantage of the visa waiver facility for Brunei citizens and permanent residents.

The call was made by Jason CH Wan, the official representative of the Taipei Economic and Cultural Office (TECO) in Brunei Darussalam at the 'Time for Taiwan Invitation, Taiwan Amusement Park' workshop yesterday at The Rizqun International Hotel.

The Taiwanese visa waiver programme for Brunei citizens came into effect from August 1, 2016.

Permanent residents of Brunei with a Certificate of Identity (CI) document can visit Taiwan for up to 30 days without having to apply for a visa starting December 1, 2016.

"So many things can be done in Taiwan, such as enjoying its warm hospitality and now we are more Muslim-friendly with the presence of restaurants, hotels and places of worship," Jason Wan said.

Meanwhile Lee Chi Tien, Director General of Taiwan Amusement Park Association, said Taiwanese and Bruneians are friendly people.

"We can introduce Taiwan scenarios and culture to the Bruneians. Taiwan has 23 theme and ocean parks and almost half of the theme and ocean park vendors were here to promote. And these parks include marine learning and aboriginal villages.

Their presence (Taiwan Amusement Park participants) here is the first step towards promoting how beautiful Taiwan is to local travel agents," he said.

Lee also said that it was his first visit to the Sultanate and he loves the country and has always heard about it from his relatives. "I am going on a city tour on Sunday," he added.

Tony Wu, Director General of Taiwan Tourism Bureau Kuala Lumpur Office, said many Taiwan food outlets are Halal-certified and Taiwan is also good for body medical checks, take wedding photographs with its breathtaking scenery and ideal for family tours.

He also highlighted on many beautiful sceneries especially at the west coast.

"We provide high-quality service with no complaint," he added.

He also pointed out on their strategies for next year including their marketing tag 'Unsung Hero, It's Time to Thank the Unsung Heroes'. Without their help, Taiwan will not be successful and to appreciate them, there will be given free hotel for those who devote themselves to society.

New food and health products at Supa Save's Australian Food Fair

觀光南向2016-11-26英文報。

105.
宴客及訪客

美酒佳餚，宴請賓客，是我們這一行的「基本功」。在汶萊，我很幸運有前任留下頗爲能幹的菲律賓女傭幫忙廚房後勤。一年四個月期間我經常在住所宴請業務上有聯繫的友人，包括僑界，台商，國內訪賓，以及其它國家外交官。最多頻率的是汶萊留台同學會和台商會。留台同學會對我的業務幫助最多，最大、最經常。同學會成員中麥順成、陳美惠、韓保定、陳利德、陳仙福、沈賢國、Gary廖和我接觸較多。其他的朋友包括林登輝、沈宗祥、孫德安等人，以及黃家聲也常在節慶活動中碰面。僑界大老先進吳景進，我也經常見面。在外交團中，韓國大使曹源明和我最熟識。我很幸運有這麼多好朋友相助，因此也常在住所宴請朋友，一則致謝，一則聯誼。

這期間曾有四批訪客從台灣來訪。我在諾魯和吐瓦魯期間，由於地處偏遠，往返機票很貴，幾乎沒有親友來訪。到了汶萊，許多朋友表示想看看汶萊長什麼樣子。我很歡迎，於是迎來了四批訪客。訪客必遊之地，就是汶萊最著名的景點，包括：博爾基亞清眞寺、第十億桶石油紀念碑、加東夜市、水上村、長鼻猴紅樹林、蘇丹登基銀禧紀念館、水晶公園、馬來博物館等等。除了「必遊」景點，我也根據訪客嗜好，分別加入其它值得一遊之地。

第一批是我在印尼服務期間認識的台商朋友。我在印尼約五年期間內很奇妙地認識了完全沒有業務關係的三個朋友。第一個是杜俊先生，他是中興工程顧問公司在印尼的主任。中興工程在印尼多處承包有印尼政府的工程。第二個是史蓉慶先生，他是魚產經銷商。第三個是葉欣先生，他是印尼最大水泥公司INDOCEMENT電腦中心主任。我們四人因爲有共同的喜好，打高爾夫，而結識。

這次來訪的除了上述三人，還有其他四人，他們是李國幸夫婦，葉煦，以及杜俊的夫人。李國幸是長榮海運駐印尼的主任。葉煦是葉欣的弟弟。他們專程從台灣和印尼以及美國來看我，我當然非常高興。我安排了他們在最著名的EMPIRE帝國高爾夫球場打了三場球。這是曾經舉辦過國際比賽的球場。風景絕佳，有海岸，有森林，有湖泊，蜿蜒步道，非常優美。

他們到訪之際，適逢農曆春節。汶萊很多鄉親有「Open House」的習俗，熱情開放住家，歡迎賓客。我的這批訪客隨著我拜訪了許多家的「Open House」，彷若吃流水席。最難忘的是，沈賢國等留台同學會的朋友，非常慷慨地招待品味一流的「山貓王」榴槤，大快朵頤。我的朋友，直呼「不虛此行」。

第二批是我在台中服務期間認識的台邑公司總經理童育賢，以及他的朋友陳明三和家人，一行共六人，我協助安排交通食宿。他們此行希望尋覓商機並參訪著名景點。我們去了東部國家公園。Ulu Temburong烏魯潭布龍國家公園。這個國家公園位於汶萊東部，人煙稀少，幾乎全是熱帶雨林，是新加坡和汶萊的特種部隊訓練的地區。這個國家公園最特殊的景點是爬上一個建在熱帶雨林的上方的步道，腳下是茂密的樹林，站在高處俯瞰一望無際的熱帶叢林。

第三批是我的大兒子以及二兒子夫婦。我們去參訪鱷魚養殖場，越野車駕駛，釣魚，參觀許多博物館，以及搭乘小船遊河。第四批是我弟弟夫婦和弟弟的岳母。我們去遊河，走訪水上人家。

能在我公職的最後一年，迎接親朋好友，來遊歷汶萊，實在幸運。這篇記錄了我們遊歷過的地方，這是我公職生涯終點站最美好回憶。

上：萬大使宴請華商連國勳家人。
左下：宴請第一百貨董事長林國民及家人。
右下：與來訪台商友人旅遊汶萊國家公園。

上：陪同台商友人拜會汶萊第一百貨經理麥順成。
左下：與印尼台商老友參觀汶萊皇家博物館Royal Regalia2017-2-6。
右下：與家人參觀馬來博物館。

106.
藍蝦

在汶萊最成功的台灣企業就是「藍蝦」。這家在汶萊聲譽卓著的企業叫做Golden Corporation Sendirian Berhad，以養殖藍蝦著名。藍蝦的根源不同於台灣的「草蝦」，「白蝦」，而是源自南美洲的藍蝦，外殼是藍色的，所謂的Blue Shrimp。企業的負責人是來自宜蘭的莊錫山。他曾經投資養殖失敗，直到在汶萊重新發展，才走上坦途。

成功的原因很多，最主要的是汶萊的自然環境優越：氣候溫暖，不怕寒害；全國幾乎沒有工業污染，河水和海水，地下水都是水質優良。另外汶萊政府也大力支持，使它成爲汶萊招引外國投資的範例。

該公司的藍蝦，是企業經營，品管嚴格，產品符合國際認證，有歐盟以及穆斯林的「清眞」（HALAL）認證。產品屬於「高端」蝦類，行銷歐洲，穆斯林地區，以及美日等國家。這家公司的產品，不和台灣的同業競爭，而是把目標定在「高端市場」。它的成功開拓歐美中東市場，引起汶萊政府高度重視，並多次獲得汶萊政府褒獎。汶萊王室甚至指定只食用這家生產的藍蝦。

我曾經多次參訪這家藍蝦養殖公司，包括陪同國內訪賓參訪。參訪者對於該公司印象深刻。養殖的過程，從幼苗到成蝦，從飼料到檢驗、篩選、分類、制冰、冷凍，以及另外爲了歐美市場做的高溫煮熟後立即冷凍，包裝等等全部流程都給人非常「衛生」，「高品質」的印象。尤其是最後結束參訪時，負責人莊錫山先生會邀請來賓「生吃」藍蝦。因為理解了盤中藍蝦的流程，大家都有信心吃「藍蝦生魚片」，口感非常鮮美。從未發生腸胃不適現象。

由於藍蝦為汶萊打出國際品牌，汶萊政府引以為傲，不但希望能讓汶萊政府參股，還特許撥出土地，鼓勵增產。我曾經出席汶萊經貿官員主持的新闢藍蝦養殖場開幕儀式，一同和許多汶萊官員以及外交使節見證這個成功的企業新里程碑。這是汶萊政府引以為榮的外商企業，也是台灣的驕傲。

上：汶萊藍蝦的原生種來自南美洲，與台灣白蝦不同。
下：萬大使夫婦拜訪藍蝦廠總經理莊錫山合影。

107.
汶萊CI免簽證案

我在汶萊一年四個月，完成了一件事，小小成就，算是我在汶萊的legacy「政績」吧。

我國在2016年5月政黨輪替之後，加大了「南向政策」的力度。政府在8月的時候宣布，從9月起給汶萊和泰國公民免簽證入境台灣的待遇。這是個好消息。我在這個「利多」的氛圍下也加速兩件事：第一件，積極洽請汶萊政府也給予我國相同的免簽證待遇。這個問題已經討論多年，可惜汶萊方面遲遲沒有同意。這件事的關鍵還是在汶萊政府。在這個層面，主攻應該是由台北發起，向汶萊政府協商。駐汶萊代表處是助攻，敲邊鼓，著力有限。然而，第二件事情，主攻在代表處，而且有機會。那就是，在9月開放汶萊公民免簽赴台之際，也順勢把汶萊C.I.民眾一併比照辦理。

汶萊被視爲「先進國家」，它的護照，幾乎全世界通行無阻，不需要申請簽證。然而，在汶萊有部分華人世世代代在汶萊，但是基於某些原因，汶萊政府只給予他們「永久居留權」，而不是「公民」。就是所謂的C.I.，Certificate of Identity的「身份證明」，它是介於護照和身份證的「國際旅行證件」，但不是護照。這類人，絕大多數是華人。這些人的處境，新加坡和馬來西亞深切理解背景，所以給予免簽證待遇。

這類汶萊人出國，除了新馬兩國之外，都需要申請其它國家的簽證。以所謂的國際旅行證ICI（International Certificate of Identity）申請簽證。世界很多國家對於ICI的認定是「無國籍人士」，這對汶萊C.I.持有人不公平。汶萊公民所持的護照，幾乎全球免簽證。但是同一個家族中，可能有一些這類汶萊永久居民，每次出國需要經過許多申請簽證引發的「不方便」。他們出汶萊國門，要申請簽證時，被很多國家歸類爲「無國籍人士」，因此提出很多「不便」的障礙。例如，預購來回機票，甚至需預訂旅館。除了費時費神，萬一行程變更，難免財物損失。

我國多年前就已經給予汶萊公民「免簽證」入境我國的待遇。但是汶萊政府遲遲沒有「互惠」措施，我國因而暫時中止我國單方面的優惠。現在既然宣布了9月開放汶萊公民免簽赴台，我堅定認爲對持有C.I.的汶萊人應該比照汶萊公民辦理。因爲他們不是「無國籍」人士，他們是汶萊「內政考量」下的弱勢群體。

這類「汶萊永久居民」向政府申請「公民」需要經過語文考試，以及非常漫長的等待。基於某些原因，每年核准的人數極少，很多世世代代在此的永久居民，在考完試之後，等待了十年都還沒有取得公民身份。

新加坡和馬來西亞的政府，非常理解這個背景，因此給予這類汶萊民衆「免簽證」待遇。我認爲我國可以比照新馬兩國的作法。我的理由是，這些世世代代在汶萊的民衆，生活環境良好，不會在台非法居留打工。既然已經給予汶萊公民免簽證待遇，不妨同樣開放「永久居留者」，也就是C.I.持有者。另一個原因，這類人幾乎都是華人，祖籍金門，對台灣友好。

我的想法，其實在多年前我國單方面給予汶萊公民免簽待遇時，就有提及。駐汶萊代表處也曾經報請國內開放這類汶萊人「免簽證」待遇。但是一直受阻於國內相關機關。其中最大阻力是國安單位的意見：「這些人歸類爲，無國籍人士，恐有安全顧慮」。因此，多年來都是「無解」。

我和同仁研商之後，決心趁著「南向政策」的潮流，打鐵趁熱，加速推動。我的理由是，政府現在推「南向」政策，理應廣開大門，鼓勵更多汶萊人來台灣旅遊觀光投資。汶萊的這類民衆，有很多是相當富有的。之所以會有這類永久居民，那是汶萊政府的「內政考量」政策下，衍生的現象。他們完全不同於緬甸，西藏的「無國籍」人士。汶萊永久居民「無安全顧慮」，希望國內機關同意比照汶萊護照持有者，給予免簽證待遇。

非常幸運地，從8月份代表處寫報告，提出這個建議開始，經過外交部的領事事務局，僑委會，移民署，一關又一關獲得同意。最後在「南向政策」的大環境下，國安單位也在11月表示同意。多年的努力，一直期盼的「給予汶萊永久居留者，也就是CI持有人，免簽證入境台灣」的目標，終於在2016年12月1日開始落實。從此這類民衆可以免簽證來台，最長停留三十天。這件事緣起於多年前，幸運地在我任內達成，可謂「皇天不負苦心人」，嘉惠了許多汶萊鄉親，也爲「南向」做了小小貢獻。這是我在公職生涯的最後一站，尚堪告慰的句點。

詩華日報

SEE HUA DAILY NEWS

網址:www.seehua.com　2016年11月18日　星期五

12月1日起 可停留30天

汶永久居民 赴台免簽證

駐汶萊台北經濟文化办事处万家兴代表宣布说，从12月1日起汶萊永久居民入境台湾30天可免签证

《汶萊斯市17日讯》駐汶萊台北經濟文化办事处万家兴代表宣布说，汶萊永久居民自今年12月1日起赴台湾免签证。是项新闻发布会是于加东的駐汶萊台北經濟文化办事处举行。

萬家興冀汶萊政府 提供台灣人免簽待遇

加东的駐汶萊台北經濟文化办事处外观。

關注中企經商概況 楊健首訪同仁堂

中国駐汶萊大使杨健表示很高兴看到汶萊民众越来越了解中医药。中国的中医药有悠久的历史，也是中华民族传统文化的遗产

1945年6月7遭日軍擊沉 美汶探勘美掃雷艇殘骸

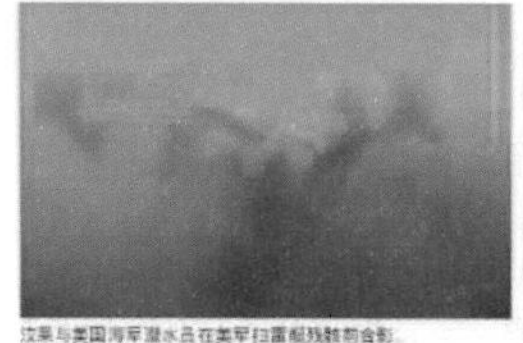

汶萊与美国海军潜水员在美军扫雷艇残骸前合影。

在美军扫雷艇残骸位置上放置说明。

經歷波折終於在2016年11月完成汶萊永久公民可以免簽證赴台灣。

作者的結語

感謝你看完這本書。它能否像清代作家吳敬梓的「儒林外使」，藏諸名山？我不知道。但我希望它能對你有一些感悟。

這本書由107個我親身經歷的故事組成。最前面四個故事，「交給上帝」，「你怎麼不來找我」，「你爲何不回頭」，以及「從牛背上摔下來」，從父母的身教，塑造了我的性格：敬天，果斷，不迷信權威。

本書的主軸，也就是篇幅最多的是：「展現官僚文化現象」。官僚文化是古今中外都有的現象，一般而言負面的概念較多。常見的現象，諸如「多一事不如少一事」，「因循往昔，不思改進」，「咬文嚼字官腔官調」，「濫權徇私」，「不從民衆角度思考」，當長官遇事優先考量是「不出紕漏，保官位」。我希望讀者能用更寬容的心去理解這些文化現象。

我從1988年第一次回國開始，體驗了非常多官僚文化現象。例如，在北投區公所遭遇「不同意簽名，必須刻印章」才能完成戶籍遷入的經驗。在馬拉威，一位資歷不完備的學員，因爲大使館同仁作業疏失，造成很多單位不得不爲他「一路開綠燈」，來台受訓。比如領務局的「護照風波」和「信用卡繳費」兩件經歷，我看到政府機構的「本位主義」和顢頇霸道。又比如，「有功不賞」，「用人唯親」的現象，以及遇到惡劣陰險長官時，下屬的「無奈」。

我四十年公職生涯中，特別是在印尼的五年，遇到許多災難事件：空難，暴亂，旅印國人遇難死亡，以及緊急求助案件。面對災難和急難，我始終秉持「同理心」，以最迅速，最簡單有效方式處理。感謝我父母的身教，使我從小理解「心存善念，助人爲樂」。公職生涯，我無愧於心，因爲我做到了「盡忠職守，服務民衆」。

在八個外國服務過，我體驗了一些不同的「文化現象」。例如在非洲「下雨」是上天恩賜。當象群危及其它物種的生存時，政府同意「獵殺大象」是不得不的措施。又例如，台灣的開車方式，在美國百分之百會被開罰單。在諾魯，我緊急勸止總統用白色信封，改用我送的紅包，裝鈔票給前往總統府拜年的華人農曆新年舞獅團。在義大利，我體會「愛美」是天生基因。

我親身觀察過許多國家的選舉和政黨輪替，有頗多感觸。看到南斯拉夫的解體，看到馬拉威，南非，辛巴威，美國，以及我國的選舉，我瞭解「民心思變」和「民主人權」這兩大招牌，有驚人的「動能」。但是民主政治若沒有「民本」思想，沒有「爲人民服務」的實質內涵，終究只是「表象民主」，終將陷入「民粹」泥沼。

四十年公職生涯中，我聽過一些「經典名言」，讓我終生難忘，一定要記錄下來。例如：「我四十年不休假！」，「他知道我是誰嗎？」，「金門823砲戰也要有人當砲灰啊！」，「換來換去都是這幫人！」，「最少四年沒問題了嘛！」，「辦活動還賠錢？」，「絕對不可以加頁！」。這些「名言」，聽在我耳裡，實在很奇葩。

我遊歷過很多國家，特別是歐洲國家和美加，它們在文化上有許多值得學習的地方。感謝我的職業，使我得以「周遊列國」，體驗不同文化。在周遊列國的過程中，有幾件非常難忘的趣事，讓我回想起來，不覺莞爾。在馬拉威是「萬太太的世紀首航」，和「我的飯呢？」在印尼是：「台北今夜冷清清」。在美國是「你自己當外科醫生了？」在諾魯是「我發財了！」這些趣事，「傻事」，是我的生活花絮，也是退休後能夠「哈哈大笑」的美好回憶。

本書最後一句話：希望你喜歡它。

國家圖書館出版品預行編目資料

新儒林外史：萬大使的官夢四十年／萬家興著. --
初版.--臺中市：白象文化事業有限公司，2022.6
面； 公分
ISBN 978-626-7105-68-9（平裝）
1.CST: 萬家興 2.CST: 外交人員 3.CST: 回憶錄 4.CST:
臺灣
783.3886 111004409

新儒林外史：萬大使的官夢四十年

作　　者　萬家興
校　　對　萬家興
發 行 人　張輝潭
出版發行　白象文化事業有限公司
412台中市大里區科技路1號8樓之2（台中軟體園區）
出版專線：（04）2496-5995　傳真：（04）2496-9901
401台中市東區和平街228巷44號（經銷部）
購書專線：（04）2220-8589　傳真：（04）2220-8505
專案主編　李婕
出版編印　林榮威、陳逸儒、黃麗穎、水邊、陳媁婷、李婕
設計創意　張禮南、何佳諠
經紀企劃　張輝潭、徐錦淳、廖書湘
經銷推廣　李莉吟、莊博亞、劉育姍、李佩諭
行銷宣傳　黃姿虹、沈若瑜
營運管理　林金郎、曾千熏
印　　刷　基盛印刷工場
初版一刷　2022年6月
定　　價　450元